Arthur Janov

Anatomie der Neurose

Die wissenschaftliche Grundlegung
der Urschrei-Therapie

 Fischer
Taschenbuch
Verlag

Fischer Taschenbuch Verlag
Oktober 1976
Ungekürzte Ausgabe

Umschlagentwurf: Jan Buchholz/Reni Hinsch

Die Originalausgabe erschien unter dem Titel
›The Anatomy of Mental Illness‹
bei G. P. Putnam's Sons, New York
© 1971 by Arthur Janov
Aus dem Amerikanischen übersetzt von K. H. Deserno
Fischer Taschenbuch Verlag GmbH, Frankfurt am Main
Lizenzausgabe mit freundlicher Genehmigung
der S. Fischer Verlag GmbH, Frankfurt am Main
© S. Fischer Verlag GmbH, Frankfurt am Main 1974
Gesamtherstellung: Hanseatische Druckanstalt GmbH, Hamburg
Printed in Germany
580-ISBN 3 436 02341 8

*Dieses Buch
ist der Linderung menschlichen Leidens
gewidmet.*

Ich bin Dr. med. Lee Woldenberg für seine Hilfe bei dem Abschnitt »Die Neurophysiologie seelischer Störung« zu Dank verpflichtet. Seine redaktionelle Unterstützung wie auch die Formulierung wichtiger Gedanken waren für das Zustandekommen dieser Diskussion unentbehrlich. Die Vorschläge von Professor Bernard Campbell in Cambridge verhalfen dem neurophysiologischen Abschnitt zu größerer Lesbarkeit. Schließlich möchte ich noch meiner Sekretärin Joanne Barnett danken, die dieses Buch im Planungszustand wortwörtlich zusammengestellt hat.

Inhalt

Einführung   11
Die Primärtheorie   16

I. DIE NEUROPHYSIOLOGIE VON NEUROSE UND PSYCHOSE

1. *Grundlagen der Neurose*
   Unerfüllte Bedürfnisse   28
   Der Konflikt   29
   Neurose und die Vermeidung von Schmerz   31
   Zusammenfassung   34

2. *Struktur der Neurose*
   Das retikuläre Aktivierungssystem   35
   Der Hypothalamus   36
   Das Limbische System   37
   Beispiele   39

3. *Das Wesen des Schmerzes*
   Erscheinungsformen des Schmerzes   40
   Überlastung   41
   Die »Schleusen«-Theorie   45

4. *Grundlagen und Beschreibung des Spaltungsvorgangs*
   Hippocampus und Gedächtnisblockierung   49

5. *Die Permanenz des Urschmerzes*
   Rückkoppelungsschleifen   54

6. *Urerinnerung und Hirnstruktur:*
   Über die permanente Aufzeichnung frühen Erlebens
   Das Schläfenhirn   61
   Kurzzeit- und Langzeit-Primärgedächtnis   66

7. *Das Frontalhirn:*
   Über das Wesen bewußten und unbewußten Fühlens

Die frontale Hirnrinde   68
Die Hirnrinde und ihre Abwehrfunktion   70

8. *Spaltung, Generalisierung und Psychose*   72

9. *Über den Heilungsprozeß*   75

10. *Schlußfolgerungen*   79

Anhang   85

II. SCHLAF, TRÄUME
UND PSYCHISCHE STÖRUNGEN   91

III. DAS URERLEBNIS DER GEBURT

1. *Einleitung*   111
Robert   128
Mary   138

2. *Über Epilepsie*
Einleitung   142
Simon   144

3. *Muß Entbindung schmerzhaft sein?*
Einleitung   159
Entbindung – muß sie schmerzhaft sein?   160
Eine Falldarstellung   166
Nachtrag   166
Über gegenwärtige Forschungsergebnisse zum Geburts-
trauma   168

IV. UNTERSCHIEDE ZWISCHEN PHYSISCHEN
UND PSYCHOPHYSISCHEN BEHANDLUNGS-
METHODEN

1. *Einleitung*   173

2. *Ein persönlicher Vergleich zwischen Primärtherapie und
Orgontherapien*
Roger   179

3. *Meine Erfahrungen mit der Orgontherapie*
   Sally   189

V. FORSCHUNG

1. *Einleitung*   193

2. *Nachuntersuchungen an primärtherapeutisch behandelten Patienten*   202

3. *Neurophysiologische Messungen an primärtherapeutisch behandelten Patienten*   216
   Einführung in die neurophysiologische Forschung   216
   Allgemeine Anmerkungen und Betrachtungen   230

Anhang: Beispiele postprimärtherapeutischer Interviews   239

Bibliographie   253
Namen- und Sachregister 257

Einführung

Einige Jahre sind seit der Entdeckung der Urschrei- oder Primärtherapie* vergangen und fast ebenso viele, seit ich anfing, das Buch »Der Urschrei« zu schreiben. In diesen vergangenen Jahren hat sich in bezug auf die Theorie, die Patienten und die Wissenschaft der Primärtherapie selbst vieles ereignet. In dem vorliegenden Buch möchte ich diese Ereignisse ausführlich behandeln.

»Der Urschrei« rief unter Akademikern eine durchaus verständliche Skepsis hervor. Das Buch war keineswegs als wissenschaftliches Dokument gedacht; es war vielmehr der Versuch, eine breite Öffentlichkeit an dem teilhaben zu lassen, was ich für eine bemerkenswerte Entdeckung hielt; eine Entdeckung, die für viele Menschen das Ende ihres Leidens bedeuten würde. »Die Anatomie der Neurose« ist dazu bestimmt, neue Verständniszusammenhänge darzustellen, die sich seit dem »Urschrei« entwickelt haben. Dabei geht es darum:

1. den neurophysiologischen Hintergrund für die Primärtheorie zu erläutern;

2. die Primärtheorie in die Hauptgebiete dessen einzuordnen, was man vom Gehirn und seinen Funktionen weiß;

3. fortgeschrittene Aspekte der Theorie darzulegen;

4. über die Nachuntersuchung von Patienten zu berichten, die eine Primärtherapie hinter sich haben;

5. zu klären, woher Symptome kommen und wie sie sich entwickeln, damit weitere Einsichten in das Gebiet der psychosomatischen Medizin gewonnen werden können;

6. Forschungsdaten über primärtherapeutische Patienten zu ergänzen, die genaue Messungen hinsichtlich der Ergebnisse der Behandlungen beinhalten.

Man mag sich fragen, warum ein Sozialwissenschaftler eine wissenschaftliche Theorie zuerst der Öffentlichkeit und erst dann den Wissenschaftlern vorstellt, da fast immer das umgekehrte Vorgehen Brauch ist. Es gibt neben meiner rein persönlichen Verdrehtheit

---

* Im Kontext dieser eher wissenschaftlich gehaltenen Abhandlung scheint es uns angebracht, den Begriff der »Urschreitherapie« (Primal Therapy) durch die originalgetreue Übersetzung »Primärtherapie« zu ersetzen. Anm. d. Red.

einige folgerichtige Gründe für diese Entscheidung. Psychotherapie ist nicht lediglich eine Wissenschaft (wenn wir zugestehen, daß es jemals eine wissenschaftliche Psychotherapie gegeben hat); sie ist ein Berufsstand, der von einzelnen Menschen gebildet wird, die ihren Lebensunterhalt damit bestreiten. Und es ist unrealistisch, von jemandem, der einen großen Teil seines Lebens damit zugebracht hat, einen Beruf zu erlernen, plötzlich zu erwarten, seine Tätigkeit von einem Moment zum anderen aufzugeben, nur weil ein anderer eine erheblich abweichende Vorstellung von der Ausübung dieser Tätigkeit hat. Die Geschichte »organisierter« Berufe ist voll von Versuchen, das Neue, Unkonventionelle und Unorthodoxe zu unterdrücken. Ich habe meine Erkenntnisse den Menschen übergeben, und sie sind darauf eingegangen. Gerade die starke Erwiderung seitens leidender Menschen aus allen Teilen der Welt hat die skeptischen Fachleute bewogen, ihre Blickrichtung zu ändern, aufgeschlossener zu sein und die Möglichkeiten, die in dieser neuen Therapieform liegen, anzuerkennen.

Dennoch müssen Primärtherapie und Primärtheorie sich der wissenschaftlichen Überprüfung stellen; und ich wende mich mit diesem Buch an die Wissenschaftler wie auch an die gut informierten Laien. Die Primärtherapie hat sich auf dem Gebiet der wissenschaftlichen Forschung stark engagiert. Heute gibt es am primärtherapeutischen Institut in Los Angeles, wo die Forschungen an Patienten Tag und Nacht vorangetrieben werden, ein voll ausgerüstetes Forschungslaboratorium. Bei ausgewählten Patienten werden täglich Gehirn- und Körpermeßwerte erhoben, Träume mit Monitoren aufgezeichnet und Hirnstrombilder während des Schlafes wie auch unmittelbar vor und nach einer therapeutischen Sitzung ermittelt. Einige Ergebnisse dieser Forschung werde ich später noch darstellen. Was wir bis jetzt herausgefunden haben, bestätigt unseren anfänglichen Optimismus hinsichtlich der Wirksamkeit unserer Techniken. Zweifellos ist es für mich faszinierend zu sehen, wie wir dauerhafte Veränderungen der Hirnströme erzielen – denn dies ist ja ein Hinweis dafür, daß das Wiedererleben einer Primärszene tatsächlich bedeutsame biologische Veränderungen bewirkt. Wenn nach einem Urerlebnis die Körpertemperatur abfällt, so finden wir darin wieder eine Bestätigung für die Gültigkeit der folgenden Auffassung, daß nämlich blockierter Schmerz eine anhaltende Spannung hervorruft, die jedoch dann erlischt, wenn er empfunden wird.

Es laufen sorgfältig kontrollierte Untersuchungen, die darauf hinweisen, daß weder die körperliche Aktivität, noch die Suggestion, noch die Beziehung zum Therapeuten solche biologischen Veränderungen hervorrufen, sondern die Erfahrung des Urerlebnisses selbst. Primärtheorie und Primärtherapie sind offene Systeme. Die heutige Primärtherapie unterscheidet sich von der des vergangenen Jahres erheblich, und ich weiß, daß sie, wiederum ein Jahr weiter, sich nochmals sehr wandeln wird. Patienten von früher würden die heutige Therapie fast nicht wiedererkennen, obgleich sich die Voraussetzungen und Hypothesen nur wenig verändert haben; sie wurden jedoch zu einer allgemeineren, umfassenderen Theorie ausgearbeitet und erweitert, aus der sich allgemeingültige Gesetze der menschlichen Entwicklung ableiten lassen.

Wir hatten die Gelegenheit, Patienten, die sich unserer Behandlung unterzogen, länger zu beobachten. Bei einigen sind seit der Therapie Jahre vergangen. Was sie über sich und die Behandlung sagen, ist als einleitende Untersuchung in diesem Buch zu finden. Kein einziger Patient, der durch eine Primärtherapie gegangen ist, würde jemals noch einmal eine andere Art der Behandlung in Betracht ziehen. Dies ist ein wichtiges subjektives Beweisstück für die Stärke und Wirksamkeit der Methode. Doch wir hatten auch Mißerfolge; und wir haben vor, sie so bald wie möglich zu untersuchen. Im großen und ganzen handelte es sich dabei um Personen, die vorzeitig die Behandlung abbrachen – für sie war der Schmerz zu groß, und sie zogen es vor, weiterhin mit der Neurose zu leben. Tatsächlich aber ist die Rate unserer Mißerfolge sehr gering. Auch bei unserem sogenannten Versagen sind bedeutsame biologische Veränderungen hinsichtlich der Frequenz des Herzschlags, des Blutdrucks und der Körperkerntemperatur zustande gekommen. Es bleibt jedoch Tatsache, daß einige Patienten die Behandlung zu früh abbrechen. Für manche ist es nicht leicht, über Monate hinweg Schmerz zu empfinden; allerdings kehren Patienten nicht selten nach einer Unterbrechung in die Behandlung zurück.

Wenn man von mir eine Erklärung forderte, warum dieses Buch *nach* dem »Urschrei« erschienen ist, würde ich antworten, daß ich vor dem Verstand der Menschen ihr Herz erreichen wollte. Und das bedeutet, daß ich den Menschen helfen wollte zu verstehen, daß Gefühle etwas gelten – etwas richtig zu fühlen ist so etwas wie recht haben. Ich wollte, daß die Menschen *ihren Gefühlen und sich selber vertrauen* und nicht in den Hirngespinsten von Theoretikern nach Bestätigung suchen. Unter den Tausenden von Menschen, die jeden

Monat Einlaß in unser Institut suchen, sind es nur die Akademiker, die zunächst einmal Fakten wissen wollen. Und ganz gleich wie viele Fakten wir vorbringen, sie wollen immer noch mehr wissen, da sie ja niemals genug wissen können, um zu ihren Gefühlen zu gelangen. Akademiker haben ein Recht darauf, mehr zu wissen – und dazu soll auch dieses Buch dienen –, aber wenn es ihnen nicht möglich ist zu fühlen, dann werden auch Tatsachen niemals ihre Ansicht und ihr klinisches Vorgehen ändern.

Teil dieses Problems war, daß die Psychologie als Geisteswissenschaft gilt; Psychologen verstehen sich gleichsam als Spezialisten für das Seelische, dabei sollten wir inzwischen wissen, daß die Seele nicht etwas ist, das man vom Leib abtrennen kann, um es zu zerlegen und zu analysieren, als wäre es eine getrennte Entität. Die Psychologie befaßt sich mit den Gefühlen – mit der ins einzelne gehenden Beziehung zwischen den seelischen Vorgängen einerseits und dem Gehirn und den körperlichen Abläufen andererseits wie auch mit der Beziehung zwischen den körperlichen Veränderungen und ihrem Einfluß auf das Seelische – die Psychologie befaßt sich, kürzer gesagt, mit dem ganzen Menschen. Wenn man fühlt, dann versteht man auch die Vorherrschaft der Gefühle in den psychologischen Schemata.

Der Leser wird wieder Fallgeschichten finden, die die theoretischen Überlegungen begleiten. Ich glaube an die Einheit von Theorie und Praxis. Wenn eine Theorie plausibel und geschlossen, aber von geringem Nutzen für Humanität ist, dann schätze ich ihren Wert sehr gering ein. Die Richtigkeit einer psychologischen Theorie liegt nicht nur in ihren statistischen Daten, sondern in ihrer Eignung, den Menschen zu helfen. Wenn die Primärtheorie des Schlafs und der Träume zutreffend ist, dann muß sie uns erläutern können, warum manche von uns einen schlechten Schlaf haben, warum wir Alpträume haben, und was es braucht, um sich eines erholsamen Schlafes erfreuen zu können. Gerade eine gute Nachtruhe würde vielen Millionen Menschen höchst willkommen sein.

Es ist meine Überzeugung, daß die Primärtherapie mit dem »Jungbrunnen«, nach dem wir immer gesucht haben, verglichen werden kann – als eine Möglichkeit, das Leben zu verlängern. Die wesentlich niedrigere Körpertemperatur, das sehr viel weniger aktive Gehirn und das Fehlen neurotischer Spannung mitsamt den Leiden, die sie verursacht, müssen unser Leben um Jahrzehnte vermehren.*

* Professor Bernhard Strehler trug zu einer Bestätigung dieses Gesichtspunktes bei. Er

Je merklicher die dramatischen Veränderungen während der Primärtherapie sind, um so zufriedenstellender empfinden wir unsere Arbeit. Diejenigen, die diese Behandlung durchführen, meinen, daß es die faszinierendste Arbeit sei, die man sich vorstellen kann. Manchmal drohen uns der Schwarm von Anmeldungen und die Beanspruchungen durch unsere Patienten zu überwältigen. Wir wissen, daß wir nicht mehr als einem verschwindend geringen Bruchteil derer helfen können, die in Not sind, auch wenn wir bevorzugt Professionelle annehmen, um unseren eigenen Stab vergrößern zu können. Ein »organisiertes« gesellschaftliches Vorgehen ist vonnöten, getragen von staatlichen Stellen und von Professionellen entscheidend unterstützt. Diese Unterstützung kommt jetzt in Schwung: in einer Stadt der Vereinigten Staaten zum Beispiel stellt sich die gesamte Gemeinde zusammen mit dem Bürgermeister darauf ein, die Probleme von Verbrechen, Drogenabhängigkeit und anderen Neurosen mit einem gänzlich primärtherapeutischen Verfahren anzugehen.

Es wird angenommen, daß der Leser dieses Buches mit den Begriffen der Primärtheorie, so wie sie im »Urschrei« dargestellt wurden, vertraut ist. Dennoch habe ich für diejenigen, die ihre Kenntnisse von den Grundlagen der Primärtheorie auffrischen wollen, einen Grundriß der Theorie als Prolog aufgenommen. Was Sie in »Anatomie der Neurose« lesen werden, ist erst ein Anfang. Aber ich habe das Gefühl, es ist ein guter Beginn.

führte 1971, auf der Tagung für Biologie in der Schweiz, aus, daß ein Abfall der Körpertemperatur um 3,6 Grad »das menschliche Leben fast sicher um eine Zeitspanne von zwanzig Jahren verlängern würde«.

Die Primärtheorie

Antonin Artaud war ein französischer Schauspieler und Regisseur. Er wurde 1896 geboren und erreichte ein Alter von 52 Jahren; neun davon hat er in Irrenanstalten verbracht. Für ihn hatte das Theater eine revolutionäre Aufgabe; ein Stück sollte die Welt erneuern, nicht unterhalten. »Der Zuschauer sollte das Theater nicht gähnend oder lächelnd verlassen, er muß betroffen und verängstigt sein, wie jemand, der zugesehen hat, wie seiner Frau bei einer Operation das Herz geöffnet wird oder wie jemand, der Zeuge des Völkermordes in Biafra war. Artaud bestand darauf, man solle so ins Theater gehen, wie man zu einem Chirurgen gehen würde – feierlich und ernst, weil man weiß, daß man nicht unversehrt zurückkommen wird«.[1]

Er stellte sich ein Theater mit unbequemen Sitzen vor, die zusammenbrechen sollten, wenn der Zuschauer einschläft. Und er kündigte an, daß faulige Gerüche während der Vorstellung die Sitzreihen durchwehen sollten. »1933 fand eine der seltsamsten Vorlesungen statt, die es jemals an der Sorbonne gegeben hat; Artaud diskutierte ›Das Theater und die Pest‹. Er saß an einem Tisch, hinter ihm eine schwarze Tafel, die sein hageres Gesicht gleichsam einrahmte. Seine Mundwinkel waren vom Opium schwarz gefärbt, und wenn er sprach, flatterten seine langfingrigen Hände wie die Flügel eines Vogels, und das Haar fiel ihm in die kräftige Stirn. Das Theater müsse, so begann Artaud, gleich der Pest wie eine Epidemie um sich greifen. Die Pest rufe einen Ausnahmezustand hervor, in dem die soziale Ordnung aufgehoben sei und die Mitglieder einer Gesellschaft auf tiefe unbewußte Antriebe antworteten; der Geizhals werfe das Gold aus den Fenstern und der ehrwürdige Bourgeois werde von einem erotischen Fieber gepackt. Auch das Theater müsse eine Krise sein, die sich entweder durch Tod oder Heilung löse, es müsse die Menschen darauf stoßen, sich so zu sehen, wie sie sind. Es müsse die Masken herunterreißen, Lügen, Niederträchtig-

---

[1] Sanche de Gramont, *A Vocation for Madness*, Horizons, Vol. XII, No. 2, 1970, S. 49–55.

keiten und Heucheleien bloßlegen und der Gesellschaft ihre eigenen dunklen Kräfte und ihre verborgene Macht offenbaren«.[2]

Gegenüber einer Zuhörerschaft von Intellektuellen an der Sorbonne verlor Artaud die Kontrolle über das, was er sagte, und wurde selber Opfer der Pest. »Er ließ den Faden, dem wir folgten, fallen und begann den Tod durch Pest vorzuspielen ... Sein Gesicht war qualvoll verzerrt, und man konnte sehen, wie der Schweiß sein Haar anfeuchtete. Seine Augen weiteten sich, seine Muskeln verkrampften sich und seine Finger mühten sich verzweifelt, ihre Biegsamkeit zurückzugewinnen. Er ließ uns die ausgetrocknete und brennende Kehle spüren, die Schmerzen, das Fieber und das Feuer in den Gedärmen«.[3]

Die Zuhörerschaft lachte über die improvisierte Vorstellung, und viele gingen weg. Artaud berichtete Anaïs Nin: »Sie wollten eine objektive Vorlesung über ›Das Theater und die Pest‹ hören, ich wollte ihnen das Erlebnis selbst vermitteln, ... so sollten sie geängstigt werden und zu sich kommen«.[4]

Wir alle werden mit bestimmten Grundbedürfnissen geboren – wir wollen gefüttert werden, wenn wir Hunger haben, wir brauchen Wärme, wir wollen Ruhe haben, angeregt und gehalten werden, und uns in Übereinstimmung mit unseren natürlichen Fähigkeiten entwickeln dürfen. Diese unabdingbaren Bedürfnisse nenne ich *Urbedürfnisse*. Sie stellen essentielle menschliche Forderungen dar. Wenn irgendeines dieser Bedürfnisse nicht erfüllt wird, wenn ein Kind nicht genügend aufgenommen wird oder nach einem Zeitplan gefüttert wird statt eben dann, wenn es hungrig ist, dann bedeutet dies, daß ein Urbedürfnis geleugnet und Schmerz hervorgerufen wird. Ich bezeichne den Schmerz, der durch die Versagung eines Urbedürfnisses entsteht, als *Urschmerz*. Urschmerzen entstehen auf vielerlei Weise, und zwar immer dann, wenn es dem Kind nicht erlaubt ist, so zu sein, wie es ist. Sie entstehen, wenn man ein Kind zu früh zum Laufen zwingt oder wenn man es zum Sprechen anspornt, bevor es dazu bereit ist. Oder später, wenn es die Fähigkeit sich zu artikulieren, entwickelt und man ihm nicht erlaubt, Gedanken und Gefühle auszusprechen. Diese unterdrückten

[2] Ibid.
[3] *Die Tagebücher der Anaïs Nin, 1931–1934*, Hamburg, Verlag Christian Wegner, 1968.
[4] Ibid.

Gefühle werden zu Bedürfnissen von ähnlicher Dringlichkeit wie die biologischen, bis sie gefühlt, ausgedrückt und aufgelöst werden.

Jedes frühe Bedürfnis, das unerfüllt bleibt, erzeugt eine im Körper zurückbleibende Spannung, die ihn antreibt, Befriedigung und letztlich, Ruhe oder Entspannung zu suchen. Wenn das Bedürfnis oder das Gefühl, ein Bedürfnis zu haben, nicht befriedigt oder aufgelöst werden kann – wenn das Kind zum Beispiel nicht schreien darf –, dann bleibt es als Spannung bestehen. Man kann sich über ungestillte Bedürfnisse ebenso wenig hinwegsetzen wie über die Schmerzen, die bei der Versagung von Bedürfnissen entstehen. Diese Schmerzen bleiben abgekapselt im Menschen bestehen und rufen Schichten von Spannung hervor (die dem entsprechen, wie der Schmerz erlebt wurde), die sich fortschreitend aufeinander lagern und sich auf die eine oder andere Weise Luft schaffen. Aber die Entladung von Spannung bedeutet *nicht* auch ihre Vernichtung – egal wie viel man trinkt oder wie oft man masturbiert, der Urschmerz wird sich dadurch nicht auflösen.

Frühe Urbedürfnisse werden nicht ununterbrochen empfunden, falls sie unbeachtet bleiben. Eher wird ein Punkt erreicht, an dem durch den Schmerz der chronischen Unbefriedigtheit gerade die Empfindung des Bedürfnisses oder Gefühls in dem jungen und zerbrechlichen Organismus stillgelegt wird. Wenn das Ausdrücken von Gefühlen Bestrafung oder Gleichgültigkeit nach sich zieht, dann wird diese Ausdrucksweise früher oder später unterdrückt werden. Jahre solcher Unterdrückung können einen Zustand erzeugen, in dem die Gefühle nicht mehr erkannt werden. Wenn sie sich trotzdem bemerkbar machen, dann werden sie so tief vergraben, daß sie durch keinen Akt von Willensanstrengung mehr empfunden werden können. Wir sehen also, daß der junge Organismus exzessiven Schmerz beseitigt, indem er automatisch alles, was unerträglich geworden ist und den Weiterbestand des Systems bedroht, aus dem Bereich bewußten Wahrnehmens heraus und weg vom unmittelbaren körperlichen Erleben schafft. Da der Schmerz sich in dem Maße steigert, wie es verboten wird, etwas zu untersuchen, zu sagen und zu tun, muß das Kind sich selber von seinen Bedürfnissen abspalten oder trennen. Dies bedeutet, daß es zu einer gespaltenen Persönlichkeit wird – gespalten in sein reales Selbst und die Fassade, die es vor seinen Eltern aufrechterhalten muß, indem es zum Beispiel freundlich und respektvoll ist. Der Spaltungsvorgang entwickelt sich, falls nicht frühzeitig einige katastrophale Ereignisse stattfinden, langsam und macht das Kind zunehmend unzugänglich und irreal. Und eines Tages, wenn etwas geschieht, was an und für sich nicht notwendigerweise traumatisch ist, vollzieht sich eine Wandlung: aus einem Kind mit gewissen Hemmungen wird eines, das einen großen Teil seiner selbst wirkungsvoll ausgeschaltet hat. So ereignet sich der Sprung vom unterdrückten zum neurotischen Kind. In diesem Zustand hat sich das Gleichgewicht derart verlagert, daß das irreale Selbst vorherrscht und das Kind sein reales Selbst nicht mehr zurückholen und erleben kann.

Das Ereignis, das den Sprung in die Neurose hervorruft, ist gewöhnlich nur ein Schlußpunkt, eine Kulmination – der letzte Tropfen, der das Faß zum Überlaufen bringt. Dies kann der Fall sein, wenn ein Kind zum hundertsten Mal mit einem Babysitter allein gelassen wird, oder wenn die Mutter wieder einmal sagt: »Wenn du das noch einmal sagst, werde ich dich fortschicken!« Ich nenne dieses kritische Ereignis die große Primärszene. Damit ereignet sich etwas, worin das Kind beginnt, eine Bedeutung für die ersten fünf oder sechs Jahre seines Lebens zu sehen; zu einer Zeit, in der es lernt, die vergangenen Erlebnisse zu verallgemeinern und einzuordnen. Es sieht in einem raschen, flüchtigen Augenblick, daß es nicht so sein kann, wie es ist, daß es nicht erwarten kann, von seinen Eltern geliebt zu werden. Abwehrlose Kinder stellen sich ohne weiteres der Wahrheit, aber wenn ihnen etwas zum Bewußtsein kommt, was für sie katastrophal ist, dann muß diese Erkenntnis zusammen mit einer klaren Wahrnehmung der Realität augenblicklich verleugnet werden. Das ist für gewöhnlich kein bewußter Vorgang; der Organismus reagiert vielmehr automatisch, um seine Unversehrtheit zu bewahren. So schlüpft das Kind in die Neurose, ohne im geringsten zu ahnen, was ihm widerfahren ist. Es wird so, wie es sein muß, damit es mit seinen Eltern überleben kann. Es wird aufhören, das zu sagen, was ihm in den Sinn kommt – und dies ohne bewußte Anstrengung. Hierin liegt der Unterschied zwischen einer Neurose und einem gewissen Unterdrücktsein. Ein junges Kind, das unterdrückt ist, weiß eigentlich, was es fühlt, was es sagt oder ob es ärgerlich ist – es hält diese Regungen mit einer Anstrengung zurück. Es gerät wegen der Prügel, die darauf folgen würde, nicht mehr aus der Fassung. Wenn sein Verhalten aber neurotisch wird, dann braucht es keine bewußte Anstrengung mehr, um sich zurückzuhalten. Gegenüber dem realen Selbst ist eine Sperre errichtet worden, die ihre Aufgabe anstrengungslos verrichtet.

Wenn Urbedürfnisse unbeachtet bleiben, werden sie schmerzlich erlebt. Und indem der Organismus den Schmerz beseitigt, läßt er auch das Bedürfnis verschwinden. Die Gefühle und Bedürfnisse werden dann im Erinnerungssystem gespeichert und senden ihre Impulse in den Körper, den sie damit in chronischer Spannung halten. Solche Schmerzen bleiben für ein Leben lang so ursprünglich, lebhaft und verletzend wie an jenem Tag, an dem sie entstanden. *Spannung* ist der innere Druck jener Schmerzen, die vom Bewußtsein abgetrennt sind. Wenn die Beziehung wiederhergestellt wird, dann werden Schmerz und Gefühl als das identifiziert, was sie sind und die Spannung verschwindet. Man kann den Schmerz und ihn als Spannung zu empfinden weder durch ein bestimmtes Verhalten, durch Meditation oder Yoga, noch durch Tabletten, Zigaretten oder Alkohol und nicht einmal durch Psychotherapie ungeschehen machen. Man kann die Schmerzen nur beseitigen, wenn man sie voll und ganz zu menschlichen Erfahrungen macht; das geschieht, wenn sie, einer nach dem anderen, wiedererlebt werden, bis sie sich lösen und das System verlassen. Vielleicht ist es genauer, wenn ich sage, daß diese Erfahrungen *gelebt* werden müssen und nicht *wiedererlebt*, da sie schon das erste Mal nicht völlig erlebt wurden; und das ist auch der Grund, weshalb sie bestehen bleiben. Diese Schmerzen auszuleben bedeutet, daß man sein Selbst mehr und mehr erlebt, bis man schließlich ganz einfach das wird, was man ist – ein vollständig erlebendes menschliches Wesen, das im Jetzt seines Lebens steht, anstatt sich daran zu versuchen, die Vergangenheit auf einer Unzahl von Wegen zu analysieren.

Solange ein Bedürfnis nicht mit dem dazugehörigen Schmerz gefühlt werden kann, ist der Organismus gezwungen, in irrealer und symbolischer Weise zu agieren. Das gleicht jemandem, der seinen Motor auf Lebenszeit angelassen hat; nichts, was er tut, kann diesen Motor abstellen. Wenn man beispielsweise als Kind nicht auf den Arm genommen und liebkost wurde, dann entsteht das Bedürfnis, in den Arm genommen zu werden. Dieses kann symbolisch in zwanghaftem Sex ausagiert werden. Und dieses Verhalten mag sehr wohl ohne jegliche genaue Erinnerung daran auftauchen, daß man eben früher im Leben nicht auf den Arm genommen wurde. Dieses Bedürfnis kann auf beliebige Weise in den ersten Lebensmonaten oder -jahren ausagiert werden; wenn wir das Bett einnässen, uns selbst beschmieren, am Daumen lutschen, unaufhörlich schreien oder uns andauernd auf den Boden werfen. Wenn man die Ergebnisse, das heißt die Symptome des Bedürfnisses behandelt, erreicht man nichts, außer daß man das Kind zwingt, neue Entlastungswege zu finden. Versucht ein Kind, ersatzweise Befriedigung zu finden, indem es sich mit Essen vollstopft (weil es reale Befriedigungen nicht gab), dann ist dieses Verhalten symbolisch. Das heißt, ein reales, obgleich unbewußtes Bedürfnis wird symbolisch befriedigt. So sieht ein nichtendender neurotischer Verhaltenszwang aus, denn es gibt hier lediglich symbolische Befriedigung; behandelt man das Überessen, so entgeht einem die verursachende Kraft, die dahintersteckt.

Es hilft dem Neurotiker nicht, wenn man seine Bedürfnisse »herausknobelt« oder seine Gefühle analysiert und erkennt. Bedürfnisse verschwinden nicht, weil sie verstanden werden. Sie verschwinden, wenn sie gefühlt werden; und sie können nur gefühlt werden, wenn der Betroffene sie gefahrlos erleben kann, das heißt, wenn er nicht länger von den Eltern lebensabhängig ist. Wovon ich jetzt rede, ist, daß Bedürfnisse nicht so etwas wie eine Enklave im Gehirn sind, deren man sich bewußt werden kann – das Unbewußte bewußt machend – und sie damit vertrieben hat. Bedürfnisse sind totale Zustände des biologischen Systems. Wenn wir als Kinder nicht auf den Arm genommen wurden, dann bezieht sich diese Entbehrung nicht bloß auf unsere Erinnerung; es ist eine Deprivation, die sich auf unser gesamtes Sein erstreckt. Und so – nämlich total – muß sie auch erlebt werden.

Die einzige Art von Wahrheit ist diejenige, die man erlebt; und die menschliche Wahrheit ist etwas Eigentümliches. Für jeden von uns gibt es eine einfache Reihe von Verletzungen, die für ihn spezifisch ist. Niemand braucht zu interpretieren, was diese Verletzungen für uns bedeuten, zumal eine Interpretation bloß die Realitätsversion eines anderen ist, die sich als falsch erweisen und mißverstanden werden kann. Den Schmerz zu fühlen ist die einzige Voraussetzung für die Beantwortung der Frage, warum jemand so oder so gehandelt hat. Daher besteht die Aufgabe der Therapie nicht im Interpretieren, sondern darin, daß man jemandem erleben hilft – daß man seine Geschichte mit seinem Verhalten verknüpft.

Was ist demnach eine Neurose? Eine Neurose ist die symbolische Darstellung des Urschmerzes. Sich gegen den Schmerz zu verteidigen ist, nach unserer Definition, symbolisches Handeln, denn den Schmerz zu fühlen, heißt real sein – seine eigenen Bedürfnisse zu fühlen und zu versuchen, sie auf realen Wegen zu befriedigen.

Ich meine, das Sichabschließen gegen Schmerz ist eine Reflexhandlung und die Neurose ein genetisches Erbe, welches das Überleben der menschlichen Art unterstützt. Ohne das Schutzmittel der Neurose würde ein Kind, das in eine katastrophale Wirklichkeit blickt (»So lange ich lebe, wird mich niemand lieb haben«), entweder verrückt werden oder unfähig zum Weiterleben.

Unglücklicherweise verschwindet eine Neurose nicht einfach, wenn ihr Nutzen vorüber ist. Unser Schmerz bleibt auch dann noch unbewußt, wenn wir dem Wissen, von unseren Eltern nicht geliebt worden zu sein, standhalten könnten. Die Neurose macht keine Unterschiede; sie ist wie ein Gast, der für immer bleibt, weitaus länger, als er willkommen ist. Der einzige Weg, auf dem wir sie dazu bringen können, uns zu verlassen, besteht darin, daß wir fühlen, was sich unter ihrem schützenden Schild befindet. Und wir müssen uns daran erinnern, daß sie sich langsam entwickelt, mittels tagtäglicher Beleidigungen, Angriffe, Demütigungen, Erniedrigungen, Unterdrückungen und Gleichgültigkeiten – eine Verletzung nach der anderen. Die Neurose wird in umgekehrter Reihenfolge wieder aufgehoben; die Verletzungen werden empfunden, indem man mit den erträglichsten beginnt und zu den unerträglichsten fortschreitet.

Zum Glück müssen wir nicht jede einzelne Verletzung noch einmal durchleben. Es gibt Schlüsselszenen, in denen diejenigen Gefühle vertreten sind, die in vielen ähnlichen Ereignissen enthalten sind. Diese Szenen sind uns als Primärszenen bekannt. Nehmen wir zum Beispiel die Erinnerung an eine der väterlichen Tiraden und das Gefühl von schrecklicher Angst vor seiner Gereiztheit. Wenn man diese Szene noch einmal erlebt, dann werden automatisch andere, ähnlich entsetzliche Ängste vor dem Vater heraufbeschworen. Das Wiedererleben dieser Primärszene wird ein grausames Gefühl von Wertlosigkeit, ja vielleicht sogar Krämpfe hervorrufen, weil es eben *alles* an frühem Entsetzen entfesselt. Es ist welterschütternd, dieses aufgetürmte Entsetzen zu erleben; meiner Meinung nach ist es zugleich heilsam, da gerade die Unterdrückung von Furcht das neurotische Verhalten geschaffen hatte – die Furcht vor allen Männern, das zurückhaltende, stammelnde und zögernde Benehmen, die Entwicklung irrationaler Vorstellungen etc. (In ähnlicher Weise kann eine ständig laufende Nase oder die Verstopfung der Nasennebenhöhlen dadurch hervorgerufen sein, daß über einen Zeitraum von Jahren das Herausschreien der Antwort unterbunden war. Wenn jemand den Urschrei ausstößt – und dieser Schrei wird vom Kopf bis zu den Füßen verspürt und mag Stunden anhalten –, kann es geschehen, daß die symbolische Verstopfung der Nebenhöhlen auf Dauer verschwindet.) Während eines Urerlebnisses, das im Wiedererleben des Urschmerzes besteht, ist es möglich, daß jemand, unter anhaltender Erschütterung durch Weinkrämpfe, ein Erlebnis nach dem anderen berichtet, seitdem er das Bedürfnis hatte zu schreien, es aber nicht konnte. Das Herausschreien der Antwort bedeutet, daß alle alten Erinnerungen und Szenen freigesetzt werden. Deshalb wird auch das Schreien für Stunden anhalten, Stunden, die zwei Jahrzehnte der Unterdrückung umfassen können und diese Unterdrückungen für immer freisetzen.

Ein Urgefühl zu unterdrücken, bedeutet den Versuch, eine Erklärung für dieses Gefühl in der Gegenwart zu finden und sich vorzustellen, daß dieses Gefühl von irgendetwas herrührt, was gegenwärtig geschieht. So wird vielleicht die Angst, die ein junges Mädchen vor ihrem Vater hatte, sie später dazu treiben, einen Mann zu heiraten, der auch aufbrausend ist. Sie wird dann denken, daß sie Angst vor ihrem Ehemann hat und sich ständig damit abmühen, ihn zu besänftigen; jedenfalls versucht sie, symbolisch über ihren Ehemann, ihren Vater zu unaufdringlichem, freundlichem Verhalten zu bekehren. Sie möchte Gefühle von früher beherrschen, indem sie die Gegenwart manipuliert. Dieser Vater hatte sie mit ihrem Schrecken, der in irgendeiner Weise wieder gelöst werden mußte, allein gelassen. Deshalb hat sie nicht von vornherein einen freundlichen Menschein heiraten und auch später nicht ihren groben Ehemann verlassen können. Sie bedurfte dieses Kampfes, um symbolisch zu einem besseren Ausgang zu kommen.

Der Kampf ist ein wichtiger Begriff in der Primärtheorie, denn ich behaupte, daß der Neurotiker sich mit solchen Menschen einläßt, die seinen Kampf ins Endlose weiterführen helfen – daß er mit ihnen die Umstände und den Kampf seines frühen Lebens neu erschaffen kann, um symbolisch einen anderen Schluß herbeizuführen. Somit heiratet *er* einen kühlen Menschen und versucht Wärme aus ihm herauszuziehen. Oder *sie* mag einen kritischen Menschen heiraten und versuchen, ihn zustimmend zu machen. Das sind sehr einleuchtende Beispiele; der symbolische Kampf kann selbstverständlich wesentlich komplexer und gewundener sein. Die sexuelle Perversion ist ein Beispiel dafür, wie ein Mensch sich allerhand verfeinerte schmerzhafte Rituale auferlegen muß (indem er vielleicht an einen

Stuhl gebunden und mit Ketten geschlagen wird), um die Gefühle seines Körpers zu erleben.

Es ist wichtig, daran zu erinnern, daß keine Veränderung oder Befriedigung des symbolischen Verhaltens das neurotische Verhaltensmuster ändert. Jemand, der das Bedürfnis hat, daß seine Eltern, die zu fahrig und beziehungsweise oder mit anderem beschäftigt sind, ihm geduldig zuhören, wird später vielleicht Tausenden, die vor ihm sitzen und aufmerksam zuhören, eine Vorlesung halten; und noch immer wird dieses Bedürfnis, man möge ihm zuhören, sich um kein Jota verändert haben. Es wird sich nur ändern, wenn die Gefühls*realität,* daß er der Aufmerksamkeit seiner Eltern bedurfte, zusammen erlebt wird mit dem Schmerz darüber, wie wenig Beachtung ihm durch sie widerfuhr.

Warum haben Bedürfnisse und Gefühle der Vergangenheit die Eigenschaft, sich in der Gegenwart zu verallgemeinern? Weil sie situations- oder personenbezogen nicht völlig zutreffend gefühlt wurden. Nehmen wir an, ein kleines Kind hätte fühlen können: »Niemals wird *meine Mutter* mich lieb haben«, so hätte es diese Zurücksetzung nicht zu bemänteln brauchen und unbewußt versuchen müssen, beispielsweise von seinen Lehrern die Mutterliebe zu bekommen. Dieses Kind hätte das Gefühl einer ganz bestimmten Entbehrung, einer Barriere zwischen sich und seiner Mutter. Da ein Kind jedoch nicht ertragen und fühlen kann, daß es ungeliebt oder unbeliebt ist, tut es, was es kann, um dieses Bedürfnis stellvertretend zu befriedigen. Das Bedürfnis treibt es dazu, Liebe zu erhalten, wo es kann; deshalb verallgemeinert sich sein Verhalten zu anderen. Oder falls sein Zorn gehemmt war, wird es diesen an anderen auf dem einen oder anderen Weg austragen.

Diese anderen Entlastungswege sind neurotisch, denn sie stehen symbolisch für die ursprüngliche Situation. Der Lehrer ist eben keine Mutter. Den Chef muß man nicht fürchten, als sei er ein tyrannischer Vater. Wenn man versucht, die Neurose zu unterdrücken, ähnlich wie zwanghaftes Reden, entwickelt sich Spannung. Das Bedürfnis ist die Grundsubstanz, die sich in jeder Begebenheit verkörpert; wenn etwa eine Frau sagt: »Was haben Sie für ein schönes Kleid an« und gleich darauf hinzusetzt: »Ich muß auch so eines haben« oder »Das kannst du mir glauben, von Kleidern versteh ich was«, so haben wir hier den konstanten Hinweis auf ein bedürfendes Selbst.

Für mich ist die Neurose ganz klar eine Krankheit des Gefühls. Und umgekehrt bedeutet volles Fühlen, daß man in der »Primären Matrix« gesund ist. Fühlen bedeutet, daß man nicht von chronischer Spannung gequält und nicht zur Suche nach Erleichterung getrieben wird.

Das Erleben des Neurotikers kann ihn nichts lehren noch ihn verändern, da er, seit er gespalten ist, nicht voll erlebt. Er erlebt gerade die Dinge nicht, die ihn befreien und ändern können – nämlich seine Schmerzen. Wenn er einmal gespalten ist, können wir uns nur an seine unwirkliche Fassade richten. Wir können diese Fassade umwandeln (vom Verbrecher zum Hirnchirurgen, von fett zu mager), ohne an der realen innerlichen Erkrankung, die dahinter liegt, etwas zu verändern.

Dem Neurotiker nutzt meines Erachtens weder die Begegnung mit einem Gott noch die mit irgendeinem anderen liebenden oder verstehenden menschlichen Wesen. Ich denke nicht, daß wir eine Neurose beseitigen können, indem wir lieben, strafen oder besänftigen. Der Neurotiker braucht wieder die Verbindung zu sich selbst – nicht in dem Sinne, daß er mit diesem Selbst fertig wird, sondern daß er zusammenhängende und verknüpfende Erlebnisse hat, die die Trennung des Denkens vom Fühlen, des Seelischen vom Körper, aufheben. Denn das ist etwas Reales – die Beziehung zu sich selber. Ist diese Beziehung einmal zustande gebracht, und können wir mit dem, was wirklich in uns ist, verschmelzen, dann können wir diese Menschlichkeit auch auf andere beziehen. Oder kürzer ausgedrückt: der Heilungsvorgang arbeitet sich von innen nach außen und nicht umgekehrt.

Ich rufe zur Revolution auf. Wenn man daran geht, ein bestimmtes System zu stürzen – und die Neurose ist ein krankes System –, dann läßt man sich mit diesem System auf keinen Dialog ein. Jeder Dialog, wie auch Einsicht und besondere Vorstellungen, werden von dieser Krankheit aufgenommen, ohne sie auch nur für einen Moment zu ändern. Wir müssen dieses System mit Kraft und Gewalt vernichten – mit der Kraft geballter Bedürfnisse und Gefühle, die möglicherweise Jahrzehnte im Verborgenen waren, und mit der Gewalt, derer es bedarf, um sie, und damit sich selber, aus einem unwirklichen System herauszureißen.

Damit sich eine Revolution durchsetzen kann, muß sie auf einer zuverlässigen Theorie beruhen. Fortschrittliche Revolutionen entwickeln sich aus einer Theorie heraus. Theorie meiden, führt nicht zu Freiheit, sondern lediglich zu Anarchie; Theorie muß bewußt gestaltet werden. Ist man theoretisch auf festem Boden, dann ist man zugleich frei zu extrapolieren und den Bereich zu erforschen. Je spezifischer die Primärtheorie mit neurophysiologischen Vorgängen verknüpft ist, desto weiter reichen ihre Verzweigungen. Wir werden uns jetzt dem ziemlich abschreckenden Gebiet der Neurophysiologie zuwenden, um zu sehen, was wir über das Wesen des Schmerzes herausfinden können, wo er verarbeitet wird, wie er blockiert wird und was geschieht, wenn er verdrängt wird. Wir werden erörtern, was Verdrängung auf Gehirn und Körper bezogen wirklich bedeutet, welche Hirnstrukturen am Verdrängungsvorgang beteiligt sind, und was es erfordert, bei jemandem eine Verdrängung aufzuheben. Im wesentlichen weist das Kapitel über Neurophysiologie darauf hin, daß bestimmte Hirnstrukturen an der Bildung und Speicherung von Gefühlen beteiligt sind, andere Hirnsysteme bei der Verdrängung dieser Gefühle aktiv sind und wieder andere Hirnareale mit der Symbolisierung dieser Gefühle verbunden sind. Wir werden sehen, daß Gefühle meist eine Sache nüchterner Entfernungen von Empfindungsorten im Gehirn sind – je weiter voneinander entfernt, desto symbolischer. Weiterhin werden wir sehen, wie der Schmerz Gefühle aus ihrer ordnungsgemäßen geistigen Verknüpfung heraus in symbolische Schaltungen treibt und wie das Fühlen von Schmerz eine zutreffende Verbindung einer Hirnstruktur mit einer anderen herstellt. Schließlich werden wir erwähnen, wie die Herstellung von Verbindungen im Gehirn endlich die historische Geißel des Menschen – psychische Störungen – zum Verschwinden bringt.

I.
Die Neurophysiologie von Neurose und Psychose

Mikroskopische Formen von Herzinfarkt sind in unseren Tagen sehr häufig geworden. Nicht immer gehen sie schlecht aus; manche Menschen kommen darüber hinweg. Es handelt sich dabei um eine typisch moderne Erkrankung. Ich meine, ihre Ursachen sind moralischer Art. Der Mehrheit von uns wird eine Lebensweise konstanter, systematischer Doppelzüngigkeit abverlangt. Unsere Gesundheit wird notgedrungen angegriffen, wenn wir Tag für Tag das Gegenteil von dem sagen, was wir empfinden, wenn wir uns dem fügen, was wir verabscheuen und uns erfreut zeigen über Dinge, die nichts als Unglück bringen. Unser Nervensystem ist nicht einfach eine Erfindung, sondern ein Teil unseres Körpers; unsere Seele existiert nämlich, sie ist in uns, wie die Zähne in unserem Mund. Sie kann nicht ungestraft ständig vergewaltigt werden. Es war schmerzlich für mich, Dir, Innozenz, zuzuhören, als Du uns davon erzähltest, wie Du im Gefängnis umerzogen wurdest und zur Reife gelangtest. Es war, als höre man ein Zirkuspferd erzählen, wie es sich selbst abgerichtet hat. Boris Pasternak, Doktor Schiwago

Psychologische Theorien der Vergangenheit haben es versäumt, sich der Grundlagenwissenschaft Neurophysiologie einzuordnen; infolgedessen haben sie sich vom körperlichen Substrat des Seelischen und seiner Pathologie – der Neurose – losgelöst. Die Tatsache, daß wir psychophysiologische Wesen sind, macht eine Theorie erforderlich, die ein denkendes und fühlendes Wesen im Ganzen umgreift. Nur eine holistische Theorie kann uns über nachträgliches Rationalisieren hinaus zu einer wissenschaftlichen und vorhersagefähigen Psychologie weiterbringen.

Die Bedeutung biologischer Abläufe für eine psychologische Theorie wird uns klar, wenn wir eine Feststellung wie die folgende machen: »Er verdrängte seine Gefühle«. Sie impliziert einen spezifischen Teil des Gehirns, der mit Gefühlen zu tun hat, und einen anderen Teil, der sich mit der Verdrängung beschäftigt, und postuliert zwischen beiden eine Wechselwirkung, die konkret körperlich ist. Demzufolge ist jede psychologische Feststellung letztlich eine neurologische Feststellung. Und daher ist es wichtig, daß wir das Gehirn im Zustand der Neurose verstehen.

Das Prinzip der Dialektik besteht in der Interpretation von Gegensätzen. Das bedeutet, daß man in jedem Einzelfall das Allgemeine, und im Allgemeinen das Spezifische feststellen kann. Deshalb wird man, wenn man ein Gehirn durchschaut, Gehirne im allgemeinen verstehen, und wenn man die Funktionsweise von Gehirnen versteht, wissen, wie ein einzelnes Gehirn arbeitet. Wenn die Neurose eine Funktionsstörung des Gehirns ist, dann bedeutet das Verstehen einer einzelnen Neurose, daß man die *Struktur* aller Neurosen versteht. Einfach nur etwas über neurotische *Reaktionen* zu wissen, heißt noch nicht, daß man die grundlegende Struktur der Neurose kennt. Obgleich die Reaktionsformen vielfältig sind, glaube ich, daß die Neurose einem einheitlichen pathologischen Vorgang entspricht; und wenn dies so ist, dann kann auch die Behandlung der Neurose schlechthin, ganz gleich in welcher Form sie vorliegt, einheitlich und eben doch spezifisch sein.

Das, was einer psychologischen Theorie Geschlossenheit, Vorhersagemöglichkeit und schließlich therapeutischen Wert verleiht, besteht im Zusammenschluß psychologischer und physiologischer Pendants. Ich habe die Absicht, diese Verknüpfung in der folgenden Darstellung zustande zu bringen.

1. Grundlagen der Neurose

Unerfüllte Bedürfnisse

Während der Evolution des Menschen hat es gleichbleibende äußere Gefahren gegeben. In vielerlei Hinsicht ist er mit diesen Bedrohungen auf dieselbe Weise umgegangen, wie seine reptilienhaften Vorfahren, nämlich mit Kampf oder Flucht. Jetzt braucht der Mensch nicht mehr vor wilden Tieren zu fliehen; dennoch ist seine Umgebung nicht weniger feindselig. Er muß vor sich selber fliehen. Er wird in eine Situation hineingeboren, in der seine Bedürfnisse nicht befriedigt werden können, in der er seinen Gefühlen keinen spontanen Ausdruck geben kann und in der es ihm nicht erlaubt wird, seinem natürlichen Tempo gemäß heranzureifen. Selten kann er ganz so sein, wie er ist. Um in seinem allernächsten Milieu, seiner Familie, zurecht zu kommen, muß er oft auf die eine oder andere Weise unnatürlich sein. Seine tiefsten Bedürfnisse und Gefühle muß er zurückhalten, weil sie eine Gefahr darstellen – die Gefahr nämlich, das Umsorgtwerden, die Liebe und den Schutz der allmächtigen Eltern zu verlieren. Er hat ruhig und freundlich zu sein, ehrerbietig oder wie auch sonst immer seine Eltern ihn haben müssen, damit sie ihm ihre Unterstützung zukommen lassen. Ihre Bedürfnisse werden für ihn zu absoluten Forderungen. Und die Gefahr besteht darin, daß er, wenn er sich so verhält, wie er ist, möglicherweise gerade diejenigen verlieren wird, die er zum Überleben braucht. Diese Gefahr tritt im frühen Lebensalter deutlich hervor, wenn das Kind gleichsam in einem Moment von Offenbarung empfindet, daß real sein, so sein, wie man wirklich ist, bedeutet, daß die Bedürfnisse, die man hat, niemals befriedigt werden. Und daß es niemals um seiner selbst willen – seines offenen, spontanen, freiempfindenden und handelnden Selbst willen – geliebt werden kann. Es muß gegen sich selbst, gegen sein empfindendes Selbst, eine Barriere aufrichten und es zurückweisen. Dabei findet es sich in einem Konfliktgeschehen wieder.

Der Konflikt

Der Konflikt entwickelt sich, wenn man es in Kürze (und vereinfacht) darstellt, auf folgende Weise: das motivierende Bedürfnis stammt meistens aus dem Zwischenhirn – vielleicht aus dem Hungerareal des Hypothalamus. Bleibt dieses Bedürfnis unbefriedigt (aus einer beliebigen Reihe von Gründen), dann wird der Schmerz, der von dem ungestillten Bedürfnis herkommt, im Schläfenhirn gespeichert. Das Stirnhirn greift ständig ein, um zu verhindern, daß dieses unbewußte Material bewußt wird; das Schlachtfeld für diesen Konflikt stellt das Limbische System dar.
Demzufolge wird die *Empfindung* der Gefahr im Limbischen System bearbeitet, während die *Erkenntnis,* das katastrophal wirksame Erfassen der Gefahr, an anderer Stelle festgelegt wird – nämlich im Stirnhirn. Dieses Auseinanderrücken der Verarbeitung wird in der Sprache der Primärtheorie »Spaltung« oder »Trennung« genannt.

Oder anders ausgedrückt: wir können unser Bewußtsein von unseren Gefühlen abtrennen, so daß wir gelegentlich nicht wissen, was uns verletzt oder daß wir überhaupt verletzt sind. Wir sind uns der Gefahr nicht länger bewußt – des Gefühls oder der Handlung, die eine Gefahr bilden –, gerade weil diese Gefahr unter dem Niveau der Aufmerksamkeit verarbeitet wird. Gaunt hat Ratten in einem Experiment unter Streß gesetzt (auf ein Brett geschnallt), und ihnen dann Tranquilizer gegeben. Die mit Beruhigungsmitteln gedämpften Ratten erschienen ihrer Lage gegenüber gleichgültig, aber ihr Körper produzierte weiterhin einen deutlichen Anstieg in der Ausschüttung eines Streß-Hormons (ACTH).[1]

In ähnlichen Experimenten mit hypnotisierten Personen wurden den Versuchspersonen Nadelstiche und andere schmerzhafte Reize zugefügt. Obgleich sie keine bewußten Schmerzempfindungen angaben, zeigten elektroenzephalographische Aufzeichnungen, daß ihre Hirnsysteme unter Streß standen. Weder Drogen noch Techniken, mit denen das Bewußtsein unterdrückt wird, können den Körper zum Lügen bringen. Das weist darauf hin, daß Streß in körperlichen Systemen ohne eine Spur des zugehörigen Bewußtseins fortbestehen kann.

Der Primärtheorie zufolge kann der menschliche Organismus Schmerzen bewußt nur bis zu bestimmten Stärkegraden tolerieren. Bei gewissen kritischen Stufen schaltet das System automatisch ab und macht uns dem Schmerz gegenüber unbewußt. Eine genaue Übertragung davon ist der Ohnmachtsanfall, bei dem extremer körperlicher Schmerz die Bewußtlosigkeit herbeiführt. Der Schmerz behält jedoch seinen Einfluß und treibt den Organismus in eine Situation der Überlastung, aus der heraus die Spannung abgebaut werden muß. Eine der besten Entlastungsmöglichkeiten besteht darin, zu schreien und zu brüllen. Wenn das Schreien jedoch Schmach bedeutet und noch mehr Schmerz mit sich bringt (mehr Rückzugsdrohungen und Mangel an Liebe), dann wird es unterdrückt werden.[2]

Der Schmerz eines Kindes beginnt mit dem Moment, in dem es in eine neurotische Familie hineingeboren wird. Meistens fängt er bei der Geburt an, mit den langen und anstrengenden Wehen einer (oft unter Drogen gesetzten) neurotischen Mutter. Er wird durch den

---

[1] R. Gaunt et al., *Brain Mechanisms and Drug Action*, hrsg. von William S. Fields, Springfield, Ill., Charles Thomas Co., 1957.
[2] Arthur Janov, *Der Urschrei*, Frankfurt/Main, S. Fischer, 1973 (Fischer Taschenbuch, Bd. 6286).

Mangel an ausreichender Brustfütterung fortgesetzt, schreitet durch eine übertriebene schnelle Reinlichkeitserziehung fort, durch die Unterdrückung natürlicher Neugier und der Produktion von Geräuschen und schließlich auch durch die Unterdrückung von Worten und Gefühlen, die nicht mit dem moralischen Wertsystem der Eltern übereinstimmen. Hinzu kommen oft noch die Schmerzen eines operativen Eingriffs oder anderer katastrophaler Leiden. Der Körper macht zwischen seinen Schmerzen keine Unterschiede; und der physiologische Ablauf des Schmerzes bleibt der gleiche, ob sein Ursprung nun seelischer oder körperlicher Art ist (wie im Fall einer Operation). Wir verteidigen uns gegen jeden überwältigenden Schmerz, aber der übrigbleibende Schmerz besteht unverwandelt im Organismus fort. Dieser Rest nimmt psychologisch und physiologisch, in Abhängigkeit von der Intensität des erlebten Schmerzes, zu. Bei bestimmten kritischen Schwellen wird das Kind, weil der Schmerz überwältigend ist, von seinem empfindenden Selbst abgetrennt, weil fühlen bedeutet, dem gesamten Schmerz das Tor zu öffnen und von ihm überwältigt zu werden.

Neurose und die Vermeidung von Schmerz

Die Neurose ist das Ergebnis der Spaltung. Sie ist diejenige Verhaltensform, durch die das Kind, und später der Erwachsene, die Überlastung aus- (oder ein-)agiert. Das eine Kind schlägt sich vielleicht ständig seinen Kopf an, ein anderes lutscht an seinem Daumen und wieder ein anderes prügelt sich ständig mit seinen Altersgenossen. So besehen besteht die Neurose darin, daß die Energie des Gefühls auf Abfuhrwegen umgeleitet wird.

Die Spaltung ist ein aktiver Vorgang. Die Gefühle und der dazugehörige Schmerz werden mit einem ständigen Aufwand an Aktivität gehemmt. Man nennt diesen Vorgang *Verdrängung*; er läuft automatisch und unbewußt ab. Es gibt bestimmte Hirnareale, die die Verdrängung vermitteln und unser Bewußtsein von uns selbst und unserem Schmerz fernhalten.

Wir sehen also, daß die Neurose genaugenommen eine Störung der Hirnfunktion ist, eine Zertrennung der neurologischen Einheit. Lord Russel Brain führt folgendes aus:

>»Der ständig wechselnde Inhalt des arbeitenden Gehirns, besonders der Hirnrinde, muß gleichermaßen veränderlich sein. Wenn

es Kerngebiete gibt, dann müssen sie sicherlich zum Zwischenhirn gehören, da schon seit langer Zeit der Hirnstamm und das Zwischenhirn die nervliche Basis darstellen, an der Aufmerksamkeit, Emotion und Erinnerung am engsten miteinander verknüpft sind ... Hirnrinde und Zwischenhirn sollten als eine integrative Einheit und nicht als Hierarchie betrachtet werden.«[3]

Die Vermeidung von Schmerz ist allen Arten von Organismen gemeinsam. Die einzellige Amöbe zieht sich zurück, wenn sie gereizt wird; sie kann zwischen Dingen, die sie braucht, nämlich Nahrung, und solchen, die nachteilig sind, wie schädliche Chemikalien, unterscheiden. Fische lernen schnell, Gewässer, deren Temperatur für sie nicht geeignet ist, zu meiden; Menschen in leichtem Dämmerzustand können ihre Hände reflexartig erheben, um einen schmerzvollen Reiz abzuwehren. Die letztere Bemerkung weist darauf hin, daß wir selbst auf unbewußtem Niveau Schmerz empfinden und auch auf ihn reagieren können und daß die Vermeidung von Schmerz auch beim Menschen ein Reflexgeschehen ist, das dem Überleben dient. Die Lösung der Verbindung zwischen einem Hirnareal und einem anderen (Verdrängung) ist nicht mehr als die Erweiterung des Überlebensmechanismus, der mit der Empfindlichkeit für Schmerz oder Reizung bei der einzelligen Amöbe beginnt. In der Tat besteht die neurotische Funktionsstörung des Gehirns in einem Zellzusammenschluß, der in komplexer Weise funktioniert. Was für eine einzelne Zelle zutreffend ist, kann auch für einen Zellverband richtig sein. Die Amöbe zieht sich von äußeren Reizen zurück, wohingegen das Gehirn die Fähigkeit besitzt, sich von inneren Reizen zurückzuziehen. In diesem Sinne ist die Fähigkeit zu verdrängen und neurotisch zu werden ein genetisches Erbe, das dem Menschen ermöglicht, seinen Kampf in der äußeren Umgebung fortzusetzen, obgleich im Innern seines Körpers Verwüstung herrscht.

Kontraktion (der Muskeln) gegen Schmerz und Entspannung, wenn Schmerz nicht vorhanden ist, scheinen Bestandteile eines grundlegenden Vorganges zu sein, den man bei allen Organismen finden kann. E. H. Hess untersuchte die Pupillenreaktionen und fand heraus, daß die Pupille sich erweitert, wenn der Reiz angenehm ist, und daß sie sich verengt, wenn er unangenehm ist.[4]

[3] Russell Brain, *Some Reflections on Brain and Mind*, Brain, Vol. 86, Teil 3, 1963, S. 399.
[4] E. H. Hess und J. M. Polt, »Pupil Size in Relation to Interest Value of Visual Stimuli«, *Science,* Vol. 132, 1960, S. 347–350. Es soll noch hinzugefügt werden, daß sich in

Als man den Versuchspersonen der Hesschen Experimente Bilder von Folterszenen zeigte, fand eine automatische und unwillkürliche Verengung der Pupille bei ihnen statt. Demzufolge speichert das Gehirn die Schmerzerinnerung und der Körper reagiert, wenn die Erinnerung erweckt wird, *als ob er Schmerz empfände.* Wir sehen also, daß wir uns nicht nur von Schmerzen, die von außen kommen, sondern auch von innerlich gewecktem Schmerz zurückziehen. Die Erinnerung kann den Rückzug und den Kontraktionsvorgang gegen Schmerz in derselben Weise hervorbringen, als ob der Schmerz von außen zugefügt würde.

Die Pupillenverengung bei den Versuchspersonen konnte durch Erinnern zustande gebracht werden – durch die Erinnerung an Gefühle, die offenbar zu schmerzhaft waren, um angenommen und in Beziehung gesetzt werden zu können. Daraus ersehen wir, daß Gefühle unbewußt auf einem physiologischen Weg beantwortet werden und daß sie nicht nur eine Pupillenverengung, sondern auch eine Engerstellung der Blutgefäße hervorrufen können; schließlich vermögen sie das Bewußtsein einzuschränken und von der Schmerzquelle abzulenken.

Ich glaube, daß Urschmerzen, überwältigende Gefühle aus der Kindheit, die nicht integriert werden konnten – »So wie ich bin, mag man mich nicht« –, im Organismus bestehen bleiben und einen ständigen Rückzug des Bewußtseins und eine verfestigte Neurose hervorrufen. Wenn das Gehirn (und der Körper) sich von schmerzhaften Gefühlen zurückzieht, dann ist allein eine unbeschriebene nervöse Aktivität in uns, die als gestaltlose Spannung empfunden wird, und die den Organismus ständig zu der einen oder anderen Handlung antreibt. Diese Spannung ist der (vom Bewußtsein) abgespaltene Anteil des Gefühls – sozusagen die Energiequelle, die umgelenkte Verhaltensweisen bewirkt, Verhalten, das ich als neurotisch bezeichne, weil es von verdrängten Gefühlen gesteuert wird.

Die Existenz einer solchen Energiequelle ist von Neurophysiologen erwiesen worden. W. H. Gantt bemerkt bei der Beschreibung von Reaktionsweisen des Organismus im Sinne grundlegender Reflexe: »Die emotionale Basis für eine Handlung bleibt bestehen, nachdem

einer Gefahrensituation die Pupillen infolge einer Kontraktion des Ziliarmuskels erweitern. Hierbei dient die Erweiterung der Überlebensabsicht. Sie öffnet den Organismus gegenüber der Umgebung mit dem Ziel, daß er mehr Information aufnehmen kann und sich dadurch besser schützen kann. In den Hess'schen Experimenten handelte es sich um ein Übermaß an Reizung, das in die Reaktion nicht geschmeidig und ohne Verengung einbezogen werden konnte.

die äußerlichen und oberflächlichen Anpassungsbewegungen verschwunden sind... Der Organismus wird dann von emotionalen Erinnerungen aus der Vergangenheit angestoßen, die ihn auf eine Handlung vorbereiten, die nicht mehr erforderlich ist«.[5] Weil wir von frühen, unaufgelösten Erinnerungen, die ich als primäre oder *Urerinnerungen* bezeichne, angestoßen werden, müssen wir sie ständig abwehren, damit sie nicht bewußt werden und uns überwältigen.

Urschmerzen halten das menschliche System zur Aktivität an. Auch Albe-Fessard weist darauf hin: »Schmerz hat gegenüber jeder anderen Form von peripheren Reizen den größten Erregungseffekt.«[6] Das ist notwendig, da Wachsamkeit gegenüber Schmerz lebensnotwendig ist. Sie hilft uns am Leben zu bleiben – wohlverteidigt und neurotisch. »Unlust« hat eine schützende Funktion. Ich zitiere Gellhorn:

»Alle anerkannten Emotionen können vom Standpunkt der Selbsterhaltung und der Erhaltung der Art betrachtet werden. Emotionen, die in bezug auf Bedrohungen der Selbsterhaltung etwas mitteilen... sind bezeichnenderweise von unlustvoller Art. Auf der anderen Seite durchdringen uns lustvolle Emotionen, wenn Bedrohungen beseitigt sind, wenn Bedürfnisse aktiv zufrieden gestellt werden und gegenwärtig ein Zustand innerer und beziehungsweise oder äußerer Homöostase erreicht wird.«[7]

Zusammenfassung

Verdrängung ist das natürliche Beruhigungsmittel des Organismus. Früh im Leben, wenn wir hilflos und völlig abhängig sind, schützt sie uns; sie wird pathologisch, wenn wir uns nicht mehr in einer solchen Situation befinden. Der umfassende Ausdruck von Gefühlen bezieht das ganze Gehirn ein, sowohl die höheren wie die niederen Zentren. Wenn der Ausdruck eines Gefühls (der in Übereinstimmung mit Gellhorn für gewöhnlich schützend wirken würde) selbst zur Bedrohung wird – wie die wütende Widerrede gegenüber einem Elternteil –, dann müssen solche Gefühle vom Bewußt-

---

[5] Wie es in E. Gellhorn, *Biological Foundations of Emotion,* Chicago, Ill., Scott, Foresman Co., 1968, S. 86, vorgetragen wird.
[6] D. Bowsher und K. Albe-Fessard, »Patterns of Somatosensory Organization within the Central Nervous System«, in C. A. Keele, *Assessment of Pain in Man and Animals,* Edinburgh, Livingstone, 1961, S. 11.
[7] Gellhorn, op. cit., S. 75.

sein abgesondert werden; der Konflikt entwickelt sich, und wir werden »gespalten«. Mit anderen Worten: ein Kind, das verletzt wird oder dessen Bedürfnisse frustriert werden, reagiert mit Zorn; man lädt ihm eine doppelte Last auf, wenn man diese zornige Reaktion als Ungezogenheit oder Schande hinstellt. Es kann keine angemessene Überlebensreaktion zustande bringen, weil die Reaktion selber lebensbedrohlich wird – indem sie den Verlust der elterlichen Liebe bedeutet.

Wir haben gesehen, daß die Vermeidung von Schmerz allen Arten organischen Lebens, von der einzelligen Amöbe bis zum Menschen, gemeinsam ist. Der Mensch hat von allen das umfassendste und komplizierteste System entwickelt, und seine große Hirnrinde hält die Neurose, diesen komplexen neuronalen Reflex gegen Verletzung, aufrecht. Wir wollen diesen Vorgang nun mehr in den Einzelheiten der beteiligten Strukturen untersuchen.

2. Struktur der Neurose

Das retikuläre Aktivierungssystem

Das retikuläre Aktivierungssystem ist ein Teil der Formatio reticularis, einer vielgestaltigen Struktur, die sich vom tieferen Hirnstamm ins Mittelhirn ausdehnt, um am Thalamus und der Hirnrinde zu enden. Über ihre gesamte Länge hinweg wird sie mit Kollateralen versorgt, die von Nervenfasern stammen, die zur sensorischen Hirnrinde ziehen. Man kann mit Sicherheit sagen, daß alles, was an sensorischen Eingaben aus der äußeren Umgebung kommt, wie das Riechen, Tasten, Schmecken, Sehen und Hören, hier als Information übertragen wird [Relaisstation], bevor es zu verschiedenen Teilen des Neokortex weitergegeben wird, wo dann die feinere, unterscheidende Bearbeitung stattfindet. Aber, und das ist eigentlich noch wichtiger, auch die »inneren« Sinneswahrnehmungen, die Empfindungen des übrigen Körpers, werden hier empfangen; dabei handelt es sich um den arteriellen und den venösen Blutdruck, die Lungendehnung, die Konzentration der Blutgase und vieles andere mehr.

Zugleich sind in der Formatio reticularis Zentren lokalisiert, die

Blutdruck, Atmung, Schlagfrequenz des Herzens und andere automatische Funktionen kontrollieren. Die unabhängige Arbeitsweise dieser Zentren ist offensichtlich; davon überzeugt uns das bewußtlose Opfer eines Autounfalls, das, obgleich seine Hirnrinde »tot« sein kann, weiterhin die vegetativen Funktionen der Atmung und die Kontrolle der Blutzirkulation vollbringt.

Das retikuläre System enthält Areale, die andere Zentren erregen oder hemmen. Es handelt in einem allgemeinen Sinne, indem es das restliche Gehirn »weckt« [Weckfunktion der F.ret.]. Hinsichtlich der Bedeutung des Reizes macht es keine Unterschiede. Bei einem normalen Menschen wird diese Weckfunktion eine bestimmte Gefühlsempfindung lediglich intensivieren. Bei Neurotikern kann die Erregung des retikulären Systems zur Hemmung eines bestimmten Gefühls führen und damit zur Auslöschung von Sinnesmodalitäten. Während einer panikartigen Situation wie bei einem Feuer fühlen wir unsere Verletzungen meistens nicht, weil unser nervöses System von der äußeren Situation – und nicht der inneren – gleichsam elektrisch angezogen wird. Das retikuläre System empfängt ungeheure Informationsbeträge. Vermittels Schaltwegen zu höher gelegenen Hirnzentren wird es vom Rest des Gehirns verändert, und zugleich beeinflußt es diesen auch. Es kontrolliert vegetative Funktionen, hilft bei der Einstellung der endokrinen Sekretion, begrenzt die sensorischen Informationseingänge und affiziert die Lernvorgänge und das Bewußtsein. Selber wird es auf einem unspezifischen Weg von allen sensorischen Systemen des Körpers angeregt. Gerade wegen seiner weckenden Funktionen ist es die Hauptquelle nervöser Aktivität.

Der Hypothalamus

Der Thalamus arbeitet als Schaltstation für die sensorischen Afferenzen der Hirnrinde. Der Hypothalamus liegt, wie der Name sagt, unter dem Thalamus. Im Gegensatz zum Thalamus besitzt er viele Aufgaben und enthält die Zentren, die Nahrungsaufnahme, Sattheit, Durst und Sex steuern; dazu kommt noch die Steuerung der endokrinen Sekretion des Körpers, die von der Hirnanhangsdrüse [Hypophyse] ausgeht [und deren Hinterlappen funktionell ebenfalls zum Hypothalamus gehört]. Hauptsächlich durch diesen Hypothalamus gelangt die Energie aus den limbischen Schaltkreisen in den Körper, wo sie psychosomatische Störungen hervorruft. Funktionsstörungen des Hypothalamus wirken sich nahezu auf alles aus, von der Milchmenge, die eine werdende Mutter für das Stillen zur Verfügung haben wird bis zu ihrem Körperwachstum.

Es ist wichtig, auf die relative Unabhängigkeit des Hypothalamus vom Neokortex hinzuweisen – es spricht wenig dafür, zwischen beiden irgendeine direkte Verbindung anzunehmen. Der Vermittler zwischen diesen beiden Strukturen – der sich anatomisch auch in der entsprechenden Lage befindet – ist der Komplex des »alten Kortex«, auch Limbisches System genannt. Die geringe Zahl neuraler Verbindungen zwischen Hypothalamus und Neokortex ist von enormer Bedeutung, denn diese Tatsache weist darauf hin, daß es im Körper endokrine Aktivität ohne eine Art bewußter (kortikaler) Steuerung geben kann. Und umgekehrt kann es kortikale Aktivität geben – Vorstellungen, Meinungen und Selbsttäuschungen –, die keine unmittelbare Verbindung zu den Gefühlen hat, die ihr Entstehen veranlaßten. Das Limbische System hält sie voneinander fern.

Das Limbische System

Das Limbische System besteht in einem Randstreifen von Hirnrindengewebe, der an der Unterfläche jeder (neokortikalen) Großhirnhälfte liegt und sich über die oben beschriebenen Strukturen legt. Es ist der entwicklungsgeschichtlich älteste Anteil der menschlichen Hirnrinde, und es hat sich während der menschlichen Evolution kaum verändert. Es zeigt bei allen Säugetieren einen ähnlichen Entwicklungsgrad; der einzige Unterschied besteht in der Hirnrindenmenge, die an seinem obersten Ende aufgelagert ist. Limbische Funktionen und Strukturen sind vielfältig und von großer Ausdehnung; sie erfassen weite Areale des Gehirns und haben hauptsächlich mit Emotionen und Erinnerungen zu tun. Das Limbische System ist nach primärtheoretischer Ansicht *der Vermittler für seelische Störungen*, da es die Schlüsselstruktur für Vorgänge ist, durch die Gefühle gehemmt werden.

Je mächtiger die Überlastung durch angesammelten Schmerz, desto ernster ist die seelische Erkrankung. Oder anders ausgedrückt: je größer die Menge schmerzvoller Impulse ist, die durch Hemmung hervorgerufen werden, desto stärker ist der Druck, der auf das Bewußtsein einwirkt. Die Menge des zugrunde liegenden Urschmerzes hängt aber von dem »Belastungswert« jedes einzelnen Schmerzes ab (die dann alle zusammenaddiert werden). Die Vergewaltigung durch den eigenen Vater erzeugt einen zerstörenden und überwältigenden Schmerz, der eine Persönlichkeit in tiefe Symbolisierungen treibt (Psychose). Wenn man gezwungen wird, in die Kirche zu gehen, dann bedeutet dies einen geringeren Schmerz. Jedoch wird der Schmerz, ungeachtet seiner Valenz, *aktiv* durch Gedächtnisvorgänge in der limbischen (temporalen) Hirnrinde gespeichert.

Smythies unterstreicht die Bedeutung des Limbischen Systems für den Vorgang der Schmerzspeicherung: »Die ausgedehnten limbischen Schaltkreise bilden die Wege, auf denen Empfindungen bewertet und integriert werden, und wo auch letztlich das niedergelegt wird, was für einen bleibenden Gedächtnisspeicher wichtig ist. Der Mandelkern [eine Schlüsselstruktur des Limbischen Systems] scheint hauptsächlich die emotionalen und motivierenden Aspekte dieses Steuerungssystems zu vertreten und der Hippocampus mehr das Einlagern von Erinnerung.«[8]

Die ontologische Funktion der limbischen Struktur hat, ob sie nun zu Katze, Wolf oder Mensch gehört, die Bedeutung des Schutzes. Betrachtet man sie in dieser teleologischen Weise, dann wird ihre Vielfältigkeit für unser Verständnis durchsichtiger. Sie bewahrt den Menschen vor Schmerz, zugleich aber bewahrt sie ihn auch im Zustand der Neurose.

Auch die Rhythmen von Schlaf, Körpertemperatur, Ausscheidung und sexuellem Verhalten unterstehen der Steuerung durch das Limbische System. Es verwundert uns nicht, wenn das Verhalten, das dem Auftreten einer Spaltung zwischen Hirnrinde und einem frühen Urgefühl folgt, von sexueller Art ist. So etwas kann zustande kommen, *weil Urerinnerungen gleichsam unter dem Niveau des Spaltungsvorganges liegen und zu jeder einzelnen limbischen Funktion Zugang haben, ohne vom Neokortex unterschiedlich behandelt zu werden.* Was im einzelnen dazu führt, daß limbische Funktionen einbezogen werden, hängt von den Lebensumständen des Betreffenden ab. Ebenso leicht wie übermäßigem Essen kann er sich dem Sex zuwenden.

[8] T. Smythies, *Neurological Foundations of Psychiatry,* New York, Academic Press, 1966, S. 131.

Nehmen wir zum Beispiel ein junges Mädchen, dem man untersagt hat, sich näher mit Jungens einzulassen, und dem man außerdem noch auf subtile Weise beigebracht hat, daß Sex eine schmutzige Sache sei. Weiterhin erfährt sie, Gott bestrafe schlechte Gedanken. Früher oder später wird sich ihr sexueller Drang verringern. Sexuelle Gedanken werden ihr nicht in den Sinn kommen, weil solche Gedanken Furcht und Schmerz hervorrufen. Dennoch bleibt der Trieb vorhanden, weil – und davon bin ich fest überzeugt – Triebe wie Sex in gesunden Körpern bei allen in nahezu gleicher Stärke vorkommen. Was geht ihr stattdessen durch den Kopf? Vielleicht Gedanken ans Essen, jedenfalls an irgend etwas Statthaftes. Die verschiedenen körperlichen Triebe konzentrieren sich dann auf die Nahrungsaufnahme, diese wird zwanghaft und gierig, weil sich die Energie dieses Triebes dann aus verdrängter sexueller Energie und der Energie aus ganz anderen unterdrückten Bedürfnissen und Gefühlen zusammensetzt. Ein normaler oder gesunder Mensch, der innerlich nicht gespalten ist, der nicht unter limbischen Hemmungsvorgängen leidet, ißt nicht mehr, als er braucht. In ihm ist kein Schmerzreservoir, das ihn dazu treibt, alles im Übermaß zu tun. Dieselbe Energiequelle, die für übermäßiges Essen verantwortlich ist, kann ebensogut andere Arten von Unmäßigkeit hervorbringen. In diesem Sinne kann bei jemandem, der in einem religiösen Hause groß wurde, das Beten zum Zwang werden.

Der primäre Verhaltensdruck (durch ungelöste Schmerzen erzeugt), der unterhalb der Zugriffsmöglichkeit der Hirnrinde liegt, verzweigt und verläuft sich in zahlreiche physiologische Vorgänge. Derselbe Schmerz beispielsweise, der für sexuelle Vorstellungen den Untergang bedeutet, kann einen Vaginismus, einen Scheidenkrampf, verursachen, der den Verkehr schmerzhaft und manchmal sogar unmöglich macht. Die Neurose ist eben nicht einfach etwas Seelisches. Es gibt nicht nur eine Spaltung im Gehirn, sondern auch einen Körper, der von seinen Gefühlen abgespalten ist – der Körper »ergreift Partei« für die unbewußten Gefühle.

Derselbe primäre Druck kann über jeden beliebigen Abflußkanal abgeleitet werden, den das schwächste Glied der körperlichen Konstitution bietet. Er kann Ticks oder Stottern hervorrufen, die ebenso zwanghaft sind, wie jede andere neurotische Aktivität etwa in sexuellem Verhalten oder bei der Nahrungsaufnahme. Diesem Zwang gegenüber ist die betreffende Person hilflos, auch wenn es ihr so vorkommen mag, daß alles, was sie macht, aus freiem Entschluß geschehe.

An dieser Stelle sehen wir auch den Unterschied zwischen Neurose und Psychose. Bei der Neurose ist der Grad, in dem der Schmerz generalisiert wird, geringer – es wird weniger Schmerz über die Erinnerungsverknüpfungen rückgeleitet. Bei der Psychose liegt zweifellos ein Zustand höherer Generalisierung oder Verallgemeinerung vor, bei dem auch die Rekanalisierung stärker, vielfältiger und symbolischer ist. Ein Beispiel dafür ist eine psychotische Patientin, die vor allen Männern schreckliche Angst hatte; sie war völlig unfähig, einem Mann in die Augen zu sehen. Sie reagierte damit auf ihre verdrängte Erinnerung, als sie ihrem Vater, während er sie vergewaltigte, in die Augen schaute. Später reichten schon allein Bilder, auf denen die Augen von Männern zu sehen waren, aus, um sie zu erschrecken. Rekanalisierung und Symbolisierung wurden immer weitläufiger.

Die Verdrängung, die durch Schmerz in Gang gesetzt wird, ruft einen generalisierten triebhaften Zustand hervor, der auf symbolische (neurotische) Weise gelöst werden muß, da unmittelbare Verbindungen zu wirklichen Gefühlen im Neokortex wieder mehr Schmerz entstehen lassen als verarbeitet werden kann. So bleibt der Betreffende innerlich gespalten und für immer dazu verurteilt, im gewohnten Fahrwasser seiner Neurose dahin zu ziehen.

3. Das Wesen des Schmerzes

Erscheinungsformen des Schmerzes

Wir sind auf vielerlei Weise verletzbar. Es gibt Schmerzen, die schon vor der endgültigen Entwicklung des Bewußtseins auftreten. Diese Schmerzen können nicht in Begriffe gefaßt werden; sie sind biologischer Art, werden aber dennoch gespeichert. So wird beispielsweise ein Kind, dessen Bedürfnisse nach Berührung und Liebkosung im frühesten Leben nicht gestillt wurden, traumatisiert oder überlastet, obgleich es noch kein Bewußtsein von seinen Bedürfnissen oder deren mangelnder Erfüllung hat. Ein Kind, daß zur Reinlichkeit oder zum Laufen gezwungen wird, bevor Gehirn und Rückenmark entsprechend ausgereift sind, wird organisch übermäßig belastet. Es gibt Beweise dafür, daß die Markbildung in den Nervenfaserscheiden (die man als Hinweis auf Funktionsfähigkeit wertet) vor dem zwanzigsten Lebensjahr noch nicht vollständig ist. Es kann traumatische Folgen haben, wenn man ein Kind zum Laufen, Werfen, Sprechen und Buchstabieren zwingt, bevor das Gehirn ausgereift ist. Und Trauma bedeutet übermäßige Belastung; es ist etwas, was innerhalb des Reifungsvorgangs nicht verarbeitet werden kann. Traumen kumulieren. Mit ihrer Zahl steigt der Spiegel übrigbleibender Spannung oder nichtverarbeiteten Schmerzes. Und je höher der Spiegel gespeicherter und ungelöster Schmerzen steigt, desto stärker wird der Grad, den die Verallgemeinerung der Reaktionen erreicht und desto komplexer das symbolische Verhalten. Das bedeutet aber wiederum, daß bei hohem Schmerzpegel nahezu alles eine ängstliche, neurotische Reaktion auslösen kann. Auf diesem Wege wirken auch sehr abliegende Reize auslösend. Ein psychotischer Patient krümmte sich beispielsweise jedesmal, wenn er eine Autohupe hörte, zusammen. Er dachte, es handle sich um ein Signal »ausländischer Feinde«, die gekommen waren, um ihn gefangenzunehmen.

Überlastung

Eine der bedeutsamsten Aspekte kortikaler Markscheidenbildung besteht darin, daß dieser Vorgang gerade im neokortikalen Gewebe des Frontallappens relativ spät zum Abschluß kommt. In diesem Hirnteil spielen sich die Vorgänge der Abstraktion und Generalisierung ab. Dieser Reifungsvorgang ist nicht vor dem fünften oder sechsten Lebensjahr abgeschlossen. Erst dann ist ein Kind »begrifflich« verletzbar; Bedeutungen können verletzen und katastrophale Auswirkungen haben. Vor diesem Zeitpunkt kann ein Kind jede Menge von Kränkungen, Demütigungen und Mißhandlungen erleiden, aber es wird jeden Reiz als eine einzelne, gegen es selbst gerichtete Sache behandeln. Ist das Ereignis traumatisierend genug (zum Beispiel eine Vergewaltigung), dann ruft zu diesem Zeitpunkt der Schmerz einen Spaltungsvorgang hervor. Das ist aber nicht der Normalfall. Daß ein Kind nicht so sein darf, wie es ist, vollzieht sich normalerweise allmählich und schrittweise. Es bekommt Schläge, wenn es sich beschmutzt; es muß seine Milch trinken, ob es nun mag oder nicht; man sagt ihm, wie es die Gabel zu halten hat; schimpft, wenn es nackt auf die Straße läuft und so weiter. Eines Tages, wenn das Gehirn in der Lage ist, all die vorher noch getrennten Erfahrungen zu verallgemeinern, wird die Last dieser einzelnen Erfahrungen gleichsam zu einer Bedeutungslast gerinnen – »Sie hassen mich, mein wirkliches Selbst« – und diese Last wird die Verarbeitungsfähigkeiten des Kindes übersteigen und damit den Spaltungsvorgang einleiten. Den vorausgehenden Zustand des Gespaltenseins kann es aber nicht völlig empfinden; es wird reizabhängig. Und das heißt, daß es mit Erfahrungen wieder wie mit einzelnen, unverbundenen Dingen umgeht. So muß es handeln, wenn es überleben und sich von mächtigen Schmerzen fernhalten will.

So hat also die Bedeutung katastrophale Wirkung, die Bedeutung, zu deren Wahrnehmung wir im Alter von fünf Jahren fähig werden. Bedeutung *ist* eine Verallgemeinerung. Sie stellt gewissermaßen einen Wert für alle angesammelten, vorausgegangenen Angriffe dar. Damit hängt es zusammen, daß so viele von uns im Alter von fünf oder sechs Jahren wirklich neurotisch werden. Wenn man zu einer gespaltenen Existenz- oder Erlebnisweise zurückkehrt, dann weicht man Bedeutungen oder Sinnzusammenhängen aus. Und die Persönlichkeit wächst heran und sucht tragischerweise an allen möglichen Orten nach einem Sinn, nur nicht am rechten Ort.

Was ich besonders betonen möchte, ist, daß der Wert, der einem einzelnen Erlebnis zukommt, ausreichend sein kann, um schon vor der Markreifung einen Spaltungsvorgang hervorzurufen. So hinterlassen traumatische Geburten im Organismus Spannung, weil sie als Erlebnis auf *keiner* Ebene verarbeitet werden können. Dasselbe können Situationen in der Stillzeit bewirken – etwa äußerst grobes, verkrampftes oder unzureichendes Anfassen.

Der Organismus kann auf vielfältige Weise übermäßig belastet werden, manches davon vollzieht sich ziemlich subtil. Eine Patientin wurde von ihren altersschwachsinnigen Großeltern geschlagen, herumgezerrt, gestoßen und nie in Ruhe gelassen. Im Alter von acht Monaten ertrug sie diese Art der Überreizung nicht mehr; da es für sie keinen Weg gab, diese Überreizung auszuschalten, steigerte sich ihre eigene Aktivität anfallsartig. In einer therapeutischen Sitzung, in der sie ein Urerlebnis [ein Primal] hatte, empfand sie den Schmerz dieser Überreizung noch einmal, einen Schmerz, der zu groß war, um von einem Kind bewußt verarbeitet werden zu können.

Übermäßige Belastung kann sowohl von einem Zuviel wie auch von einem Zuwenig an Berührung herrühren, oder auch von der *Bedeutung* eines einzelnen Erlebnisses, das, obgleich es an und für sich nicht traumatisierend ist, sozusagen den letzten Tropfen darstellt, durch den dann die Verarbeitungsstörung ausgelöst wird. Nicht jeder bekommt bei übermäßiger Belastung Anfälle. Man wird auf vielerlei Weise unbewußt. Manche Patienten werden lediglich abgestumpft und dumm.

Es ist von großer Bedeutung, was die Patienten über ihr Geburtsurerlebnis [Geburtsprimal] berichten. Sie sagen, daß sie unmittelbar davor irgendwie »wissen«, wohindurch sie während eines solchen Erlebnisses gehen, aber sie fühlen sich zu kraftlos, um das, was sie ahnen, abbremsen zu können, und es läuft dann gleichsam auf neurologischer Ebene ab. Das ist ein faszinierender Beweis für ihr gespaltenes Bewußtsein. Während des Urerlebnisses ist nahezu das ganze Erleben dieser Patienten von der frühkindlichen Erfahrung überwältigt, aber in bewußter Weise. Sie waren vor dem Urerlebnis ebenso überwältigt, aber auf unbewußte Weise; das heißt, sie litten unter unerklärlicher Spannung und Neurose. Das Geburtstrauma wird dem bewußten Erleben zugänglicher, wenn man sich den Weg durch weniger schmerzvolle Urerlebnisse geebnet hat. War die Geburt ernstlich traumatisierend, hatte sie eine große Schmerzenslast zur Folge, dann kann der Organismus dieses Erlebnis erst ertragen, wenn andere Schmerzen beseitigt sind. Nicht die Schmerztoleranz wird in der Primärtherapie gefördert und ausgebildet; es wird vielmehr die Gesamtbelastung durch anhaltende Anstrengungen verringert, so daß zunehmend größere Traumen empfunden werden können. So empfanden beispielsweise zwei unserer Patienten gegen Ende ihrer Therapie nochmals den reinen Schmerz des Operiertwerdens; einmal eine Schwangerschaftsunterbrechung und beim anderen eine Blinddarmoperation. Wird die Empfindungsschranke durch eine Droge wie LSD geöffnet, dann strömen die Schmerzen eines ganzen Lebens auf einmal auf das Bewußtsein ein; aber nicht spezifische Urerlebnisse [Primals] sind das Ergebnis, sondern symbolische Vorstellungsinhalte und beziehungsweise oder körperliche Symptome.

Gelegentlich vermag ein Patient erst nach einem völlig körperlichen Urerlebnis etwas von dem zu ahnen, was er durchgemacht hat. Einer der Patienten fühlte über einen Zeitraum von Tagen hinweg zunächst, daß sein Gesäß kalt war, dann fühlten sich seine Knie kühl an, anschließend hatte er kalte Füße und schließlich wurde ihm schwarz vor Augen. Er hatte nicht die geringste Vorstellung davon, was er durchmachte; nach zwei Wochen schließlich rückte alles ins rechte Licht – es handelte sich um eine Steißgeburt. Das wurde hinterher auch bei einer Befragung seiner Mutter bestätigt und festgehalten. Die übermäßige Belastung, die in diesem Erlebnis steckte, erzwang, daß es erst bruchstückhaft empfunden werden mußte, bevor es im Ganzen verarbeitet werden konnte.

Es wird immer deutlicher, daß es ohne Belang ist, ob das Bewußtsein durch ein gewöhnliches Betäubungsmittel, durch die Unvollständigkeit der Markscheidenreifung und damit der Entwicklung des Bewußtseins, oder durch eine Neurose unterdrückt wird. Der Organismus registriert alles gleichermaßen als übermäßige Belastung und produziert eine Spannung, die lebenslänglich anhält, falls der betreffende Schmerz nicht aus dem Zustand der Abspaltung gelöst und verarbeitet wird. Das kann sich recht subtil vollziehen. Ein Patient, der vorher psychotisch war, hatte ein Urerlebnis, daß er bei der Geburt von der Nabelschnur stranguliert wurde. Nach anfänglichem Wohlbefinden während des Urerlebnisses wurde er plötzlich traumatisiert. Nachdem er dieses Urerlebnis hinter sich hatte, sagte er, seine Wahnkrankheit (oder die Disposition dazu) habe angefangen, als er »erkannte«, daß er sich in einer Umgebung befand, die feindselig war, und der er nicht trauen konnte. Dieses frühe Erlebnis zuzüglich der Zeit, die er mit seinen Eltern verbrachte, denen er nicht vertrauen konnte, brachten eine Persönlichkeit hervor, die in ihrem Erwachsenenleben auf der Grundlage unbewußter Gefühle reagierte. Er war argwöhnisch und davon überzeugt, niemandem trauen zu können, und keine Erfahrung seines Erwachsenseins vermochte es, ihn von seiner wahnhaften Überzeugung abzubringen.

Die »große Primärszene« fällt auf den Zeitpunkt, an dem ein Kind alles zusammensetzt, oder jedenfalls darangeht, dies zu tun. Der Schmerz der Bedeutung aller vorausgegangenen Erfahrungen führt zu einer Überlastung des Organismus und ruft einen »Zusammenbruch« oder ein Symptom hervor. Letzteres kann in Stottern, Lernstörungen oder einem Tick bestehen; das Symptom ist ein Abflußkanal für übermäßigen Schmerz. In einem Buch über Hirnfunktion und Lernschwierigkeiten wird der Begriff der Überlastung erörtert:

»Eine gewisse Anzahl von Kindern bildet Störungen nur dann aus, wenn mehr als ein geistiger Vorgang zur selben Zeit erforder-

lich ist. In diesem Zusammenhang gewinnt der Begriff der Überlastung an Bedeutung ... Eine Dysfunktion des Gehirns senkt die
Toleranzgrenze für Informationsverarbeitung. Ein Kind kann
Symptome einer Verarbeitungsstörung zeigen, wenn neurosenso-
rische Vermittlungsfunktionen und komplexe integrative Arbeitsweisen verlangt werden; diese Symptome zeigen sich dann als
schwaches Gedächtnis, ziellose Bewegungen, geringe Aufmerksamkeit, Enthemmung und in seltenen Fällen als Anfälle. Durch
Überlastung kann ein allgemeiner Zusammenbruch der neurologischen Vorgänge verursacht werden, der sich nicht nur darin
auswirkt, daß die Lernfähigkeit, sondern auch das gesamte Wohlbefinden, ärztliche Behandlung und Führung eingeschlossen,
beeinflußt.«[9]

Ich glaube, daß bei der Primärszene folgendes vor sich geht: alle
früheren Zurückweisungen und das Alleingelassenwerden überfluten den Organismus gleichzeitig, da sie Teil des Urgefühls sind.
Dieser wird mit der Überflutung nicht fertig und reagiert in vielem
so, wie Johnson und Myklebust beschrieben haben – mit ziellosen
Bewegungen, geringer Aufmerksamkeit und so weiter. Anstatt sich
von der Überlastung zu befreien, muß der neurotische Organismus
die Gefühle mit den dazugehörigen Erinnerungen stückchenweise
verarbeiten.

Die »Schleusen«-Theorie

Die »Schleusen«-Theorie von Melzack und Casey hilft uns, den
Vorgang der Überlastung neurologisch zu verstehen:
»Die Zellen des mittleren Hirnstamms besitzen die Fähigkeit, den
Reizzustrom [input] von räumlich verschiedenen Körperstellen
zu summieren ... so daß diese Informationen zu Informationen
über Intensität umgeformt werden ... bei einem kritischen Inten-
sitätsniveau werden jene Hirnareale aktiviert, die positiven Affekt
und Annäherungstendenz fördern. Unterhalb dieses Niveaus aktivieren Ausgangsinformationen [output] jene Hirngebiete, die
negativem Affekt und Aversionstrieb zugrunde liegen. Davon
ausgehend nehmen wir an, daß die Triebmechanismen, die mit
Schmerz verbunden sind, dann aktiviert werden, wenn die soma-

[9] D. Johnson und H. R. Myklebust, *Learning Disabilities,* New York, Grune and
Stratton, 1967, S. 31.

tosensorische Eingabe in das motivational-affektive System eine kritische Schwelle übersteigt.«[10]

Das heißt abgekürzt, daß eine zu intensive Reizzufuhr Schmerz bedeutet, und die Schleuse einen weiteren Reizzuwachs blockiert – so daß die Person gezwungen wird, die betreffende Situation zu meiden.

Noch bedeutsamer aber ist, *daß die kritische Intensitätsschwelle vom Limbischen System reguliert wird. Tiere trachten nach niedrigen Intensitätsgraden der Erregung limbischer Strukturen, sie »meiden oder versuchen aktiv, hohe Erregungsintensitäten derselben Hirnfelder zu hemmen.«*[11]

Das steht in Bezug zur Primärtheorie insofern, als es nicht ein einzelnes Geschehnis ist – wie beispielsweise die Abweisung durch einen Freund –, was uns mit Schmerz erfüllt; vielmehr wird die einzelne Begebenheit gerade deshalb abgesperrt und beziehungsweise oder vermieden, weil sie eine *Flut* alter Impulse, die sich auf Abweisungen beziehen, auslöst. Eine Abweisung unmittelbar zu erfahren, würde nach dem Gesagten bedeuten, daß man dem umfassenden Urgefühl die Schleuse öffnet. Wir halten Urgefühle fern, indem wir jedes daran anklingende Gefühl oder Ereignis abspalten. Wir können eine einzelne, »nicht-traumatisierende« Abweisung, wegen all dessen, was sie aufdecken kann, nicht empfinden.

Das Bild einer Schleuse, die allzu großen Schmerz absperrt, hat in einem Verfahren, das als Elektroanalgesie bekannt ist, Anwendung gefunden. Es wird bei Fällen von chronischem, unbeherrschbarem Schmerz angewandt und bedient sich der Hilfe elektronischer Reizerzeuger, die ins Rückenmark, und zwar ins Gebiet der Hinterhörner, eingepflanzt werden. Der Elektroanalgesie liegt die Hypothese zugrunde, daß in den Hinterhörnern des Rückenmarks spezialisierte aufsteigende oder afferente Nervenfasern verlaufen, die bei Erregung Schmerzimpulse hemmen – demgemäß bewirkt ein Stromstoß aus dem eingepflanzten Stimulator, der über einen Taschensender ausgelöst werden kann, eine Flut hemmender Impulse. Das paramediale, aufsteigende System

»durchläuft zunächst das entwicklungsgeschichtlich alte limbische Vorderhirn und schafft dann Verknüpfungen innerhalb des alten Säugetiergehirns [Limbisches System], das dem Menschen

[10] R. Melzack und K. L. Casey, »The Affective Dimension of Pain«, in *Feelings and Emotions,* hrsg. von Magda Arnold, New York, Academic Press, 1970, S. 61.
[11] ibid.

46

von den niederen Säugetieren vererbt wurde. Dort, in Regionen, die Erregungen aus den Eingeweiden aufnehmen, gibt es Gedanken und Gefühle – die sich aber nicht unmittelbar sprachlich ausdrücken lassen. Hier liegen auch ... die feinen Nervenfasern und bleistiftdicken Nervenbahnen, die das Steuerungssystem bilden, das die Schmerzwahrnehmung sowohl auf der Ebene der Rückenmarksnerven wie auch der aufsteigenden Faserbahnen beeinflußt.«[12]

Das oben Gesagte weist nochmals darauf hin, daß das Limbische System die Funktion hat, Schmerz zu unterdrücken. Die Schleusentheorie ist umstritten, und es gibt eine Reihe von Interpretationen darüber, warum Schmerz verdrängt und unempfindbar wird. Aber weniger als das Postulat von der Existenz aufsteigender, hemmender Nervenbahnen sollte uns wundern, daß das Überflutungsgeschehen allein – der massive Ansturm gleichzeitiger Reize – ausreicht, um den Hemmungsvorgang der im Hippocampus gelegenen Schleuse außer Kraft zu setzen, woraus dann folgt, daß kein Gefühl mehr entsteht. Da der Organismus sich einer Flut von Impulsen nicht anpassen kann, schaltet er sie aus. Diese Impulse müssen, wenn man sie einzeln betrachtet, an sich nicht schmerzvoll sein, werden sie aber mit vielen anderen Impulsen vermengt, dann verwandeln sie sich in Schmerz. So wird, in einer klaren Dialektik, ein Zuviel an Gefühl in seinen Gegensatz verwandelt – in gar kein Gefühl.

Das ist natürlich eine Behauptung der Primärtheorie – Ereignisse in unserer frühen Lebenszeit lösen generell zu viel Gefühl aus. Ein Mensch kann eine Zurechtweisung oder eine Demütigung hinnehmen, aber ein Zuviel davon wird ihn dazu bringen, sich von seinem empfindenden Selbst abzuspalten. Eine psychologisch »tote« Persönlichkeit ist nicht ein Mensch mit wenig Gefühlen, er ist vielmehr jemand mit einem großen Maß verdrängter Gefühle. Jemand, der ohne Reue zu empfinden tötet, ist nicht etwa ein gefühlloser Mensch (töten erfordert sogar gewaltige Gefühle), er ist vielmehr mit Gefühlen überlastet und deshalb verschlossen und unfähig, Gefühle überhaupt zu zeigen – ob Reue oder etwas anderes.

Vielleicht können wir jetzt auch die sogenannte paradoxe Reaktion auf Drogen verstehen – warum beispielsweise überaktiven Kindern hohe Dosen anregender Mittel wie Amphetamine verabreicht werden, um sie zur Ruhe zu bringen; die künstlich gesteigerte Überlastung intensiviert den Verdrängungsvorgang. Dieselbe Erklärung

[12] »Pain«, *Medical World News,* Dez. II, 1970.

gilt auch dafür, daß epileptischen Kindern hohe Amphetamindosen gegeben werden, um ihren Anfällen ein Ende zu machen.

Weitere bestätigende Ergebnisse im Hinblick auf das Limbische System und seine schmerzunterdrückenden Funktionen liefert die Arbeit von Heath an der Tulane University School of Medicine: den Gehirnen mehrerer Dutzend Menschen wurden Elektroden eingepflanzt; die Versuchspersonen litten unter Schmerzen, denen man auf keinerlei Weise beikommen konnte. Heaths Patienten empfanden symptomatische Erleichterung, wenn sie die limbischen Hirngebiete selber stimulierten. Über die Wirkung der limbischen Aktivierung wurde folgendes berichtet: Beseitigung von Depression und Angst, unverzügliches Nachlassen der Schmerzen und erhöhte Wachheit.[13] Melzack schreibt in einer allgemeinen Abhandlung über Schmerz: »Schmerzvolle Reize rufen langanhaltende Veränderungen hervor – das bedeutet, daß es im Nervensystem ein Schmerz-›Gedächtnis‹ gibt . . . Ergebnisse aus Verhaltensforschung und klinischer Erfahrung weisen darauf hin, daß man das Gedächtnis – einschließlich der fortdauernden Einflüsse durch die Persönlichkeit des einzelnen – in Rechnung stellen muß«[14] [um das Andauern von Schmerz zu verstehen].

Dieses Material weist darauf hin, daß das frühe Gedächtnis bei vielen Neurotikern blockiert ist, weil jede Erinnerung in das schmerzvolle Grundmuster paßt. Sich an ein Ereignis erinnern, bedeutet, daß mehr Schmerz frei wird. Und umgekehrt bedeutet das Freisetzen von Schmerz, daß Tausende von Erinnerungen entfesselt werden. Vom neurologischen Gesichtspunkt aus gibt es wenig Einwände gegen eine Verdrängung früher Erinnerungen, da bei dem Hirnrindenanteil, der mit dem Gedächtnis zu tun hat, die Markreifung schon früh in der Entwicklung einsetzt. Wir sollten eigentlich fähig sein, uns an frühe Begebenheiten zu erinnern, auch wenn wir die Erinnerung nicht begrifflich fassen können.

Wir müssen klar verstehen, daß unvereinbare Erinnerungen des zugehörigen Schmerzes wegen vor dem Bewußtsein abgeschirmt werden; sobald der Schmerz empfunden wird, werden Beziehungen verstanden, Erinnerungen platzen heraus und Bedeutungen quellen hervor – weit auseinanderliegende Ereignisse werden in einem Zusammenhang gesehen. In einer solchen Situation kann der Betreffen-

[13] R. G. Heath (Hrsg.), *The Role of Pleasure in Behavior*, New York, Hoeber, 1964.
[14] Melzack und Casey, op. cit., S. 29.

de leichter in die Vergangenheit zurückgehen und sich an Geschehnisse in der Wiege und im Laufställchen erinnern. Er wird tiefe Einsichten haben, da es die vergrabenen Gefühle waren, die sein neurotisches Verhalten angetrieben hatten und ihm seine Motivationen verbargen. Fühlen hilft, einen Sinn in all die Dinge zu bringen.

Wir wollen jetzt jene Hirnstrukturen, die die Verdrängung oder »Spaltung« vermitteln, genauer betrachten.

4. Grundlagen und Beschreibung des Spaltungsvorgangs

Hippocampus und Gedächtnisblockierung

Wir haben Beschaffenheit und Speicherung schmerzvoller Erinnerungen und die Aufgabe der niedriger gelegenen Hirnzentren erörtert. Wir wissen, daß Neurose durch Abspaltung früher Schmerzen vom bewußten Erleben entsteht. Es ist darauf hingewiesen worden, daß die Spaltung innerhalb des Limbischen Systems eintritt, und es gibt Beweise für die Annahme, daß der Hippocampus in dieser Hinsicht von vorrangiger Wichtigkeit ist.

Der Hippocampus ist eine limbische Struktur, die unter der Rinde des Schläfenhirns liegt. Er verläuft nach hinten, dann wieder nach vorn und endet schließlich mit verschiedenen Nervenbahnen unterhalb des grauen Rindengewebes, das zum Frontallappen gehört. Er verläuft also genau vom limbischen Kortex zum Neokortex. Vieles, was wir über seine Funktion wissen, ist aus Angaben über Anfallsleiden wie die psychomotorische Epilepsie gewonnen worden.

Gellhorn hat eine gewichtige Feststellung über die Bedeutung des Hippocampus gemacht, die auf Studien über Anfälle – durch den Hippocampus ausgelöst – bei Tieren beruht: »Die eindrucksvollste Demonstration der neuralen Integration limbischer Strukturen und die potentielle *Zweiteilung der Aufgabe des limbischen und des neokortikalen Systems* liefert eine Aufzeichnung davon, wie nachwirkende Reflexe, die durch eine elektrische Reizung des Hippocampus ausgelöst wurden, sich ausdehnen. Solche Entladungen neigen dazu, sich rundum auszubreiten und größtenteils vom Limbischen System begrenzt zu werden«.[15] Diese Entladungen setzen das

[15] Gellhorn, *op. cit.*

Limbische System außer Kraft, und mit Hilfe der Untersuchungen an diesen Tieren kann man die Wirkungen abschätzen, die eintreten, wenn das Limbische System ausfällt. Es mag von Interesse sein, darauf hinzuweisen, daß diese Tiere einen Reaktionsverlust auf Reize und eine pseudokatatone Aktivität aufweisen, die an Schizophrenie erinnern. Das Limbische System kann sowohl teilweise wie auch völlig blockiert sein. Das Ausmaß der Blockierung bestimmt das Ausmaß des symbolischen Verhaltens – und damit die Schwere der Neurose oder Psychose.

Webster und Voneida haben bei Katzenarten im Hippocampus Verletzungen gesetzt und herausgefunden, daß die Katzen weiterhin neue Aufgabestellungen lernten, aber die kurz zuvor erlernten *nicht vergessen* konnten. Obgleich sie die Katzen durch Futterverweigerung bestraften, blieben die Katzen dabei, alte Aufgaben zu erfüllen, um Futter zu erhalten. Daraus zogen die Untersucher den Schluß, daß der Hippocampus nötig ist, um kurz zuvor erlerntes Verhalten auszulöschen – *um die Vergangenheit zu verdrängen.*[16]

Um das Wesen der neurotischen Spaltung zu erfassen, ist es von zentraler Bedeutung, die Arbeitsweise des Hippocampus zu verstehen. Die gegenwärtige Forschung, die auch die Neurophysiologie von LSD und seinem Antagonisten, dem Dämpfungsmittel Chlorpromazin, umfaßt, sorgt für interessante Annahmen über die Beschaffenheit eines Vorgangs, den viele Psychiater seit Freud als etwas äußerst Geheimnisvolles betrachten. Wird der Neokortex, wenn er nicht unter dem Einfluß von Drogen steht, durch sensorischen Reizzuwachs erregt, dann entsteht ein »desynchronisiertes« Muster von Hirnstromwellen (dieses steht im Gegensatz zu dem synchronen Muster, das für den Schlaf kennzeichnend ist). Diese Erregung wird im Hippocampus durch ein anderes Bild gekennzeichnet – einen Theta-Rhythmus, der eng mit dem desynchronisierten Erregungsmuster der Hirnrinde verknüpft ist.

Man hat angenommen, daß der Theta-Rhythmus Ausdruck einer *Aktivierung* ist, die im Hippocampus entsteht.[17] Das bedeutet, daß die Hemmung von Nervenimpulsen (oder die Verdrängung einer gefühlsbeladenen Erinnerung) ein *aktiver Prozeß* ist. Mit anderen Worten: manche Nerven und ihre Synapsen [Verbindungsstellen]

[16] D. Webster und T. J. Voneida, *Experimental Neurology,* New York, Academic Press, 1964, S. 170.
[17] C. Pfeiffer und J. R. Smythies, *International Review of Neurobiology,* New York, Academic Press, 1965, S. 79 und 84.

übertragen Impulse, während andere die Aufgabe haben, die Übertragung zu blockieren oder zu hemmen. Es gibt viel Material, das darauf hinweist, daß es im Hippocampus besonders reichlich hemmende Synapsen gibt. *Daher kann man den Hippocampus als eine Hirnstruktur betrachten, die für die Hemmungsvorgänge von Bedeutung ist – das heißt, die mit der Verdrängung von Gefühlsimpulsen zu tun hat.* Da er die Aufgabe hat, frühe Erinnerungen vom Bewußtsein fernzuhalten, ist er eine Schlüsselstruktur bei der Gestaltung seelischer Störungen.

Werfen wir einen Blick auf die Wirkungen von LSD und Chlorpromazin an den Hirnstrombildern des Neokortex und des Hippocampus. Wir müssen dabei im Auge behalten, daß einige Forschungen mit diesen Bildern im Widerspruch stehen. Und weiterhin unterstelle ich bei der Erörterung der Wirkungen von Drogen auf das EEG-Bild diesen Drogen keine einlinige Wirkung auf die beschriebene Struktur. Veränderungen im Erregungsmuster des Hippocampus können von einer Droge herrühren, die irgendwoanders wirkt, und es gibt eine Kreisschaltung zwischen Frontalhirn und Hippocampus andererseits (vermittelt durch das Septum), die für diesen Rhythmus verantwortlich ist. Ungeachtet dessen möchte ich mich jetzt auf die Funktion des Theta-Rhythmus und nicht auf seinen Ausgangsort konzentrieren.

Chlorpromazin synchronisiert neokortikale Hirnstrombilder und hemmt den Theta-Rhythmus. Kurz gesagt: es ruft ein schlaftypisches Bild der Aktivität der Hirnrinde hervor, und mit dem »herabgesetzten Fühlen« des Kortex scheint eine verringerte Hemmungstätigkeit des Hippocampus einher zu gehen. Das läßt darauf schließen, daß ein Teil des Antriebs zur Aktivierung (oder Hemmung) des Hippocampus von der Aktivität der Hirnrinde herrührt. LSD wirkt, indem es einen abgeflachten Theta-Rhythmus hervorruft, der mit einem desynchronisierten (erregten) Hirnrindenstrombild verknüpft ist. Das würde bedeuten, daß zu einem Zeitpunkt größter Erregtheit bei einem Menschen, der auf einem LSD-Trip ist, ein Teil seines Gehirns, nämlich der Hippocampus, gerade *weniger* in Tätigkeit ist.[18] Der Theta-Rhythmus ist verschwunden; Gefühle und Erinnerungen, die normalerweise durch hemmende Synapsen des Hippocampus blockiert sind, durchqueren unangefochten das Limbische

[18] Die Fähigkeit des Limbischen Systems, Schmerz zu unterdrücken, wird durch seine reichliche Versorgung mit Serotonin, einem im Sinne der Hemmung wirkenden Stoff, noch erhöht.

System und gelangen zu kortikaler oder bewußter Kenntnis. Im allgemeinen Sprachgebrauch heißt das, der Betreffende ist auf einem »schlechten Trip«. Seine wirklichen Gefühle stellen sich übermäßig intensiviert dar. Das Frontalhirn wird gezwungen, zu empfinden oder zu hemmen. Letzteres ist durch LSD unmöglich geworden, und so gelangt der Schmerz, wenn die Dosis hoch genug ist, unangefochten zum Frontalhirn. Durch die Flut von Urschmerz, der durch die »geöffnete Schleuse« fließt, wird die Hirnrinde zu unnatürlicheren Abwehrmaßnahmen wie psychotische Vorstellungsbildung und/oder psychedelische Reaktionen gezwungen. Die Hirnrinde kann bei niemand anderem als bei sich selbst Hilfe suchen. Wir wollen die LSD-Erfahrung zusammenfassen: weil der Hippocampus außer Betrieb gesetzt und die kortikale Steuerung gehemmt ist – durch eine Blockierung der neuronalen Übertragung auf der Ebene der Synapsen –, wird der Neokortex zu wirksamer Abwehr unfähig, so daß die Abwehrvorgänge sich entweder gänzlich neokortikal abspielen (etwa durch Halluzinationen) oder das Gefühl empfunden wird (ein Urerlebnis stattfindet).

In der Arbeit von Torda findet man elektrophysiologisches Beweismaterial für die Hemmungsfunktion des Hippocampus.[19] Sie fand heraus, daß Träume dann berichtet werden, wenn die Theta-Aktivität des Hippocampus bei zwei bis fünf Zyklen pro Sekunde liegt; bei höheren Frequenzen werden sie nicht berichtet. Da die Traumaktivität auf das Ansteigen der Gefühle hinweist (siehe auch den Abschnitt über Träume), würde dieses Ergebnis bedeuten, daß wir unseren eigenen Gefühlen zugänglicher sind, wenn der Hippocampus weniger einwirkt. Während der langsamen Theta-Phase machen sich die Gefühle auf den Weg zur Bewußtheit, auf dem sie bei den Neurotikern hinter Symbolisierungen verborgen und sicher verwahrt werden. Wir können am Anstieg der kortikalen Aktivität (wie es im EEG zu sehen ist) beobachten, wann der Hippocampus zeitweise geringer tätig ist.

Im Schlaftraum vergrößert sich der Ausschlag der Hirnstromwellen; dies kann ein Hinweis sein, daß eine größere Anzahl von Nerveneinheiten rekrutiert worden ist, um Gefühle daran zu hindern, daß ein bewußtes, zusammenhängendes Urerlebnis entsteht.[20] Würde die

[19] Clara Torda, »Observations on a Physiological Process Related to Dreams«, in Communications in Behavioral Biology, New York, Academic Press, 1968, Teil A, 2, S. 39–45.
[20] Ich möchte die vergrößerte Wellenamplitude nicht übermäßig vereinfacht inter-

Verlangsamung der Wellenfrequenz nicht derartig kompensiert, hätten wir während unseres Schlafes Urerlebnisse.

Stimulierende Mittel wie Amphetamine steigern die Produktion von Theta-Wellen durch den Hippocampus. Und ich würde die Ursache darin sehen, daß das anregende Mittel die Möglichkeiten für Gefühle erhöht und dadurch mehr Hemmung erfordert – mit dem Ergebnis, daß es zu wenig oder gar keinen Träumen kommt. Daran sehen wir, wie bedeutsam diese Struktur für die Verdrängung ist, und noch bedeutungsvoller für die Beziehungen zwischen Verdrängung und anderen Faktoren, unser Traumleben eingeschlossen. Ein entspanntes Gehirn scheint eine niedrige Theta-Aktivität zu zeigen; ein Mensch, der empfindet, ist kurz gesagt jemand, dessen Gehirn nicht zur Abwehr angespornt ist. Wir müssen noch mehr über die Theta-Aktivität forschen, aber vielleicht hat die Zeit schon angefangen, in der wir über einige objektive Hirnstromwellenkorrelate für das verfügen, was eine echt empfindende Persönlichkeit ausmacht – ein gesunder und sich wohlfühlender Mensch. Durch sorgfältige Spektralanalyse der Hirnstromwellen kann es uns möglich werden, den Verlauf eines therapeutischen Fortschritts graphisch darzustellen.

Bei sorgfältiger Analyse aller Hirnwelleneinzelheiten werden wir vielleicht den Grad der Verdrängung bei einem Neurotiker quantifizieren können; wir werden daraus ableiten können, wie gut seine Prognose ist, wie lange die erforderliche Therapie dauern wird und so weiter. Indem wir all diese EEG-Angaben mit unseren Messungen wie Blutdruck, Elektromyographie, Körpertemperatur etc. verknüpfen, können wir vielleicht eine zusammengesetzte Abbildung vom gesamten psychophysiologischen Zustand eines Menschen herstellen.

Chlorpromazin unterdrückt die retikuläre Stimulation, das wiederum wirkt sich auf den Hippocampus aus. Elektrische Reizung der Formatio reticularis führt zum Beispiel bei Ratten normalerweise zu desorganisiertem oder »neurotischem« Verhalten; das tritt aber nicht ein, wenn man den Ratten Dämpfungsmittel wie Chlorpromazin gibt.[21] Daran können wir ermessen, in welch komplexer

---

pretieren. Sicher bedeutet sie mehr als nur die Anzahl der rekrutierten Nervenfasereinheiten. Ebensogut muß die Synchronisierung in Rechnung gestellt werden.

[21] Siehe dazu C. Kornetsky und M. Eliasson, »Reticular Stimulation and Chlorpromazine: Animal Model for Schizophrenic Overarousal«, *Science,* Vol. 165, 1969, S. 1273–74.

Weise Drogen auf das Gehirn einwirken, da die Hirnstrukturen miteinander verbunden sind und die Unterdrückung einer Struktur die Stimulation einer anderen hervorrufen kann oder umgekehrt.[22]

5. Die Permanenz des Urschmerzes

Rückkoppelungsschleifen

Worin besteht das neurophysiologische Korrelat gehemmten Urschmerzes? Es könnte in einem sich selbst erhaltenden nervösen Kreisprozeß bestehen, in einer Schleife von Neuronen, die unterhalb des Bewußtheitsniveaus ihre Bahn zieht. Die Urschmerzerinnerungen verhalten sich wie verkapselte Nachrichten, die auf Ewigkeit im Gehirn umherkreisen. Gerard erörtert diesen Vorgang: »Vielleicht besteht eine Erinnerung also in *andauernder Aktivität* – eine eingefangene Nachricht, die Runde um Runde dreht in einer bestimmten Anordnung von Schleifen, die gebildet werden, indem Neuronen aneinandergeschaltet [verknüpft] sind.«[23] Diese Gebilde nennt man »Rückkoppelungsschleifen«. Ich möchte vermuten, daß richtige Verknüpfungen von Urerinnerungen mit der Hirnrinde an der Synapse oder dem Verbindungspunkt zwischen Nervenzellen beiseite gedrängt werden.

Verändert man die chemischen Vorgänge an der Synapse, dann werden bestimmte Nachrichten blockiert und gewissen anderen der

[22] Ich habe viel von der Forschung über den Mandelkern ausgelassen, einer limbischen Struktur, die eng mit dem Hippocampus verknüpft ist. Preston meint, der Mandelkern arbeite gleichsam als ein Trichter für hemmende Impulse, die auf den Hirnstamm und ganz besonders auf den Hypothalamus einwirken. Siehe dazu J. B. Preston: »Effects of Chlorpromazine on the Nervous System of the Cat: A possible Neural Basis for Action.« Annual Meeting, New York, Eastern Associates of Electroencephalographers, (7. Dezember 1955). Nach der Injektion von Chlorpromazin steigt die elektrische Aktivität des Mandelkerns bei Katzen, was annehmen läßt, daß diese Droge die hemmende Tätigkeit anregt. Und entsprechend führt die elektrische Reizung des Mandelkerns von Katzen zur Amnesie. (Siehe dazu die Arbeit von B. R. Kaada.) Penfield reizte das Mandelkerngebiet bei Menschen, die sich einer Operation unterzogen und schloß ebenfalls, daß diese Struktur einen weitstreuenden hemmenden Einfluß auf das zentralnervöse System hat. Daran sehen wir wieder, wie entscheidend das gesamte Limbische System für die Auflösung des Gedächtnisses und die Unterdrückung von Gefühlen ist.

[23] R. W. Gerard, »The Brain Mechanisms of the Mind«, in *An Outline of Man's Knowledge,* hrsg. von L. Brys, New York, Doubleday, 1960.

weitere Weg erleichtert. Sobald eine schmerzvolle Erinnerung in symbolische Kanäle geleitet wird, bildet sich eine Art »Fahrwasser« – Nervenwege werden gewohnheitsmäßig. Das haben Mcgaugh und Petrinovich neurochemisch herausgearbeitet.[24] Ihre Feststellung ist: »Erhöhte Aktivität von Neuronen steigert den Betrag an Überträgersubstanz, die von den Zellen freigesetzt wird. Der gesteigerte Verbrauch von Transmittersubstanz ruft einen Anstieg (Enzyminduktion) der Enzyme hervor, die an der Herstellung der Transmittersubstanz beteiligt sind. Das wiederum würde zu weitgehenden Veränderungen innerhalb der Zellen führen. Daher wird es einleuchtend, daß ein erhöhter Betrag von Transmittersubstanz, dessen Freisetzung bei jeder Nervenfaser auf eine wiederholte Reizung folgt, der Hauptfaktor dafür sein könnte, daß die besonderen Mechanismen des Gedächtnisses begründet und aufrechterhalten werden.«

Es wird also vorgeschlagen, daß Erinnerung in einer gebahnten Kreisbewegung besteht, die sich durch andauernde Benutzung zunehmend »eingräbt«. Durch andauernden Gebrauch entsteht mehr Überträgersubstanz (Enzyme), was wiederum den betreffenden Schaltkreis leichter benutzbar macht. Wir sehen hier, wie Kreisprozesse verstärkt werden und ein Impuls zurückgeworfen wird, warum Abwehrvorgänge sich stabilisieren und warum bestimmte Denkweisen hängenbleiben und sich durch späteres Lernen nicht mehr verändern. Wenn es einem Kind nicht erlaubt wird, »Haß« oder »Sex« zu denken, dann wird der Druck dieser Gefühle in andere, akzeptablere Kanäle des Denkens umgeleitet; diese statthaften Äußerungskanäle werden dann einfach durch den Gebrauch weiter verstärkt. Auf diese Weise verbleiben wir symbolisch und neurotisch und leiden an unbeherrschbaren Zwängen; so werden auch bestimmte Gesichtsausdrücke (»Lach doch! Setz doch um Gottes willen ein frohes Gesicht auf!«), die erlaubt und gefordert werden, zur Gewohnheit.

Es gibt Material darüber, daß Nervenzellen, die in Wechselwirkung stehen, aufeinander zuwachsen – ein Vorgang, den man Neurobiotaxis nennt. Hebb erörtert diesen Prozeß.[25] An den Neuronen bilden sich Verdickungen aus, so daß sich die Berührungsfläche mit

[24] J. L. Mcgaugh und L. F. Petrinovich, »Effects of Drugs on Learning and Memory«, in International Review of Neurobiology, New York, Academic Press, 1965, S. 101.
[25] D. O. Hebb, »The Possibility of a Dual Trace Mechanism«, in Physiological Psychology, hrsg. von Landauer, New York, McGraw-Hill, 1967, S. 476–79.

anderen Nervenzellen ausdehnt und Nachrichten gebahnt werden. Wir können mutmaßen, daß ein Gefühl, das aus seiner richtigen Verknüpfung herausgedrängt wird, mit Hilfe der Enzyminduktion schließlich seiner Fehlverknüpfung »entgegenwächst«.

Neurotisch sein ist also eine im Gehirn gegebene physische Tatsache. Wenn neurotisches Verhalten buchstäblich ein im Kreis geschlossenes (kurzgeschlossenes) Verhalten ist, dann bezieht sich auch das Normalsein auf diese Vorgänge im Gehirn. Was Weitschweifigkeit erforderlich macht, ist blockierte »Offenheit« – denn offen sein bedeutet die Gegenwart von Schmerz. Dementsprechend kann jemand in Anwesenheit von Frauen sexuell übermäßig stark reagieren, weil er die durch seine Mutter erfahrene Zurückweisung nicht empfinden kann – indem er der Liebe von Frauen nachjagt, agiert er sich *gegen* das Gefühl der Zurückweisung aus. Während der Behandlung haben wir bei mehr als nur einer Gelegenheit gesehen, daß ein männlicher Patient nach seiner Mutter schrie, bis der Schmerz so groß war, daß er ihn blockieren mußte, worauf er unverzüglich eine Erektion bekam.

M. W. Gordon erörtert neuronale (Nerven-) Bahnung und weist darauf hin, daß mit der Verfestigung einer Erinnerung eine neue Proteinsynthese an der Synapse einhergeht, »die beständige Veränderungen vorschreibt, die einer Unterbrechung widerstehen«.[26] Die Rate der Proteinsynthese ist direkt mit dem Grad der neuronalen Aktivität verknüpft, so daß sich, laut Gordon, die Struktur der Synapse selber im Verhältnis dazu verändert, wie stark sie erregt wird. Er vermerkt, daß »der Gebrauch verschiedene synaptische Nervenenden miteinander verbindet.«[27] Er fährt fort: »Die Bahnung eines gegebenen Nervenweges kann ein Netz von Neuronen so komplex beeinflussen, daß *sich nahezu jede Verbindung entwickeln kann*«.[28] Und er vermerkt, daß ein bizarres und unangepaßtes Verhalten von jedem Reiz herrühren kann, aufgrund der großen Vielfalt möglicher neuronaler Verknüpfungen.

Gordon stellt weiterhin fest, daß affektive Zustände (Gefühle) tiefgreifend den Zeitraum beeinflussen, der erforderlich ist, um eine Erinnerung festzuhalten – um sie von einer kurzen Dauer in eine längere zu überführen. Tiere, die gelernt hatten, eine bestimmte

---

[26] M. W. Gordon, »Neuronal Plasticity and Memory«, in *American Journal of Orthopsychiatry*, Band 39, Nr. 4, 1969, S. 587.
[27] Ibid., S. 590.
[28] Ibid. *Vom Autor*.

Aufgabe zu lösen, während ihnen ein kleiner Schock versetzt wurde, »fixierten« die Erinnerung innerhalb von zwei Minuten, während diejenigen, die keinen Schock erhielten, dreißig Minuten brauchten, um eine Kurzzeiterinnerung in eine langzeitige zu verwandeln. Er stellt sich theoretisch vor, daß der Affekt (Gefühl oder Emotion) den Betrag von elektrischer Hirnstimulierung beeinflußt und daß dieser »alarmierende« Einfluß wahrscheinlich die Rate synaptischer Entladungen erhöht und daher die erforderliche quantitative Veränderung in kurzer Zeit zustande bringt. Man fragt sich, ob man dasselbe auch von hoch geladenen Primärszenen sagen kann, wobei in dieser Hinsicht eine massive Reizung des Gehirns »fixierte« Muster von Erinnerungsrückkoppelung hervorruft.

Der Begriff der eingefangenen, zurückschwingenden Urerinnerungen ist für den gegenwärtigen Kontext bedeutsam; gäbe es nämlich keine unterbewußten Kräfte dieser Art, die unsere Wahrnehmungen, Handlungen und Reaktionen gestalten, so gäbe es auch keinen neurotischen Lebensstil und keine neurotischen Persönlichkeiten.[29] Es gäbe kein ständiges und unbewußtes Hängenlassen der Schultern, keinen chronischen Gesichtsausdruck, keine gleichbleibend weinerliche und hohe Stimme noch ständiges, automatisches Zähneknirschen im Schlaf. Die Lebensumstände drängen jeden von uns in eine andere Richtung, sich gegen Schmerzen zu wehren. Diese Richtungen stellen die *Formen* der Neurose dar, sei es Homosexualität, Kriminalität oder Sucht.

Aber diese Formen dürfen nicht mit Erkrankungseinheiten verwechselt werden. Es gibt beispielsweise keine Krankheitseinheiten namens »Sucht« oder »Alkoholismus«. Dabei handelt es sich um nichts anderes als um die Namen der Arzneien gegen Schmerz. Einige von uns gehen einen direkten Weg, um den Schmerz abzutöten; andere quälen sich durch eine akademische Ausbildung und erlangen ein philosophisches Diplom, um das zu erreichen. Die Abwehrformen hängen von dem ab, was uns in unserer Umgebung verfügbar ist, aber sie sind immer Ableger einer relativ kleinen Zahl zugrunde liegender Urgefühle, die bei uns allen ziemlich ähnlich sind. Der Doktor der Philosophie und der Kriminelle haben einfach verschiedene Wege eingeschlagen. Das Substrat des Schmerzes bei den verschiedenen Neurosen erklärt, warum so viele Beschwerden,

[29] Um es zu wiederholen: Erinnerung muß nicht etwas Bewußtes sein. Der Organismus »erinnert« oder registriert seine unaufgelösten Traumen, wie etwa das der Geburt, und dabei ist sehr wenig Bewußtsein vonnöten.

vom Magengeschwür bis zu Halluzinationen, mit derselben Art von Drogen – Analgetica und Tranquillantien – behandelbar sind. Diese Wirkstoffe blockieren die Quellen, aus denen Urerlebnisse entspringen.

Wenn es keinen Urfundus von Gefühlen gäbe, dann wäre es auch nicht möglich, daß Träume sich mit nahezu dem gleichen Inhalt über zwanzig oder dreißig Jahre hinweg wiederholen. Das zeigt an, daß irgendeine Sache aufgelöst werden muß. Der Betreffende hat sich in einem Gefühl festgefahren und verfangen, das eine ständige Abschirmung vor völlig bewußtem Erleben erfordert. Diese immer wiederkehrenden Träume gehören genauso zu unserem Verhalten wie unsere Gedanken zur Tageszeit. Auch tagsüber sind die wiederkehrenden Träume vorhanden, aber wir bezeichnen sie dann nicht als Träume. Ein Mensch kann ohne Rücksicht auf seine Erfahrung gleichartige Vorstellungen über Frauen, Politik und Minderheiten haben. Diese Vorstellungen stellen wiederum Symbole dar, die ihn gegen Schmerz schützen. An diesen Vorstellungen haftet er, ganz gleich, was seine Erfahrung ihm sagt, ebenso wie an seinen Traumwiederholungen, auch wenn er diese noch so hartnäckig abzuschütteln versucht.

Wenn man erkennt, daß Traumwiederholungen ein Teil des allgemeinen symbolischen Verhaltens von Neurotikern sind, dann hat man etwas vom Wesen aller Neurosen verstanden. Neurose ist ein zwanghaftes Verhalten, das gegen Schmerz absichert (wir sind gezwungen, uns täglich auf dieselbe Art zusammenzunehmen, auf dieselbe Art zu sprechen etc.). Die schmerzvollen Gefühle schwinden nicht, bloß weil es Tag wird. Dieselben Gefühle, die bei der Entstehung sich wiederholender Träume so aktiv sind, rufen am Tag ein Verhalten hervor, das sich wiederholt und um dasselbe Thema dreht.

Untersuchungen mit Leuchttafeln oder -karten bestätigen die Existenz von Rückkoppelungsschleifen. Man zeigt, blitzartig aufleuchtend, den Versuchspersonen Worte auf Karten; einige der Worte sind neutral, andere vulgär und obszön. Viele Versuchspersonen brauchen wesentlich längere Zeit für die Wahrnehmung von Karten mit vulgären Worten, und einige sehen sie überhaupt nicht. Das bedeutet, daß ihre Wahrnehmungsvorgänge unterhalb der Bewußtheitsebene organisiert werden: ihre Wahrnehmung versagt, da sie nicht bewußt erkennen, was auf den Karten steht. Unannehmbare Wahrnehmungen werden offensichtlich von unterbewußten Kräften verdrängt. Ich nehme an, daß die angemessene Wahrnehmung Schmerz hervorgerufen hätte, da die Worte eine gewisse Gefahr mit sich brachten – die Gefahr, »schmutzig« oder »unfein« und deswegen unliebenswert zu sein. Dieses Experiment sagt auch ganz allgemein etwas über Objektivität aus. Selbstverständlich hängt das, was wir sehen und überhaupt, *daß* wir es sehen, von darunter liegenden Kreisprozessen ab, die eine genaue Wahrnehmung der Realität blockieren können. Wie die Geschworenen über einen Fall von Unzüchtigkeit entscheiden, kann weniger mit den objektiven, vorliegenden Tatsachen zu tun haben, als vielmehr mit der Fähigkeit der einzelnen Personen, diese Tatsachen in sich aufzunehmen.

Bei einem anderen Experiment mit Leuchtkarten wurden nur neutrale Worte wie »Kuh« oder »Heu« verwendet. Immer wenn die Karte der Versuchsperson gezeigt wurde, gab man ihr gleichzeitig einen sanften elektrischen Schock, so zart, daß sie sich dessen nicht bewußt wurde. Später wurden dann dieselben Karten ohne elektrische Reizung gezeigt. Die Versuchsperson zeigte aber weiterhin die Hautveränderungen, die unter dem Schock bestanden hatten. Mit anderen Worten: der Körper reagiert auf Schmerz auch dann, wenn der Schmerz nicht bewußt bemerkt wird, und er kann darauf eingeübt werden, so zu reagieren wie bei Schmerz, auch wenn der schmerzerweckende Reiz gar nicht mehr besteht. Der Organismus reagiert in automatischer Weise auf der Grundlage einer *unterbewußten Erinnerung*.

Gerard weist auf folgendes hin:

»Nachrichten erreichen eine entsprechende Hirnregion und haben teilweise und unvollständige Folgen. Vielleicht ist auch hierbei ein Zurückschwingen der Nachrichten über Schleifen und Geflechte von Neuronen erforderlich, damit eine komplette Antwort zustande kommt. Wenn die ankommende Nachricht gerade anfängt zu schwingen, dieser Vorgang aber zu früh unterbrochen wird, kann sich vollständige Bewußtheit nicht entwickeln. Und die Unterbrechung kann auf vielen Wegen zustande kommen – beispielsweise, wenn sich unterdrückende oder hemmende Nachrichten entwickeln, die zum Eintrittsweg zurückschwingen und ihn blockieren, oder durch das Ausbleiben von bahnenden Impulsen.«[30]

Gerard scheint den folgenden Gesichtspunkt der Primärtheorie zu untermauern: eine Nachricht von großem, aber schmerzlichem

[30] Gerard, op. cit., S. 86.

Gewicht beginnt zu schwingen, erreicht aber nie *volle* Bewußtheit. Stattdessen wird sie gänzlich unterhalb der Bewußtheitsebene organisiert, auf dieselbe Art, durch die die Unfähigkeit, vulgäre Worte auf Leuchtkarten zu sehen, hergestellt wird. An einem bestimmten Punkt im Leben eines kleinen Kindes wurde die primäre Nachricht für einen blitzartigen Moment verstanden, aber gleich verdrängt, bevor die ganze Schwere empfunden werden konnte.

Himwich und seine Mitarbeiter haben im Hinblick auf die Rückkoppelungsschleifen folgendes festgestellt:

»Papez hat den Vorschlag gemacht, einige Strukturen des Schläfenhirns als ein zusammengehöriges System zu sehen, das als Rückkoppelungsschleife oder Feedback-Mechanismus funktioniert. Wird der Hippocampus erregt, dann veranlaßt er eine Steigerung der Impulszahl, die den Papezschen Kreisprozeß in Gang bringt. Diese Impulse werden vom Hippocampus über den Fornix zu den Mammilarkörpern des Hypothalamus weitergegeben. Sie verlaufen von diesem Gebiet aus weiter zu den vorderen Kerngebieten des Thalamus und erreichen die Hirnrinde über den Gyrus cinguli. *Über den Papezschen Kreisprozeß gelangen die Vorgänge in jenen Strukturen zum Bewußtsein, die besonders emotionale Aktivitäten bearbeiten.* Obgleich jede der Strukturen, die an der Rückkoppelungsschleife beteiligt sind, ihren eigenen Beitrag leistet, wird der Gesamteffekt auf das Verhalten auch noch durch die Tätigkeit anderer Hirnbausteine verändert und beeinflußt ... Die Mandelkerne stehen in funktionaler Beziehung und indirekten anatomischen Verknüpfungen mit den Regionen, die zum Papezschen Kreisprozeß gehören.«

Sie setzen ihre Erörterung der Beziehung zwischen Limbischem und retikulärem System fort: »Die limbischen Regionen projizieren sich auf die Formatio reticularis, von der sie umgekehrt die aufsteigenden Impulse empfangen, und in beiden Fällen ist der Hypothalamus durch synaptische Endungen sowohl in die aufsteigenden wie die absteigenden Schleifen des Kreisprozesses eingebettet. Der funktionelle Zustand des Hypothalamus ist dementsprechend untrennbar mit der nervalen Aktivität des Limbischen Systems wie auch mit den Kreisschaltungen des Mittelhirns verknüpft.«[31]

Im Bezugsrahmen der Primärtheorie erscheint als Hauptbeitrag dieser Forschung der Hinweis, daß der Papezsche Kreisprozeß »dazu

---

[31] H. W. Himwich, A. Morillo und W. Steiner, »Drugs Affecting Rhinencephalic Structures«, in *Journal of Neuropsychiatry,* 1962, S. 17–19.

dient, emotionale Reaktionen auf die Ebenen der Bewußtheit zu bringen«[32], und daß der Hypothalamus entsprechend seiner Lage als Knotenpunkt der limbischen Aktivität fortwährend erregt werden kann. Uns wird die vermittelnde Rolle des Hypothalamus für psychosomatische Störungen erkennbar.

Auch wenn ein Mensch den Eindruck erweckt, er stehe nicht unter Streß, setzen ihn die rückschwingenden Erinnerungen unter Druck. So kann er Opfer einer Erkrankung werden, die sich aus einer Entgleisung des Hormonsystems entwickelt, obwohl der Betreffende in einer ruhigen und gelassenen Atmosphäre lebte. (Auf den Zeichnungen können Sie sehen, wo im Gehirn Gefühle blockiert und zurückgeleitet werden). Wir wollen uns jetzt damit beschäftigen, wo die zellulären Einheiten der Erinnerung liegen.

6. Urerinnerung und Hirnstruktur: Über die permanente Aufzeichnung frühen Erlebens

Das Schläfenhirn

Die Experimente des Neurochirurgen Wilder Penfield haben aufsehenerregende Einzelheiten über das Gedächtnis und das Limbische System geliefert.[33] Penfield hat am Schläfenhirn von Epileptikern Operationen in lokaler Betäubung durchgeführt. Penfield hat während der Operation bei geöffnetem Schädeldach entdeckt, daß er durch die Reizung verschiedener Abschnitte der temporalen Hirnrinde mit Hilfe einer Elektrode frühe Erinnerungen abrufen konnte. Diese Erinnerungen entfernten sich in genau derselben Reihenfolge, wie sie auftraten und waren sehr lebhaft. Die Patienten beschrieben ihre Erinnerung so lange, wie die Elektrode am selben Platz verblieb und brachen ab, sobald die Elektrode zurückgezogen wurde. Wenn die Prüfelektrode in der Nähe einer Gedächtnisstelle aufgesetzt wurde, erlebte der Patient eine Halluzination. Wurde sie an ihren

[32] Ibid., S. 6–25.
[33] W. Penfield und P. Perot, »The Brain's Record of Auditory and Visual Experience«, in *Brain,* Band 86, Teil 4 (1963), S. 596–695. Siehe auch Penfield und Krustiansen, *Epileptic Seizure,* Springfield, Ill., Charles Thomas Co., 1951.

ursprünglichen Platz zurückgebracht, dann erschien wieder dieselbe Erinnerung und wurde in derselben zeitlichen Folge wie zuvor erlebt.

Die Erinnerung fing jeweils mit ihrem Anfang an. Penfield beschrieb einen Fall, bei dem er die Prüfelektrode in der Nähe einer Gedächtnisstelle aufgesetzt hatte; es trat eine Halluzination auf: »Es scheinen Räuber in der Nähe zu sein«. Als die Elektrode wieder auf die Gedächtnisstelle zurückgesetzt wurde, lautete die Erinnerung: »Ich erinnere mich, wie mein Bruder ein Gewehr auf mich richtet«. Das war eindeutig der zentrale Schmerz. Und je weiter sich die Elektrode von dem zentralen Schmerz entfernte, desto stärker wurde die Symbolisierung. *Daher kann man symbolisches Verhalten buchstäblich als eine Funktion der Entfernung vom Ort des Gefühls betrachten.*

In einer anderen Arbeit diskutiert Penfield Halluzinationen, die einem epileptischen Anfall sehr häufig vorausgehen, und stellt fest: »Sie sind Wiedergaben vergangenen Erlebens«.[34] Sie sind, um es in den begrifflichen Rahmen der Primärtheorie zu stellen, Abkömmlinge realer Erinnerungen. Diese Auffassung, daß Symbolisches wie Halluzinationen oder Wahnvorstellungen eine Wiedergabe der Vergangenheit ist, erscheint wichtig, denn sie verschafft uns auch Einsicht in die Traumsymbole. Wird durch ein aktuelles Ereignis eine alte Erinnerung ausgelöst (in mancher Hinsicht auf dieselbe Weise wie durch Penfields Elektrode), dann werden an Stelle eines aufsteigenden, empfundenen und gelösten Gefühls Symbole erlebt. Im Falle der Epilepsie entsteht ein Krampfanfall. Die Aura und die Halluzination, die dem Anfall vorausgehen, weisen darauf hin, daß ein früheres Gefühl sozusagen in der Nähe ist und daß es »psychisch« symbolisiert wird (wegen der Mächtigkeit des verdrängten Gefühls), während der Körper unter der massiven Entladung dieser vorausgegangenen, aufsteigenden und abgespaltenen Kraft krampft.[35]

Das epileptische Symptom tritt, wie jedes andere Symptom, an die Stelle ungespaltenen Schmerzempfindens. Und es erscheint, weil die genaue Erinnerung und das dazugehörige Gefühl nicht sicher miteinander verknüpft werden konnten. Epilepsie ist die unkontrollierbare körperliche Entladung von Spannung; Psychose die dement-

---

[34] Penfield und Perot, op. cit., S. 686.
[35] Wayne Barker erörtert den genauen Vorgang ausführlich in seinem Buch *Brain Storms*, New York, Grove Press, 1968.

sprechende psychische Entladung. Die psychogene Epilepsie (und ich erörtere hier das psychogene Symptom) steht auf derselben Stufe wie symbolische Träume, insofern beide auftreten, wenn keine angemessenen Verknüpfungen hergestellt werden können.

In Penfields Experimenten während der Operation entstand manchmal bei dem Patienten, wenn die Elektrode an einer bestimmten Erinnerungsstelle aufgesetzt wurde, ein Gefühl, als würde er gleich einen Anfall bekommen. Aber es traten keine Anfälle auf, und selten gab es bei diesen Szenen tiefen emotionalen Schmerz. Penfield beschreibt seine Beobachtung während der Operation eines siebzehnjährigen Epileptikers. Viele seiner Anfälle wurden ausgelöst, als er Jazz hörte. Mit dem Beginn der Anfälle war jeweils eine vage Erinnerung verknüpft, in der er versuchte, etwas zu erreichen. Als ein bestimmter Punkt des Schläfenhirns gereizt wurde, sagte der Junge: »Ich glaube, ich bekomme einen Anfall«. Wurde dann die Prüfelektrode ein Stückchen vorwärts bewegt, sagte er: »Ich fühle mich so, als ob ich im Waschraum der Schule sei ... eine Art von Rückblende«. Er sagte: »Ich schien tatsächlich dort zu sein«.[36]

Diese Beschreibungen lassen uns im Unklaren darüber, was wohl die wahre Wirkung jener Waschraumszene war, und ob es hier möglicherweise Erinnerungselemente gab, die nicht erweckt werden konnten, weil sie mit dem schmerzvollen Gefühl zusammen weggeschlossen waren. Oder anders ausgedrückt: es ist möglich, daß selbst mit einer Prüfelektrode die affektiven Elemente einer Erinnerung nicht hervorgeholt werden können, um Urerlebnisse unter Kontrolle zu bringen. Wir sollten hier darauf hinweisen, daß, selbst wenn Erinnerungen den Eindruck machen, sie hätten eine starke Affektqualität, die mit der Elektrode erregten Versuchspersonen dies jedenfalls nicht in einer tiefgehenden Weise zu zeigen scheinen. (Bei einem Beispiel von Penfield handelte es sich um folgende Erinnerung: »Irgend jemand schreit mich an. Bring ihn zum Schweigen!« – das wurde mit geringer Gefühlsbeteiligung ausgesprochen.) In Wirklichkeit ist dieses Phänomen aber kaum verschieden von dem, was in manchen konventionellen Therapieformen geschieht, wenn sich der Patient mit geringer Erregung an etwas erinnert (weil er gespalten ist) und später in der Primärtherapie durch diese Erinnerung in Krämpfe versetzt wird, weil er mit sich selbst verbunden ist.

Ein weiterer Beweis dafür, daß die Spaltung selbst unter der Prüf-

36 Penfield und Perot, op. cit., S. 651.

elektrode bestehen bleibt, ist, daß in keinem der Fälle, die Penfield berichtet, der Betreffende die Szene gegenwärtig wiedererlebt hat. Er »sah« die Szene und bezog das, was er sah (und was er hörte) auf den Arzt. Mit anderen Worten: der Patient blieb vom wahren Affekt der Szene abgespalten. Die Gegenwart fahren zu lassen und in die Erinnerung zu versinken, in ihr mit den Menschen zu sprechen, könnte ein Ergebnis bewirkt haben, das sehr verschieden von dem ist, was Penfield berichtete.

Penfield erörtert weiter den Elektrodenversuch in Beziehung zum Schläfenhirn:

> »Die Tatsache, daß die Anwendung eines mäßigen elektrischen Stromes an gewissen Teilen des Schläfenhirns die Wiedergabe gleichsam einschaltet, läßt darauf schließen, daß das Engramm [die Erinnerungsspur] in der Tat eine beständige und fortdauernde Neigung zur Bahnung ist. Bahnung senkt die Widerstandsschwelle für die Passage von Nervenimpulsen. Das sollte uns aber nicht zu der Schlußfolgerung führen, daß das Engramm und seine Neigung zur Bahnung in der temporalen Hirnrinde in Nähe der Elektrode des Chirurgen anzusiedeln ist. Es läßt indessen nur die Schlußfolgerung zu, daß es im Schläfenhirn einen Abtastungsmechanismus gibt, der die Bahnungsneigung auch über eine Entfernung hinweg zu aktivieren vermag.«[37]

Der Grund dafür, daß nicht die gesamte »Erinnerung« oder der gesamte Rückkoppelungskreis innerhalb eines kleinen Hirnrindenabschnitts lokalisiert werden kann, ist offensichtlich. Eine schmerzvolle Urerinnerung mit dem Inhalt »Mutter« würde Verbindungen zu verschiedenen Anteilen des Neokortex einschließen. Ein geistiges Bild (Hinterhauptslappen), die Berührung (Scheitelhirn), Geruch (Stirnrinde) und Geräusch (Schläfenrinde) – sie alle liefern ihre Beiträge beim Aufbau des komplizierten Erinnerungskreises; nicht weniger wichtig ist das Wort »Mutter« selbst, das in der Scheitelhirnrinde gespeichert wird. Primäre Erinnerungskreise können dadurch ausgelöst werden, daß eine oder mehrere der sensorischen Modalitäten, die in der Erinnerung an die Mutter zusammenkommen, wieder hervorgeholt werden – deshalb bestehen wir auch darauf, daß die Patienten Photoalben aus ihrer Kindheit in die Behandlung mitbringen.

Penfield nennt die Schläfenrinde den »interpretierenden Kortex«,

[37] W. Penfield, »Engrams in the Human Brain«, Royal Society of Medicine, *Proceedings,* Band 61, 1968, S. 839–840.

weil sie »Teil eines automatischen Mechanismus ist, der die Aufzeichnung der Vergangenheit genau prüft. Sie trifft *unterbewußte* automatische Urteile, die mit dem Einzelnen und seiner Umgebung zu tun haben.«[38]

Wir wollen sehen, was das für die Neurose und ihre Heilung praktisch bedeutet. Vor kurzem hatte ich in einer Primärgruppe eine Frau, die plötzlich einen homosexuellen Mann umarmte, der zu diesem Moment unter etwas litt, was er als »unbestimmten Schmerz« beschrieb. Er hatte früher schon ein kleineres Urerlebnis gehabt. Bei dieser Umarmung brach er unmittelbar zusammen und empfand den vernichtenden Schmerz, der damit verbunden war, daß er *niemals von seiner Mutter* berührt und liebkost wurde. Dieser komplexe Gefühlskreis war so schmerzlich, daß er es automatisch und unbewußt vermied, mit Frauen in Berührung zu kommen, um damit den Schmerz zu umgehen. Die plötzliche Umarmung durch eine Frau, in einem Augenblick, da er verletzbar war, versetzte diesem Rückkoppelungskreis von Schmerz einen empfindlichen Schlag. Über die Modalität der Berührung aktivierte die Abtasteinrichtung für Erinnerungen eine Flut von Impulsen – eine Flut von Jahren der Entbehrung und des Bedürfens. Die Vermeidung von Frauen (durch Homosexualität) war seine Art und Weise gewesen, mit der er den Schmerz automatisch abgewehrt hatte. Nicht die Anziehung durch Männer war das Motiv für seine Homosexualität gewesen; Männer bedeuteten gleichsam den Weg des geringsten Widerstandes. Ohne diese Abwehr mußte er die schmerzlichen Gefühle empfinden. Die Heilung der Homosexualität dieses Patienten schloß ein, daß er den Schmerz fühlte; es gab dann keinen Grund mehr für ihn, Frauen aus dem Wege zu gehen. Also ist es der Zugang zu derartigen primären Kreisprozessen, der die Heilungswirkung der Primärtherapie erzeugt.

Man kann daher die Schläfenrinde als eine Art Prüfungseinrichtung ansehen, die jede einzelne neue Erfahrung auf der Grundlage des Erinnerungsvorrats auslegt. Jedes neue Ereignis wird mit Hilfe der Begriffe dieses latenten Speichers interpretiert (die Rolle, die der Frontallappen bei diesem Vorgang spielt, wird noch erörtert). Der temporale »Prüfer« trifft unter den vergangenen Erfahrungen die Auswahl der ähnlichen Erfahrungen und gibt dann die gesamte Botschaft, die vergangene und die gegenwärtige, zur Verarbeitung an andere Hirnzentren weiter.

[38] Ibid. *vom Autor.*

Die Tatsache, daß Schmerz reaktiviert werden kann, wird beispielhaft durch das Phänomen des Phantomglieds veranschaulicht. Es handelt sich dabei um die anhaltende Leidensempfindung, die von der Wundgegend eines entfernten Körperglieds ausgeht. Nathan reizte einige der Nerven, die den Ort einer früheren Verletzung an einem inzwischen amputierten Gliedmaß nervös versorgten.[39] Er stellte fest, daß »sobald die Reizung entsprechend war, das *ganze Erlebnismuster* der früheren Verletzung auftrat. Es schoß also nicht nur der Schmerz in die ursprüngliche Stelle ein; das gesamte Erregungsmuster einschließlich der vorausgegangenen Verwundung wurde empfunden.«[40]

Wie bei den Schmerzen des oben besprochenen Homosexuellen braucht es also nicht viel, um das vollständige Schmerzmuster hervorzubringen. Bruchstücke einer gespeicherten Erfahrung können den kompletten neurophysiologischen Kreisprozeß in Bewegung setzen (ein Anblick, ein Geräusch oder ein Geruch). Eine Folge davon ist es, daß wir als Erwachsene nicht mit unseren Eltern zusammenzuleben brauchen, um weiter unter den Erfahrungen unserer frühen Kindheit zu leiden. Wir speichern die Erinnerungen in der gleichen Weise, in der auch das Phantomglied zentral aufgezeichnet wird. Und einem Neurotiker zu sagen: »Sie haben doch gar keinen Grund, so aufgebracht und erregt zu sein« wird etwa ebenso sinnvoll sein, wie einem Amputierten zu sagen, er solle keine Schmerzen mehr empfinden, da er seine Gliedmaßen bereits verloren habe.

Kurzzeit- und Langzeit-Primärgedächtnis

Wir sollten zwischen Urerinnerungen und anderen, mehr gegenwärtigen Erinnerungen einen Unterschied machen. Bei Kurzzeiterinnerungen und Langzeiterinnerungen handelt es sich um zwei wesentlich verschiedene Vorgänge. Bei einigen Fällen von Hirnschädigung ist das gegenwärtige Erinnerungsvermögen in solcher Weise gestört, daß der Betreffende beispielsweise mit uns über seine Kindheit spricht, dann den Raum für fünf Minuten verläßt, und wenn er zurückkommt nicht mehr weiß, wer wir sind. Trotzdem mag er fortfahren, über seine Kindheit zu sprechen.

[39] P. W. Nathan, »Pain Traces Left in the Central Nervous System«, in C. A. Keele, *The Assessment of Pain in Man and Animals,* Edinburgh, Livingstone, 1962.
[40] Ibid., S. 131.

Gegenwärtige Forschungsergebnisse weisen darauf hin (ich habe früher schon die Arbeit von Gordon zitiert), daß nicht alles, was uns widerfährt, unverzüglich gespeichert wird. Damit die Erinnerung auf Dauer niedergelegt wird, müssen viele neurochemische Prozesse ablaufen. Wenn während dieses Speicherungsvorgangs gewisse Drogen gegeben oder ein elektrischer Schock verabreicht wird, kann die Erinnerung vielleicht niemals gespeichert werden. Hat sie sich aber einmal verfestigt, dann werden weder Droge noch Schock irgendeine Wirkung auf sie haben. Für den Ablauf des Konsolidierungsvorgangs sind mehrere Stunden nötig.[41]

In einer großen Reihe von Tierexperimenten konnte gezeigt werden, daß weder Schlaf, Drogen, noch Schocks das Gedächtnis auslöschen können. Mit der Hilfe von Drogen können wir die Einwirkung des Gedächtnisses auf unser Verhalten vorübergehend unterdrükken, aber keine anhaltenden Veränderungen bewirken. Das hat zur Folge, daß die Elektroschockbehandlung, die immer noch in einer gewissen Zahl von psychiatrischen Anstalten und Kliniken angewandt wird, einen vorübergehenden Erinnerungsverlust hervorruft, der manchmal für einen längeren Zeitraum anhält, so daß der Patient doppelt beunruhigt wird, eben weil er sich nicht mehr erinnern kann. Die Schockbehandlung unterdrückt aber lediglich das *Bewußtsein* der Erinnerung, nicht die Erinnerung selbst. Diese ist weiterhin wirksam und ruft Angst hervor. Natürlich sind Urerlebnisse und die Neurose, die auf ihnen beruht, nicht einfach aus unseren Körpersystemen entfernbar. Sie gehören sehr weitgehend zu unserer Physiologie. Die einzige Art und Weise, durch die man Urerlebnisse auf Dauer auslöschen kann, besteht darin, daß man einen Teil unserer Anatomie herausschneidet, wie es bei der Lobotomie [Hirnlappenentfernung] der Fall ist.

Eine der Folgen der Zeitverzögerung, mit der eine Erinnerung niedergelegt wird, ist, daß psychische Verletzungen, bevor sie zu beständigen Rückkoppelungsschleifen werden, ungeschehen gemacht werden können. Wenn ein Elternteil merkt, daß er müde und reizbar war, als er sein herumnörgelndes Kind grob anfuhr, so kann er seinem Kind helfen, dieses ursprüngliche Gefühl zu empfinden, bevor es mit dem Schmerz weggeschlossen wird. Dann kommt es eben zu einer anderen Erinnerung, aber nicht zu einer Urerinnerung von anhaltender Kraft. Wenn das Erlebnis sich niederschlägt, bevor

---

[41] Diesen verwickelten Vorgang erörtert Roy John in Einzelheiten gehend in seinem Buch, *Mechanisms of Memory,* New York, Academic Press, 1967.

es umfassend empfunden worden ist, muß es später wiedererlebt werden, damit es ungeschehen gemacht werden kann. Und es ist gewiß keine leichte Sache, ein Ereignis wieder einzufangen, das in der Vergangenheit, vor gut zwanzig Jahren, geschah.

7. Das Frontalhirn: Über das Wesen bewußten und unbewußten Fühlens

Die frontale Hirnrinde

Ich habe schon auf die Wichtigkeit des Stirnlappens hinsichtlich der Verarbeitung von Reaktionen auf Schmerz hingewiesen. Der Frontallappen nimmt die zusammenhängende Darstellung einer Erinnerung mitsamt ihrem schmerzlichen Affekt in Angriff. Botschaften aus dem Bereich des Gefühls werden in der Stirnrinde interpretiert und dann zu anderen Hirngebieten weitergeschaltet, die sie zur Wirkung bringen. Ist der Schmerz zu groß, dann wird die hemmende Tätigkeit des Hippocampus angeregt und tritt in Erscheinung. Das Ergebnis ist ein limbischer Spaltungsvorgang. Ein Zuviel von Schmerz aktiviert den frühen Überlebensmechanismus der Verdrängung, und das Tor der Gefühlsschleuse wird geschlossen. Jedenfalls steigt mit dem Ausmaß des Schmerzes der Grad der Stirnhirnrindenaktivität, durch die die Verdrängung in Gang gesetzt wird.

Welche Entscheidungen die Stirnhirngebiete in Bezug auf die ankommende Botschaft treffen, hängt davon ab, was unsere Vorgeschichte hinzufügt. Auf eine einzelne Zurückweisung wird intensiv reagiert, weil sie in das Fahrwasser einer Vorgeschichte von Zurückweisungen gerät. Demgemäß hat man, wenn einige der Nervenfasern, die die praefrontale Hirnrinde mit dem Thalamus verbinden, chirurgisch zertrennt werden, die primäre Vorgeschichte abgelöst. Das Ergebnis besteht in einer beruhigenden Wirkung, weil der Betreffende sich nur noch zur Gegenwart verhält. Die thalamo-temporale Botschaft dringt nicht mehr durch. Der Schmerz ist auf chirurgischem Weg von seiner Vorgeschichte und seiner Verarbeitungseinrichtung im Frontalhirn abgetrennt worden. Erinnerung und

Schmerz bestehen jedoch weiterhin; die *Reaktion* ist beseitigt worden. Sobald die Reaktion beseitigt ist, wird der Betreffende zwar wissen, daß Schmerz in ihm ist, aber seine Einstellung wird sein »Was solls?« Die Lobotomien werden heute noch in psychiatrischen Krankenhäusern bei denjenigen angewandt, die unbeeinflußbar angespannt sind und die unter chronischem und schwerem körperlichem Schmerz leiden; ein weiterer Beleg dafür, daß Spannung eine undifferenzierte Form von Schmerz ist.

Mit den Menschen, die eine Primärtherapie hinter sich haben, ist folgendes geschehen: sie sind von den Wirkungen ihrer primären Vergangenheit befreit worden. Das geschieht, wie ich schon gesagt habe, dadurch, daß zu dieser Vergangenheit wieder eine Verbindung hergestellt wird. Wird die Verbindung zur Vergangenheit durch einen chirurgischen Trennungsvorgang gelöst, dann wird der Betreffende dadurch auf die Gegenwart eingeschränkt, zugleich aber auch seiner einzigen Chance auf Rettung und Erlösung beraubt. Nach meiner Ansicht beseitigt die Lobotomie die letzte Hoffnung eines Menschen, sein Menschsein wiederzugewinnen. Auch hier wieder die Dialektik: die Verbindung zur Vergangenheit befreit uns von ihren Wirkungen; die Abtrennung von der Vergangenheit hält diese gerade für immer aufrecht.

Nachdem jemand einmal in einer Primärtherapie war, wird er auch weiterhin Urerlebnisse haben, aber sie sind der Schmerzen beraubt – und damit auch ihres Vermögens, neurotisches Verhalten hervorzurufen. Den Schmerz empfinden heißt, daß die praefrontale Hirnrinde nicht mehr »Entsetzen« entziffert, wenn Gefühle aufsteigen. Gerade dieser Schrecken – das Entsetzen vor den Konsequenzen des Gefühls – ist es, der einen einfachen Schmerz in einen vollkommen physiologischen Zustand der Panik umbildet. Wird der Schmerz erlebt, dann können die Gefühle in einem ruhigen Ablauf verarbeitet und gespeichert werden. Letzten Endes ist der Frontallappen dafür verantwortlich, ob ein Gefühl schmerzlich wird. Nach einem einfachen Ereignis wie dem Tadel eines Lehrers wegen einer Klassenarbeit, sucht die Schläfenrinde die Vergangenheit nach weiteren Vorwürfen ab und übergibt dem Frontallappen die gesamte Reizzufuhr zur Verarbeitung. Eine einzelne Zurechtweisung wäre nicht schmerzlich, hätte sie nicht eine geschichtliche Bedeutung – nämlich die: »Meine Eltern glauben nicht, daß ich zu irgendetwas tauge.« Gerade die verborgene Bedeutung, die in einem Tadel steckt, macht den Hemmungsvorgang erforderlich, damit der Organismus nicht mit Schmerz überflutet wird. Dementsprechend ist die *Summierung* des Erlebens und nicht das einzelne Geschehnis das Entscheidende. Summierung kann nur auftreten und die Verdrängung in Gang setzen, wenn es unterhalb dieser Vorgänge einen Fundus von Urerlebnissen gibt.

An dem vorausgegangenen Beispiel des Homosexuellen können wir sehen, daß bei Neurotikern eine bestimmte Bedeutung abgewendet (Mutter und Frauen, Schmerz) und eine neue projiziert werden muß (»Bei Männern kann ich mich sicher fühlen«).

Daher sind selbst bei den intelligentesten Neurotikern bizarre und irrationale Vorstellungen, mystische Glaubensüberzeugungen und merkwürdige Philosophien unerläßliche Stoßdämpfer.

Die Hirnrinde und ihre Abwehrfunktion

Wir kennen sicher alle eine Situation, in der uns jemand mit einem Vorwurf am Boden zerschmettert hat. Von diesem Moment an hören und sehen wir praktisch nichts. Wir halten uns einfach für nervös, was aber tatsächlich abläuft, ist, daß alle Hilfsmittel des Körpers in den *alten* Urkampf verwickelt sind. Die Stirnrinde ist vom retikulären System alarmiert, damit sie den alten Schmerz fernhält. Wir können dies an den elektroenzephalographischen Aufzeichnungen sehen, die bei Menschen unter Streß registriert werden. Es ist ein großes Reaktionspotential zu sehen, das darauf hinweist, daß zur Selbstvereidigung ein bedeutsamer Anteil der Hirnrinde aktiviert worden ist.

Die Tatsache, daß konzentrierte kortikale Aktion eine Abwehr von Schmerz darstellt, läßt vermuten, daß es sich bei diesem Vorgang um einen Hauptfaktor in der aktuellen Entwicklung der menschlichen Hirnrinde handelt. Durch die Arbeit von Krech wissen wir, daß Rattengehirne als Folge einer Stimulation tatsächlich an Gewicht zunehmen.[42] Und so weit hergeholt ist es nicht, wenn wir meinen, daß ein Hauptfaktor für die Entwicklung der menschlichen Hirnrinde ihr Wachstum war, das als Folge einer Schmerzstimulierung eintrat – oder auch als Folge der Schmerzgefahr.

Es gibt verschiedene Arten organisch bedingter Hirnstörungen, aber

[42] D. Krech u. a., »Modifying Brain Chemistry and Anatomy by Enrichment or Impoverishment of Experience« in G. Newton und S. Levine, *Early Experience and Behavior*, Springfield, III., 1968.

eine ist für unsere augenblickliche Erörterung besonders wichtig. Bei einer Art der Aphasie [zentral bedingter Verlust der Sprechfähigkeit] kann der Betreffende seine Gefühle zwar ausdrücken, aber nicht erklären. Er kann mit Gefühlsbeteiligung »Scheiße« sagen, aber nicht mitteilen, warum er es gesagt hat. Und er würde beispielsweise keine Vorstellung davon haben, warum er ärgerlich ist. Diese Art der Aphasie verweist darauf, daß die Ausdrucksweisen des Gefühls in einer Ebene des Gehirns aufgezeichnet werden, die näher zu den Gefühlszentren liegt. Die Fähigkeit, Gefühle zu *erklären*, scheint eine entferntere und höhere Funktion zu sein. Eine der Schwierigkeiten für die Psychoanalyse und anderer, auf Einsicht abzielender Therapieformen besteht darin, daß zwar jene höher gelegenen Zentren, die mit dem Erklären zu tun haben, angestrengt werden, nicht aber die niedriger gelegenen, die so innig mit dem Fühlen verknüpft sind. Oder anders ausgedrückt: der herkömmliche Therapeut befaßt sich mit den Abwehrzentren der Hirnrinde, und sein Patient wird im umgekehrten Sinne aphasisch; er kann seine Gefühle erklären, aber nicht empfinden.

Die Schwierigkeit jeder Therapie, die auf Einsichten beruht, besteht darin, daß sie gerade jene schmerzlichen Verbindungen zwischen der Hirnrinde und den niedriger gelegenen Hirnzentren nicht herstellt. Um diese Verbindung, die normalerweise über eine Reihe von frühkindlichen Erfahrungen verläuft, herzustellen, muß es dem Patienten gestattet werden, dieses kleine Kind zu sein, damit dessen frühe Gefühle wieder mit dem Erleben verknüpft werden. Ein Erwachsener kann die Verbindungslinien zu den Rückkoppelungsschleifen nicht herstellen, indem er Gefühle *erklärt*. Daher besteht die einzige therapeutische Erfahrung, in der diese Zusammenfügung stattfindet, darin, daß man seine ungelösten frühen Schmerzen wiedererlebt. Ganz gleich, wie zutreffend der Kortex die innere Problematik oder die Verhaltensdynamik unseres Systems wahrnimmt und wie viel Einsicht besteht – ohne die Verknüpfung kann sich nichts ändern.

Dieser Gesichtspunkt veranschaulicht sich auf eine dramatische Weise, wenn Patienten ein Geburtstrauma wiedererleben. Die ungelösten Schmerzen solcher Erfahrungen rufen auf dem gleichen Weg wie jeder Urschmerz eine lebenslange Spannung hervor. Keine auch noch so ausgeklügelte Erklärung kann diese Spannung ungeschehen machen, da ihr Ursprung nichts mit zerebralen Vorstellungsinhalten zu tun hat. Das trifft in noch stärkerem Maße zu, wenn diese Erklärung von einem Fachmann – einem Therapeuten – geboten wird. Jeder Mensch besitzt seine eigene geschichtliche Wahrheit. Es kann sein, daß er übermäßig ißt, weil seine Mutter ständig wütend, sein Vater kühl und seine Schwester gemein war und vieler anderer Gründe wegen. Diese Gründe können für ihn nur sichtbar werden, wenn die Gefühle erweckt werden, die durch ihre Stärke sowohl die Herkunft der zugrunde liegenden Motivation wie auch deren Kraft anzeigen.

Selbst wenn es eine vollkommene Erklärung für das Verhalten eines Patienten gäbe, würden die primären Kreisprozesse weiterhin sein System aktivieren – säuberlich getrennt von der Erklärung. Weil eine Erklärung und die Gefühle zwei wesentlich verschiedene Dinge sind (es sei denn, die Erklärung resultiert auf dem Erleben von Urgefühlen), gibt es für die Erklärung keinen Weg irgendetwas zu verändern. Primäre Kreisprozesse können nicht wegerklärt werden.

Zerebrale Vorstellungsinhalte, auch wenn man sie »Einsichten« nennt, spielen sich oberhalb der Spaltung ab; daher vermag auch kein Buch über Psychologie einem Neurotiker dazu verhelfen, ein »normaler« Mensch zu werden. Er mag zwar alles wissen, aber nichts fühlen. Man kann die bewußten Werte und Ziele eines Menschen zwar verändern, so daß der Energiebetrag, der ihn vorher zum Beispiel zu einem zwanghaften Dieb gemacht haben mag, ihn jetzt zu »konstruktivem« Überarbeiten antreibt; die Krankheit aber, der Urschmerz, bleibt bestehen.

8. Spaltung, Generalisierung und Psychose

Gantt hat hervorgehoben, daß der Organismus ständig auf frühe emotionale Erinnerungen reagiert, indem er sich »für Handlungen, die nicht mehr erforderlich sind« bereitstellt.[43] Daher entsteht, so bemerkt er, an Stelle einer spezifischen Reaktion – einer geballten Faust – eine allgemeine Reaktion – ein erhöhter Blutdruck. Sobald ein Gefühl verdrängt und nicht mehr spezifisch ist (denn spezifisches Fühlen bedeutet Schmerz), generalisiert es. Smythies stellt fest: »Es ist möglich, daß die Umwandlung von Reaktionen auf Streß, Angst

[43] W. H. Gantt, »Principles of Nervous Breakdown«, *Annals of the New York Academy of Sciences*, Bd. 56, Nr. 143, 1953.

und Depression von diesen [limbischen] Kreisvorgängen geleitet wird, die damit für die Errichtung von Schwellen und den Grad der Generalisierung für die betreffenden emotionalen Reaktionen verantwortlich wären.«[44] Mit anderen Worten: ein ursprünglicher Schmerz wird nicht zu einer ausgeformten Reaktion weiterentwickelt. An die Stelle einer bestimmten Furcht (»Ich werde nicht geliebt und muß deshalb allein sein«), tritt unbestimmte Unruhe und Erregung. Diese Furcht kann sich auf andere neutrale Situationen ausdehnen, die eigentlich nicht furchterweckend sind, das heißt, sie generalisiert. Damit sehen wir, daß eine neurotische Reaktion ein Verhalten ist, daß der betreffenden Situation nicht angemessen ist – zum Beispiel die übermäßige Furcht vor Menschenansammlungen.

Die Hirnrinde, die ja nicht unmittelbar mit den Strukturen verknüpft ist, die den sinnlichen Eindruck des ursprünglichen Gefühls verarbeiten, kann beim Unterscheidungsvorgang zwischen Qualität und Herkunft nicht helfen, und das führt dann zur Generalisierung. Eine frühe, geheimgehaltene Angst vor dem Vater, wird zunächst zu einem vagen angstvollen Gefühl gegenüber dem Vater, dann gegenüber Männern und Autoritäten und schließlich zu einem generalisierten furchterfüllten Zustand. Diese Furcht ist real, obgleich sie nicht spezifisch ist. Sie verbleibt als unbestimmte Angst und richtet sich in zufälliger Weise auf die Gegenwart, sie richtet sich auf jene Dinge des gegenwärtigen Lebens, die symbolisch für das Gefühl stehen – zum Beispiel die Furcht vor Polizisten als Vaterersatz. Die Furcht kann, wenn sie hochgradig ist, zu einer Phobie werden, oder zu einer Wahnerkrankung, wenn der Betreffende glaubt, seine Angst beziehe sich auf feindlich gesonnene Fremde. Paranoia ist eine Ausweitung der Furcht, die aufgrund ihres Ausmaßes noch stärker generalisiert ist, wodurch die Reaktionsschwelle gesenkt und nahezu alles das Furchterleben in Gang bringen kann. Um das Gefühl zu unterbinden, wird die Hirnrinde angeregt, im Sinne der Sicherheit eine völlig unrealistische Welt zu konstruieren, damit nichts von außen eindringen kann. Daraufhin wird diese Furcht gleichsam eine lebensfähige, selbständige Sache, die das Zwischenhirn und die retikulären Systeme beeinflußt, wohingegen die Hirnrinde nur die reale Furcht abschätzen kann. Der symbolische kortikale Inhalt ist auf die gleiche Weise ein Produkt des wirklichen Gefühls wie die Traumsymbole, die ja auf verdrängte Gefühle hinweisen und mit ihnen verknüpft sind. Die Grundlage für eine

[44] Smythies, op. cit., S. 130.

Furcht vor feindlich gesonnenen Fremden kann so aussehen: »Ich bin ganz allein und allen anderen fremd«. So versuchen manche Psychotiker in einer dialektischen Wendung, indem sie Feinde erfinden, von denen sie beobachtet werden, das Gefühl des Allein- und Ausgeschlossenseins fernzuhalten.

Der Vorgang der Spaltung oder Loslösung beginnt mit einer sensorischen Reizzufuhr – einem Augenblick, einem Geruch oder einem Geräusch, die als etwas Gefährliches wahrgenommen werden (ein wütender Blick der Mutter kann schon ausreichend sein). Die Hirnrinde interpretiert diese Wahrnehmung als bedrohlich; das retikuläre System versetzt den Körper in eine Reaktionsbereitschaft auf Gefahr und übermittelt seine Nachricht entweder via Thalamus oder unmittelbar zur Hirnrinde, wo das Rindengewebe sich mit ihr auseinandersetzt, um das Gefühl, das durch die ursprüngliche Wahrnehmung erweckt wurde, zu hemmen. In unmißverständlicher Sprache heißt der wütende Blick der Mutter: »Ich bin schlecht. Sie will sich nicht mehr um mich kümmern«; das genaue Gefühl ist abgelöst und das System, nun in Spannung, darauf ausgerichtet, daß man der Mutter gefallen will, anstatt die volle Zurückweisung zu empfinden. Anstatt über die Zurückweisung durch seine Mutter entsetzt zu sein, erschrickt das Kind jetzt vor der Dunkelheit oder vor Spinnen oder vor der Schule. Das abgetrennte Gefühl wird zu Symbolen verallgemeinert. Sich mit dem symbolischen Verhalten auseinanderzusetzen, indem man beispielsweise die Schulangst erörtert, wird nichts bewirken, was in die Richtung einer Auflösung der Neurose geht. Man wird sich, wenn man all die symbolischen Handlungen durchforscht, in einem Irrgarten von Symbolen verlieren, die alle lediglich *Abkömmlinge* dieses einen Gefühls sind. Die symbolischen Handlungen sind äußerst komplex und in ihrer Vielfalt unbegrenzt; nicht so der ihnen zu Grunde liegende Ursprung der Neurose.

Im gleichen Ausmaß wie sich das alte Gefühl auf kortikalem Weg in das gegenwärtige Leben eines Menschen ausdehnt, steigert sich das neurotische oder psychotische Verhalten des Betreffenden. Ein Mann, der darüber klagt, seine Frau versuche ihn zugrunde zu richten, kann als neurotisch angesehen und einfach entsprechend beraten werden. Weitet sich diese Vorstellung jedoch zu der Überzeugung aus, daß jedes Mädchen in seinem Bürohaus danach trachtet, ihn zu ruinieren, so wird man ihn als krank ansehen. Ein gewaltiger Schmerz hat bei ihm die Symbolisierung auf immer größere

Bereiche seines Lebens ausgedehnt, bis schließlich die Quantität in eine neue Qualität umschlägt und die Neurose in eine Psychose übergeht. Gerade diese Eigenschaft der Ausdehnung läßt eine psychotische Wahnvorstellung meistens so bizarr erscheinen – sie ist völlig uneins mit der Realität. Jenes Hirngebiet, das mit der Generalisierung nervöser Aktivität zu tun hat, ist vergrößert. Daher ist der Psychotiker unfähig, mit der Realität umzugehen und für sich selber zu sorgen – sobald nämlich seine Hirnrinde unklar abgegrenzt ist und sich ausschließlich mit der Vergangenheit auseinandersetzt.

Psychose bedeutet also, daß die Hirnrinde sich zunehmend in die der Störung zugrunde liegenden Gefühle verwickelt. Und der Betreffende verliert sich in seinen symbolischen Darstellungen, weil sie ja seine umgewandelten Gefühle *sind*. Werden die Verbindungen zwischen der orbito-frontalen Hirnrinde [vom Hinterhaupt bis zur Stirn] und dem Thalamus zertrennt, dann kommt es zu einem Verhalten, das weniger generalisiert, weniger symbolisch ist. Und zwar deshalb, weil das drängende Urgefühl die Hirnrinde nicht mehr zur Tätigkeit anstößt. Wir brauchen jedoch nicht auf operative Methoden zurückzugreifen, seit wir mit Tranquillantien eine ähnliche Wirkung erzielen können.

Indem man die Verknüpfungen sorgfältig wieder herstellt, vernichtet man das symbolische Handeln und hebt die Neurose, ungeachtet ihrer Form, auf. Bis zur Wiederherstellung der Verbindung bleiben die unterbrochenen Anteile des Bewußtseins von ihrem zugehörigen *Gefühls*anteil getrennt und werden zu getrennt lebensfähigen Inhalten, die für das restliche Leben des Betreffenden einen unbewußten Krieg miteinander führen. Der Grund dafür, daß so viele methodische Zugänge zur Neurose entwickelt wurden, liegt darin, daß die Therapeuten sich mit den kortikalen Vorgängen der Flucht anstatt mit der Dynamik des Spaltungsvorgangs beschäftigt haben.

9. Über den Heilungsprozeß

Mit einem neurophysiologischen Modell seelischer Störungen verbindet sich die Absicht, Grundlagen für die Umkehrung solcher Erkrankungen zu schaffen. Ich habe darauf aufmerksam gemacht, daß jede Heilung einer seelischen Störung den Zugang zu den primären Kreisprozessen einschließen muß. Wir wollen betrachten, wie dies in der Primärtherapie vor sich geht.

Unter normalen Lebensumständen wird der Neurotiker durch irgendetwas aus der Fassung gebracht – sagen wir einmal durch den Vorwurf eines Vorgesetzten –, und sein neurotisches Verhalten wird in Gang gesetzt. Er kann den Vorgesetzten beschwichtigen, das Ereignis verleugnen und Kopfschmerzen bekommen, oder er wird wütend und verliert seine Geduld oder ist für den Rest des Tages einfach beleidigt. Er kann die Schuld auch auf irgendjemand anderen projizieren. Er ist, kurz gesagt, dabei, die Anforderung des ausgelösten primären Kreisprozesses abzuarbeiten – vielleicht etwas der Bedeutung: »Wir haben dich nicht lieb«. In der Primärtherapie lösen wir denselben Kreisprozeß durch zahlreiche Hilfsmittel aus, um ihn zu aktivieren. Wir können dies auf eine recht einfache Weise erreichen, indem wir den Patienten, wenn er die Zurechtweisung durch seinen Vorgesetzten vorträgt, dazu auffordern, über die Zurechtweisung durch seine Eltern zu sprechen. Die Techniken, mit Hilfe derer man Schlüsselvorgänge wiederbeleben kann, sind sehr vielfältig und gehen über den Rahmen dieser Erörterung hinaus. Sobald die primären Kreisprozesse aktiviert sind, setzt die gewohnte »Masche« des Patienten ein, indem er sich automatisch auf die für ihn charakteristische Weise verteidigt. Es kann sein, daß er sich verkrampft, daß er seine Bauchmuskeln anspannt und ein Sperrfeuer verbaler Entschuldigungen eröffnet. In der Primärtherapie wird jede Zugangsmöglichkeit – sowohl physiologischer als auch psychischer Art – für die Abwehr versperrt (und das wiederum durch vielfältige und komplexe Techniken); dadurch wird das Gefühl stärker und rückt mehr in die Nähe des Bewußtseins. Wenn wir den Patienten dazu bringen, daß er seinen Körper gerade im richtigen Moment befreit und wild schüttelt, dann kann dies helfen, seinen Schutzpanzer zu durchbrechen. Zu diesem Zeitpunkt werden, unter Beachtung der Vollständigkeit jeder einzelnen Abwehr, viele andere Techniken angewandt, um den Patienten verteidigungslos – aber empfindungsvoll – zu machen.

An einem gewissen kritischen Punkt können die Urgefühle nicht mehr zurückgehalten werden, und sie überwältigen den Patienten. Er ist wirklich ohne Abwehr gegen sie, wenn sie aufsteigen und ihn in große Seelenqual und anschließend in einen Zustand der Befreiung versetzen. Die Qual rührt von dem Druck eines Gefühls her – »Sie mögen mich nicht« –, das viele Tausend von erinnerten

Begebenheiten um sich geschart hat, wovon jede einzelne ihren Schmerzanteil beiträgt. Man kann leicht verstehen, warum so ein blockierter Schmerz eine katastrophenähnliche Erkrankung herrufen kann und den Körper medizinisch gesehen durcheinander bringt; und auch warum so wilde, ungestüme Reaktionen auftreten, wenn diese schmerzlichen Kreisprozesse wieder dem Bewußtsein zugänglich gemacht werden. Halluzinogene Drogen geben diese Kreisprozesse in zufälliger Weise frei und können eher zu viel als zu wenig freisetzen, was dann zu *stärkerem symbolischem* Verhalten führt.

Es ist für uns wichtig zu verstehen, daß nicht der Schrei, das Umsichschlagen oder das Zerknüllen der Kissen das Entscheidende ist. Es ist die *Verknüpfung,* die den Betreffenden letztlich auf dauerhafte Weise von seiner Spannung befreit. Schreien und um sich schlagen bringt lediglich eine vorübergehende Unterbrechung.

Wir wollen zur Erläuterung ein Beispiel betrachten. Eines Tages machte ich in der Gruppentherapie einem Patienten (er war Psychologe) den Vorwurf, er stelle sich dumm an. Er reagierte mit einer Unmenge verbaler Verteidigungsvorgänge, gebrauchte große Worte, eine wissenschaftliche Sprache und geschickte Rationalisierungen. Ich hieß ihn schweigen und bombardierte ihn mit stichhaltiger Kritik. Bei ihm war schon eine Anzahl von Urerlebnissen vorausgegangen, und so war er ziemlich abwehrlos. Er stürzte zu Boden und sonderte vermehrt Speichel ab. Nach wenigen Minuten konnte man ein kindliches Wimmern hören, das lauter und lauter wurde und gute dreißig Minuten dauerte. Was war geschehen? Er hatte sehr früh in seinem Leben, seit er denken und überlegen konnte, angefangen zu »kapieren«, was er tun könne, um mit äußerst harten und zurückweisenden Eltern zusammen zu überleben. Er gebrauchte seinen »Verstand«, um sich zu verteidigen. Das setzte er während der Schulzeit fort. Er wurde Psychologe und »knobelte« weiterhin Probleme aus – oder knobelte sich aus Problemen heraus. An jenem Tag der Gruppentherapie stoppte ich seine Verbalisierungen und sein »Denken«. Er war für Schmerz schon zugänglich, da bei ihm bereits einige Verknüpfungen wiederhergestellt waren und kürzlich eine Reihe von Schmerzen freigesetzt wurden, die ihn wiederum geöffnet hatten, so daß er mehr ertragen konnte; nun wurde er zurückgeschleudert, in eine Zeit, *bevor* er etwas kapieren und sich gegen die Zurückweisung verteidigen konnte – in der alles, was er tun konnte, in Wimmern bestand. Meine Zurückweisung an jenem Tag löste den alten Kreisprozeß aus.

Wogegen sich dieser Patient an jenem Tag in der Gruppe wirklich verteidigte, das war nicht ich, sondern diese frühe, katastrophenähnliche Zurückweisung. Jede Konfrontation mit mir, jedes »Durcharbeiten« in der Gruppe, jedes Anschreien, das mir oder anderen Mitgliedern der Gruppe galt, würde nichts nützen. Ziel waren jene frühen Erinnerungen.

Wir unternehmen einfach alles, um die Vergangenheit eines Patienten wiederzuerwecken, und wenn wir einen lebendigen kleinen Hund mit zur Therapie bringen müssen oder unsere Patienten mit ausgestopften Teddybären und Laufställchen versorgen. Diese Gegenstände sind für verteidigte (sich unterdrückende) Menschen bedeutungslos; für diejenigen aber, die verletzbar sind, sind sie ungemein bedeutungsträchtig. Sie werden jedoch lediglich als Aktivierungsmechanismen gebraucht und nicht zum Selbstzweck.

Nach einem Urerlebnis gibt es Einsichten im Überfluß; der Betreffende, jetzt im Besitz der richtigen Verknüpfungen, wird unverzüglich von all seinen fehlgeleiteten und zurückgelenkten Anstrengungen überflutet – daß er zum Beispiel seine Frau wie seine Mutter haben will. Den Neurotiker zwingt sein fortgesetzt fehlgeleitetes Verhalten dazu, sein Leben in Bruchstücken zu leben; er erlebt jedes Ereignis als eine Sache für sich. Setzt er alles zusammen, dann bedeutet das Schmerz; daher lebt er sein Leben bruchstückhaft. Urgefühle verbinden solche Unvereinbarkeiten miteinander. Wenn ein Patient seine Hilflosigkeit empfindet, dann hilft es ihm dabei, seine Abhängigkeit von Lehrern, Kindern, Ärzten und so weiter zu verstehen. Ebenso geht es ihm mit dem Haß auf seine Mutter – wenn er ihn empfindet, so versteht er seine Beziehungen zu *allen* Frauen. Ohne das Grundgefühl ruft jede Berührung mit einer Frau beispielsweise Feindseligkeit hervor, sorgfältig rationalisiert und gerechtfertigt. In Kürze: ist sein Leben von seiner geschichtlichen Grundlage abgeschnitten, so muß er ohne Perspektive herumtappen.

Der Schlüssel zur Heilung besteht darin, daß die Schleuse des Hippocampus systematisch geöffnet wird. Jede Verknüpfung bedeutet für diese Struktur eine Abnahme der Belastung. Jeder empfundene Schmerz zeigt an, daß das Gewicht, welches das Tor verschlossen hält, etwas abgenommen hat, und bedeutet einen Schritt mehr auf das Ziel hin, ein umfassend fühlender Mensch zu sein. Ein beweglicheres Schleusentor bedeutet zugleich, ein Mensch mit mehr Verknüpfungen und Verarbeitungen zu sein, dessen Gefühle nicht blockiert und in neurotische Kanäle umgeleitet werden. Es muß das letzte Ziel der Psychotherapie sein, die Blockierung dieser Struktur aufzuheben und ihren Speicher schmerzbeladener Erinnerungen zu entleeren. Ich habe an nahezu allen vorhandenen Therapieformen auszusetzen, daß sie diese Struktur umgehen und hauptsächlich das schon abgelenkte Gefühl auf andere, sozial akzeptablere Wege umleiten.

Es gibt viele Wege, auf denen man sich zu diesem Speicher Zutritt verschaffen kann. Massage kann dies bewirken, wenn maßgebliche Muskelsysteme benutzt werden, um Spannung zu binden. Die Hypnose kann hilfreich sein, da sie bewußte Steuerungsvorgänge vorübergehend einschläfert. Drogen, wie zum Beispiel Natriumamytal, können diesen Zutritt gewiß auch ermöglichen, weil sie den gleichen Effekt haben. Aber ich glaube, daß diese Techniken aufs Geratewohl wirken und nicht das leisten, was das Wesentliche an der Primärtherapie ist, nämlich ein *systematisches,* sorgfältig bemessenes Freisetzen von Schmerz.

Die »Heilung« oder endgültige Gesundheit tritt ein, wenn jedes alte schmerzvolle Gefühl mit seinem genauen Ursprung verknüpft worden ist. Der Betreffende bleibt zurück ohne generalisierte Antriebe aus der Vergangenheit, und damit auch ohne Neurose.

10. Schlußfolgerungen

Zusammenfassend läßt sich sagen, Gefühle sind das Wesentliche der menschlichen Natur. Sie sind weder gut noch schlecht, weder konstruktiv noch destruktiv. Sie sind. Natürlich sein ist das, was den wirklichen Wert aller Lebensformen ausmacht. Die Neurose ist das Verhalten, das auftritt, wenn wir nicht natürlich sein können. Sie ist das Ergebnis einer Störung der reibungslosen Zusammenarbeit zwischen höheren und niederen Hirnfunktionen. Die Blockierung eines natürlichen Vorgangs besteht darin, daß eine Kraft gegen Vereinheitlichung in Bewegung gebracht wird. Diese Kraft nimmt bei den Neurotikern die Form der Spannung an. Wir müssen ein einheitliches Ganzes sein. Die Neurose hält uns am Leben, indem sie uns von jenen schmerzlichen Gefühlen abgetrennt, die die Integrität unseres Organismus bedrohen. Aber zur gleichen Zeit ruft sie die dynamische Kraft zur Verarbeitung hervor.

Unsere körperlichen Systeme sind Wahrheitsbehälter. Das Gehirn (und der Körper) bewahrt das Wirkliche, ganz gleich wie abwegig und entzweit unsere kortikalen Denkvorgänge werden. Eine Lüge des Geistes bedeutet eine Verletzung des Körpers. Umgekehrt erzeugt ein Zuviel an Verletzung geistiges Lügen. Das körperliche System bewahrt unsere Wahrheiten, weil sie uns widerfuhren. Sie sind ein Teil unserer Erfahrung, ob wir sie nun bewußt zur Kenntnis nehmen oder nicht. Letztlich brechen wir unter diesen nicht zur Kenntnis genommenen Wahrheiten zusammen. Nur der Mensch ist fähig, seine sinnlichen Empfindungen in Gefühle zu fassen; nur er kann das alles zusammenfügen, obgleich er es selten tut.

Der Neurotiker muß schließlich zusammenbrechen. Wegen der anhaltenden Aktivierung seines Organismus wird der schwächste und empfindlichste Teil seines Körpers zuerst angegriffen. Eine Praedisposition zu Allergien wird letztlich in einer voll aufgeblühten Allergie der einen oder anderen Art enden. Eine symptomatische Entlastung ist immer möglich, aber solange die Aktivierung der niederen Hirnzentren nicht gelöst ist, werden immer mehr Symptome erscheinen. Krankheit verlangt ihre Symptome.

Sobald die Körperfunktionen einmal durcheinander gebracht worden sind, müssen wir darauf achten, daß wir sie nicht abseits vom Gesamtsystem untersuchen; dieser Irrtum kann uns nur zu Teilwahrheiten führen – zu der Art von Teilwahrheiten, die sich in ahistorischen psychologischen Theorien finden, die vorzugsweise Symptome und nicht die wirkenden Ursachen abhandeln. Es gibt beispielsweise Belege für einen fehlerhaften Kaliumstoffwechsel bei einigen Schizophrenen; wenn man von dieser Funktionsstörung ausgehend schlußfolgert, ein fehlerhafter Stoffwechsel sei eine Ursache für Schizophrenie, dann wäre dies ungerechtfertigt. Viel mehr spricht dafür, daß die meisten von uns ziemlich gesund auf die Welt kommen und durch Urstreß gestört und krank werden. Das wird an postprimären Patienten deutlich, die zu guter Gesundheit zurückkehren, sobald die im Inneren befindlichen Stressoren beseitigt sind. Die Tatsache, daß wir bei diesen Menschen oft ein zartes Bindegewebswachstum bemerken, muß mit einer Rückkehr zu richtiger Hormonfunktion in Beziehung gesetzt werden. Leider bestehen bei einigen Patienten die körperlichen Funktionsstörungen schon seit so vielen Jahren, daß ein nicht behebbarer Schaden auftritt und nichts diesen Zustand mehr ändern kann.

Es ist klar, daß die Unterdrückung des Selbst nicht nur eine Sache psychischer Vorgänge ist. Bei dieser Unterdrückung werden Aspekte des gesamten biologischen Systems eines Menschen betroffen – des biologischen Systems, das unsere Gefühle vermittelt. Ich glaube, daß viele Neurotiker wegen dieser Unterdrückung nicht zu ihrer vollen, genetisch festgelegten Möglichkeit herangereift sind.[45]

Was ich betonen möchte, ist, daß *alle* Erkrankungen in Beziehung zu Gefühlen gesehen werden müssen, da die Gefühle bei menschlichen Funktionen vorherrschend sind und sie miteinander verknüpfen. *Nicht fühlen* stört menschliches Funktionieren. Gefühle müssen empfunden werden oder der Mensch ist nicht menschlich. »Immer *dominieren* sie [die Gefühle] sogar von Hause aus. Noch die entlegensten, die am meisten ausgegliederten Teile einer Erlebniskonstellation bleiben jederzeit (mindestens) in das gleichzeitige Gefühl eingewoben, hineingeschmolzen und ganzheitlich davon umfangen. Hiernach richtet sich noch das zerstückeltste innere Geschehen, in seinen Qualitäten sowie in seiner Ablaufweise. Das Gefühl *drängt* übermächtig immer dahin, alles übrige, das sich in uns regen mag, mit *seiner* Farbe zu durchdringen, Widerstrebendes abzublenden oder ›umzuschmelzen‹, übergreifend seinen eigenen (Gesamt-) ›Rhythmus‹ durchzusetzen. Tatsächlich füllt es jederzeit das Bewußtsein *ganz* aus; nur daß es rasch und stetig – in andere Gefühle übergeht. Allem psychischen Geschehen gibt das emotionale seine *Haupt*richtungen.«[46] Dies wurde 1928 geschrieben.

Nicht allein ist die Hirnrinde machtlos, die Aktivierung der niederen Gehirnzentren zu stoppen, die Tatsache einer kortikalen Isolierung von den Zentren der Gefühle bedeutet darüber hinaus auch, daß Neurotiker gezwungen sind, impulsiv und irrational in Abhängigkeit vom Druck dieser Aktivierung zu reagieren. Das heißt, daß der Neurotiker sich selber nicht helfen kann (zum Beispiel bei Drogenabhängigkeit) und, was noch wichtiger ist, sich nicht in tiefgehender Weise verändern kann. Er kann seine Symptome lediglich für einen bestimmten Zeitraum aufgeben. Der primäre Druck bringt daher nicht nur das körperliche System eines Menschen durcheinander,

[45] Siehe Hans Selye, »Stress and Disease«, in C. B. Reed, I. E. Alexander und S. Tomkins *Psychopathology*, Cambridge, Mass.: Harvard University Press, 1963 [und im Deutschen eine andere Veröffentlichung von Selye, *Streß beherrscht unser Leben*, Düsseldorf, Econ, 1957, (Anm. d. Übers.)].

[46] Felix Krüger, *Über das Gefühl*. Zwei Aufsätze. Die Tiefendimension und die Gegensätzlichkeit des Gefühlslebens. Das Wesen der Gefühle. Entwurf einer systematischen Theorie (dort S. 55/56). Neuausgabe der 5. Aufl. 1937, Darmstadt, Wissenschaftliche Buchgesellschaft, 1967.

sondern veranlaßt den Neurotiker auch, sich gegen seinen eigenen Willen zu verhalten – dafür ist das Rauchen ein gutes Beispiel. Irgendwie muß er diesen Druck ablassen. Weil er nicht selber fähig ist, die Verknüpfung herzustellen, unternimmt er das Nächstbeste. Er muß das tun, was auch die Ärzte tun – sich selbst symptomatisch behandeln. Das Rauchen ist die »Pille«, die er gegen seine Spannung einnimmt.

Je größer der Schmerz ist, desto stärker ist seine Bereitschaft zum Ausagieren. Wenn seine häusliche Umgebung ihn gleichsam wie eine Zwangsjacke am Ausagieren hinderte, dann wird das volle Gewicht dieses Druckes bewirken, daß die inneren Organe diesem Druck umso schneller einen Ausweg verschaffen – mit Herzanfällen, Magen- Darmgeschwüren, Zuckerkrankheit und so weiter.

Im Bereich des Geistigen erzeugt der Druck die gleiche Fluchtreaktion, nur sprechen wir dann von einer manischen Ideenflucht. Der Geist des betreffenden Menschen wird zu einem Sammelpunkt der Zerstreutheit; er kann sich nicht konzentrieren oder zuhören, weil der Druck ihn vorantreibt. Die Verknüpfung beendet den ganzen Druck, körperlich und geistig.

Was ist das Unbewußte? Es ist im wesentlichen gehemmtes Bewußtsein, jene begrabenen Bedürfnisse und Gefühle, die den Neurotiker antreiben und sein Erleben zu jeder Minute seines Lebens gestalten. Primärereignisse im Gehirn sind wie eine Reihe von Autobahnen, kreisend und wendend, aber nirgendwohinführend, weil jene Hirngebiete, die sie interpretieren könnten, darin verwickelt sind, ihre Bedeutung abzuwenden und sie falsch zu interpretieren. Das Gehirn ist, kurz gesagt, damit befaßt, den Betreffenden vor großem Schmerz zu bewahren – genau das, was die Verknüpfung mit der richtigen Bedeutung hervorruft. Darauf weist Penfield am Rande hin, wenn er sagt: »Diese funktionelle Einheit [der interpretierende Kortex] ist zum Teil von der Gesamtaktivität des Gehirns abgetrennt.«[47]

Was ich hier ausgeführt habe, ist notwendigerweise übermäßig vereinfacht. Die Forschung darüber, wie das Gedächtnis festgelegt wird, füllt mittlerweile Bände. Bei der Verarbeitung von Schmerz sind mehr Strukturen beteiligt, als ich genannt habe.[48] Nehmen wir beispielsweise unsere körperliche Reaktion auf Schmerz. Er zeigt sich in unseren Gesichtern, unserer Haltung und unseren Armbewe-

---

[47] Penfield und Perot, op. cit., S. 692.
[48] R. Melzack und P. D. Wall, »Sensory Processes and Perception«, in *Brain and Behavior*, hrsg. von K. Pribram, Bd. 2, Baltimore, Penguin, 1969, S. 145–157.

gungen. Die Hirnstruktur, die sich mit der Verfeinerung dieser Bewegungen befaßt, ist das Kleinhirn. Zwei Forscher haben herausgefunden, daß, falls diese Struktur zerstört, das Schmerz*erlebnis* deutlich herabgesetzt ist. Dementsprechend bildet die Reaktion selber einen Teil der *gesamten* Schmerzerfahrung. Man muß sich fragen, ob nicht allein die Tatsache, daß es vielen Kindern bereits verboten wird, auf ihre Verletzungen zu reagieren, sie gegen Gefühle unempfindlich macht. Wenn man nichts gegen den Schmerz unternehmen kann, bleibt einem gar nichts anderes übrig, als ihn zu verdrängen.[49]

Was inzwischen klar sein sollte, ist, daß man Geist und Körper nicht getrennt heilen kann. Es gibt keine befreienden intellektuellen Erfahrungen oder irgendwelche Übungen oder Botschaften, die den Körper frei machen können. Die Massage bestimmter Muskelgruppen ist so ziellos wie die freie Assoziation; keines von beiden steht zu den spezifischen Ursachen der Spannung im Gehirn in Beziehung, weshalb auch keines von beiden irgendeine beständige Wirkung hat. Den Geist chaotisch laufen zu lassen ist nicht gleich Freiheit. Den Verstand durch Drogen »ausblasen« ist nicht gleich Freiheit. Man kann Neurotikern nur dadurch Freiheit bringen, wenn man die Verbindung zu dem, was sie einengt, herstellt, eben zu jenen Erinnerungen, die Spannung aufbauen. Sobald die Verknüpfung hergestellt ist, kann der Geist wirklich frei sein, etwas anderes zu tun, als neben dem Schmerz herzulaufen – und die Muskeln werden diese Tätigkeit ebenfalls aufgeben können.

Der Standpunkt der Primärtheorie ist im wesentlichen ein Darwinscher: die Entwicklung der höheren Hirnteile des Menschen ist zum Teil das Ergebnis seiner Notwendigkeit, mit der Gefahr fertig zu werden. Eine der zentralen Gefahren seiner Entwicklung war die Organisation der Gesellschaft selbst. Die Hirnrinde des Menschen mochte ausreifen, gerade weil er in einer organisierten Gemeinschaft seine Gefühle nicht mehr so, wie er es wollte, in Handlungen umsetzen konnte. Er mußte sich selber hemmen und wurde den Forderungen der sozialen Struktur unterworfen. Aber gerade für diesen Hemmungsvorgang war mehr Hirnrinde nötig. Die Hirnrinde war es, welche die Gefühle zu etwas Schmählichem gemacht hat. Sie hat Gefühle umgekehrt und blockiert, wenn sie sich für die

[49] Siehe auch Magda Arnold, *Nature of Emotions*, Baltimore, Penguin, 1968, S. 321 zur Erörterung der Kleinhirnzerstörung und ihrer Wirkungen. Die hier zitierten Experimente am Kleinhirn wurden von Sprague und Chambers durchgeführt.

sozialen Bedürfnisse nachteilig auswirkten. Die Gefühle wurden gut oder schlecht in Beziehung dazu, wie sie zu den Erfordernissen der Gesellschaft paßten. Gefühle wurden gefährlich. Als die Gesellschaft wuchs, wurden sie unter Begriffen wie »Respekt«, »Hochachtung«, »Loyalität« und »Gehorsam« niedergetreten. Damit war die Saat der Neurose ausgesät. Die kortikalen Begriffe und nicht die sogenannten animalischen Instinkte hetzten den Menschen auf seinen Mitmenschen. Und das trat ein, als der Mensch, wenn er nicht loyal oder ehrerbietig sein wollte, bestraft wurde. Was schön ist, ist natürlich, und häßlich ist verunstaltete Natur. Die Deformierung des natürlichen Menschen ist zugleich der Beginn menschlicher Destruktion.

Sich gegen Schmerz abzuschließen, ist eine Gegebenheit nahezu allen organischen Lebens. Die Fähigkeit zur Abschirmung des Bewußtseins besteht lediglich in der Erweiterung eines Rückzugsvorgangs, den wir schon bei der einzelligen Amöbe finden, wenn sie sich bei einer Reizung zurückzieht. Bewußtsein ist nichts anderes als eine Ansammlung von Zellen, die in einer komplexen Weise funktionieren. Es ist lediglich eine andere Funktion organischen Gewebes, ein Teil des Kontraktionsvorgangs, der von der Engerstellung der Blutgefäße bei Schmerz bis zum Zusammenziehen der Pupillen reicht, wenn die Reizzufuhr sowohl physikalisch (Sonnenlicht) wie auch psychisch zu heftig wird. *Daher ist die Neurose eine normale physiologische Reaktion auf Schmerz.* Ihre Vorgänge können auf dieselbe Weise wie andere Kontraktionsvorgänge verstanden werden – als Antworten auf Schmerz und Bedrohung. Wenn man versteht, was die Neurose antreibt, dann legt man damit auch die grundlegende Struktur der Neurose frei.

Neurotisches Verhalten tritt auf, weil Erfahrungen, die an und für sich nicht notwendigerweise katastrophenartig sind, sich an einem gewissen Punkt früh im Leben eines Kindes summieren und zum adäquaten Reiz für eine Einschränkung des Bewußtseins werden. Den Summierungspunkt nenne ich die große Primärszene. Sie ist traumatisch, weil sie summativ, weil sie die Verfestigung einer großen Anzahl vorausgegangener kleinerer Verletzungen ist.

Wenn wir mit fortschreitender Entwicklung mehr über die Erinnerungsspeicherung, insbesondere die Speicherung schmerzvoller Erinnerungen, erfahren werden, dann erscheint es nicht so unwahrscheinlich, daß man die Neurose vielleicht durch elektrische Sonden, die Schmerzen in einer angegebenen Reihenfolge ausschalten,

verändern können wird. Jedenfalls ist dies genau das, was die Urerlebnisse bewirken. Psychologisch hervorgerufene Urerlebnisse werden letztlich zu elektrisch hervorgerufenen Geschehnissen im nervösen System. Vielleicht wird sich eines Tages ein Weg finden, mit dem
man den psychologischen Reiz umgehen und unmittelbar zu den
Hirngebieten vordringen kann, die eine Auslösung erfordern. Heute
gibt es Drogen wie das LSD, die eine Flut alter Gefühle und Erinnerungen freisetzen; sie werden in willkürlicher Weise freigesetzt, aber
wer weiß, ob es nicht eines Tages Drogen gibt, die viel spezifischer
wirken.

In letzter Zusammenfassung sei gesagt: schmerzliche und unannehmbare Botschaften werden unterhalb der Ebene bewußten
Erkennens organisiert; der Körper reagiert auf Schmerz, dessen er
nicht gewahr ist, und dieser Schmerz setzt auf Lebenszeit Verhaltensweisen in Gang, die einen sowohl körperlichen wie auch
geistigen Fluchtvorgang einschließen. Es gibt nur einen Weg, auf
dem die Neurose ungeschehen gemacht werden kann – er besteht im
Wiedererleben und in der Auflösung dieser frühen, unbewußten
Urschmerzen. Die Tatsache, daß die Primärtheorie mit der Neurophysiologie verknüpft werden kann, ist der wesentliche Grund für
ihre Qualität in bezug auf Voraussagemöglichkeit und Therapie.

Anhang

Die folgenden Diagramme zeigen, wie ein Gefühl blockiert und
dann umgelenkt wird, sowohl abwärts zum Körper wie auch
aufwärts zu jenen Hirnrindenfeldern, die symbolische Vorstellungen
erzeugen. Schlüsselsystem für die Absperrung ist das Limbische
System, das in einer harmonischen Verknüpfung von Hirnstrukturen besteht, die mit der Speicherung, Einstellung und Lenkung von
Gefühlen zu tun haben. Blockierte Empfindungen schwingen innerhalb des Limbischen Systems als »gefangene« Erinnerungskreise
hin und her. (Die Zeichnungen wurden von Dr. med. Lee Woldenberg entworfen und von Jill Penkhus ausgeführt.)

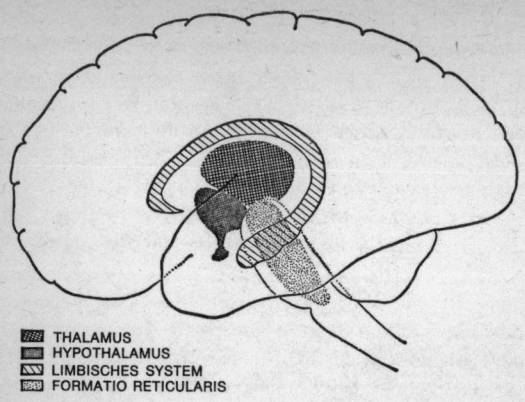

THALAMUS
HYPOTHALAMUS
LIMBISCHES SYSTEM
FORMATIO RETICULARIS

Bild 1
Dieser Medianschnitt zeigt den Hirnstamm und das Großhirn. Das retikuläre System zieht sich durch den Hirnstamm. Zu sehen sind Hypothalamus, Thalamus und der Hippocampus des Limbischen Systems. Der Hippocampus liegt unter der limbischen Hirnrinde des Frontallappens.

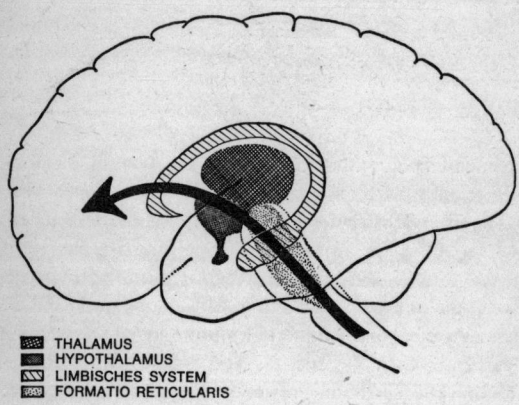

THALAMUS
HYPOTHALAMUS
LIMBISCHES SYSTEM
FORMATIO RETICULARIS

Bild 2
Sensorischer Reizzuwachs (input) von allen Sinnesorganen erregt das retikuläre Aktivierungssystem der Formatio reticularis, das die frontale Hirnrinde alarmiert (»Weckfunktion« der Formatio reticularis). Diese Aktivierung ist unspezifisch.

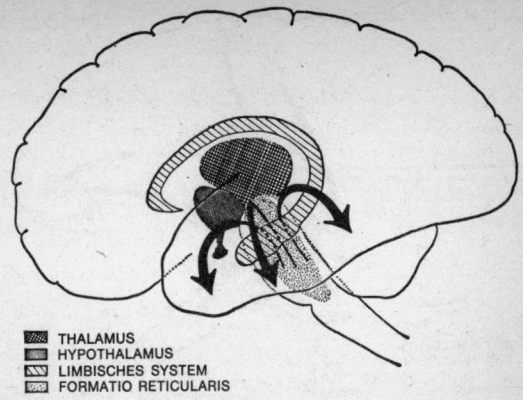

THALAMUS
HYPOTHALAMUS
LIMBISCHES SYSTEM
FORMATIO RETICULARIS

Bild 3

Entsprechend Bild 2 wird das Schläfenhirn von dem retikulären Aktivierungssystem angeregt. Das ganze Gehirn ist zur Informationsaufnahme bereitgestellt.

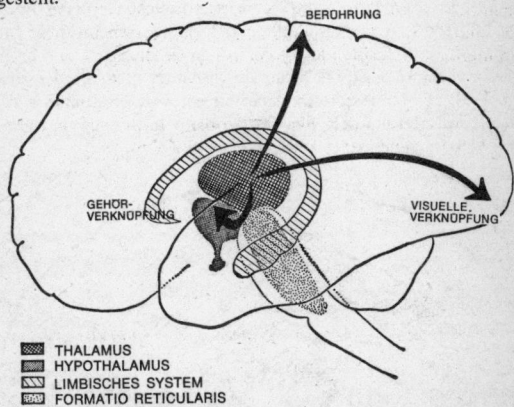

THALAMUS
HYPOTHALAMUS
LIMBISCHES SYSTEM
FORMATIO RETICULARIS

Bild 4

Der Reiz, zum Beispiel eine Zurechtweisung durch die Eltern, besteht in Wirklichkeit aus einer Kombination verschiedener Reize (Sehen, Hören, Berührung, Geruch). Sie werden alle vom Thalamus auf die zugehörigen Empfangsareale der Hirnrinde übertragen. Nehmen wir als Beispiel den Gehörsreiz der Zurechtweisung, einen Klang des Verärgertseins: er verläuft vom Empfangsfeld für Gehörsempfindungen zu einem Gebiet, wo der Klang die Verknüpfung mit den gebrauchten Worten gewinnt. Wenn der Impuls das Rindengewebe durchquert, wird die Bedeutung hinzugefügt. Die letzteren Gebiete werden Assoziationsfelder genannt.

87

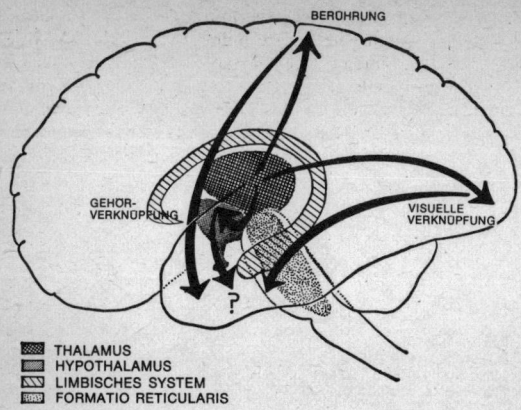

THALAMUS
HYPOTHALAMUS
LIMBISCHES SYSTEM
FORMATIO RETICULARIS

Bild 5

Auf dem Weg von den jeweiligen Empfangsgebieten zu den spezifischen Assoziationsfeldern wird den Erregungen die Bedeutung des gerade vorgefallenen Ereignisses hinzugefügt. Wenn irgendwelche Teile des Reizes früheren (schmerzvollen) Szenen ähnlich sind, dann erscheint diese Information dergestalt, daß sie irgendwo mit der Schläfenregion des limbischen Hirnlappens verbunden ist. Die Situation wird nicht mehr als »gegenwärtig« erfahren. Frühere Schmerzen, die sich mit der jetzigen Situation vereinigt haben, sind aktiviert worden. Sie werden dann zusammen an die frontale Hirnrinde weitergeleitet; dort werden sie ausgewertet.

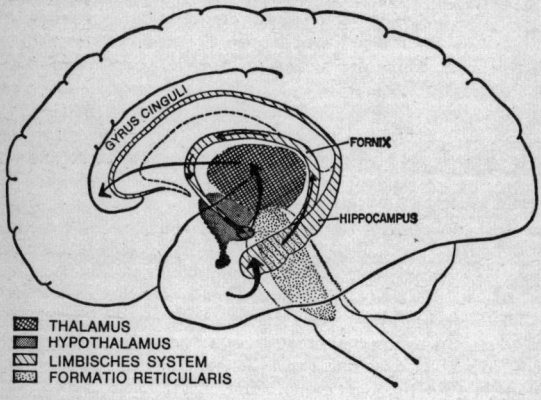

THALAMUS
HYPOTHALAMUS
LIMBISCHES SYSTEM
FORMATIO RETICULARIS

Bild 6

In dieser vereinfachten Zeichnung wird dargestellt, wie der zusammengesetzte Reiz von Bild 5 auf die folgende Weise zu bewußter Gegenwärtigkeit

88

gelangt: er gelangt von der limbischen Hirnrinde des Schläfenlappens in den Hippocampus und durch eine andere limbische Struktur, die als Fornix bezeichnet wird, zum hinteren Teil des Hypothalamus. Schließlich wird er noch zum Thalamus weitergeleitet und von dort auf den Gyrus cinguli umgeschaltet (Hirnrindengewebe, das unter der frontalen Hirnrinde liegt). Die bewußte Kenntnis des Reizes und seiner vollen Bedeutung (»ich werde nicht geliebt«) wird empfunden.

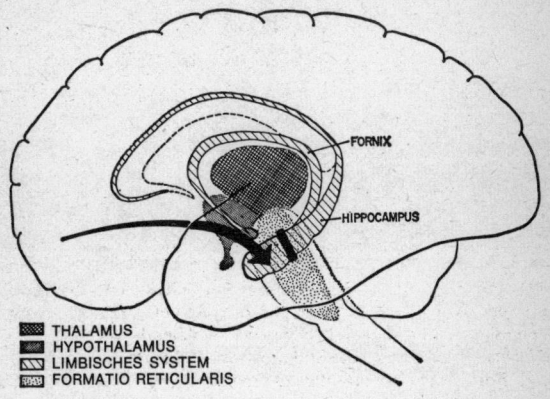

THALAMUS
HYPOTHALAMUS
LIMBISCHES SYSTEM
FORMATIO RETICULARIS

Bild 7

Die schmerzvolle Bedeutung der Zurechtweisung zwingt die Stirnhirnrinde dazu, den Hippocampus zur Hemmung anzuregen. Die Blockierung ist das Ergebnis des Signals aus dem Frontallappen. Obgleich die Umschaltung zu bewußter Kenntnisnahme abgestoppt ist, haben die erweckten Gefühle Zugang zu niedriger gelegenen Hirnzentren, die den gesamten Körper mit nervösen Impulsen versorgen. Der Körper reagiert auf die Bedeutung des Reizes, auch wenn er nicht zu bewußter Wahrnehmung gelangt (mit einem Anstieg des Blutdrucks, Muskelkontraktionen, Schweißabsonderung und so weiter). So reagiert der Organismus auf seine ungelöste Vorgeschichte. Wegen der Blockade im Hippocampus wird das schmerzvolle Erleben, ungeliebt zu sein, zu anderen Hirnzentren umgeleitet, die Rationalisierungen, Projektionen und andere Arten der Fehlinterpretation des Gefühls ausführen. Diese umgeleiteten Impulse stellen die fehlgerichteten, neurotischen Verknüpfungen dar, die zustande kommen, weil die direkte Verbindung infolge der schmerzvollen Wucht des Reizes und der dazugehörigen Entwicklung blockiert wurde.

II.
Schlaf, Träume und psychische Störungen

Wir wollen nun die Beziehung zwischen Träumen und psychischer Störung erörtern oder, da symbolische Träume psychische Störungen *sind*, werde ich ausführen, warum dies so ist und werde die anerkannte Traum- und Schlafforschung untersuchen, wo immer dies angebracht ist. Zentrale Bezugsquelle wird Ernest Hartmanns »The Biology of Dreaming«[1] sein, ein Kompendium, das viele Hunderte wissenschaftliche Einzelstudien umfaßt und, wie ich meine, das umfassendste und neueste Werk über diesen Gegenstand darstellt. Hartmanns Werk enthält mehrere Zitate, unter anderem das des hervorragenden Neurophysiologen Hughlings Jackson: »Untersucht man Träume, so wird man gleichzeitig etwas über Wahnsinn erfahren« – eine höchst prophetische Feststellung, die C. G. Jung dahingehend variierte, daß ein Träumer, der wie ein Wacher agiert, das genaue klinische Bild von Dementia praecox biete. Ein großer Teil der Forschungen bestätigt die Wahrheit dieser Behauptungen, die vor Jahrzehnten niedergeschrieben worden sind.

Ich habe bereits die Rückkoppelungsschleifen erörtert, die als Gedächtniseinheiten im Gehirn lokalisiert sind und die nervale und andere organsystemische Wirkungen hervorrufen. Dabei handelt es sich um permanente Innervationen, die lebenslang vorhanden sind – Tag und Nacht, im Wachen wie im Schlaf. Die Energie des Gedächtniskreises ist ständig mit symbolbildenden und assoziativen Hirnbereichen rückverbunden, ohne einen direkten Zugang zum Schmerzzentrum zu finden. Jene rückverbundenen Impulse werden zu Halluzinationen, bizarren Ideen oder Träumen und Alpträumen. Anders gesagt, Träume sind das symbolische Derivat des primären Gedächtniskreises. Aber dieses Phänomen unterscheidet sich nicht von der wachen Vorstellungsbildung; beide stehen symbolisch für Gefühle. Wenn sich die Gefühle verbinden, ist die

[1] Ernest Hartmann, *The Biology of Dreaming*, Springfield, M., Charles Thomas, 1967.

Vorstellungsbildung direkt und unmittelbar; und wir erwarten gemeinhin, daß sich dies tagsüber in klaren Vorstellungen und während der Nacht in nicht-symbolischen geistigen Prozessen zeigt.

Geist und Körper verfügen über jeweils eigene Wege, die Krankheit oder Störung zu zeigen. Wahnvorstellungen – »Hinter meinem Rükken lachen sie ständig« – sind der geistige Ausdruck eines Organschadens. Bizarre Träume sind geistige Abwege in unserem Schlaf. Blutende Magengeschwüre sind die »Verrücktheit« unseres Körpers. Die mißgeleiteten nervalen Impulse üben Druck auf Geist und Körper aus. Wir haben tagsüber keine klaren Vorstellungen und werden nachts, während des Schlafens, krank. Wir können unsere Wahnvorstellungen nur tagsüber besser verbergen, sie für uns behalten und uns »behaupten«; im Schlaf hingegen, bei herabgemindertem Bewußtsein, wird die wahre Krankheit oder Störung offenkundig. Daher stellt das Verständnis symbolischer Träume einen so genauen Index psychischer Störungen dar.

Gehirnstrukturen und Gehirnwege ändern sich nicht, nur weil wir nicht wach sind. Eingefahrene Fehlleitungen, die jahrzehntelang im Gehirn vorhanden sind, bleiben stabil und lenken die Formen der Träume. Die Tatsache, daß sowohl Körper als auch Geist primären Druck absorbieren und freisetzen, bedeutet, daß man beide zur Spannungsabfuhr benutzen kann. Auf diese Weise kann man bis zur Erschöpfung arbeiten, die ganze Nacht hindurch tanzen oder sich intensivem Sex hingeben und genug Spannung ablassen, um für einen ruhigen Schlaf zu sorgen. In der nächsten Nacht, ohne die körperliche Erleichterung, kehrt die Spannung wieder und kann Schlaflosigkeit oder Alpträume hervorrufen. Die Person mag aus einem Alptraum erwachen und sich außerordentlich angespannt fühlen; doch nicht der Alptraum rief die Spannung hervor, sondern die Spannung den Alptraum.

So muß also über symbolische Träume zunächst festgehalten werden, daß sie keine getrennten, vom Wachverhalten isolierten Ereignisse darstellen. Sie sind unterschiedliche Aspekte eines identischen neurologischen Prozesses. Abwehrhaltungen sind automatisch und unbewußt, was durch die Tatsache bewiesen wird, daß wir uns während unseres Schlafes abwehrend und symbolisch verhalten.

Wenn jemand aus einem Alptraum erwacht, läßt uns das erkennen, wie automatisch unsere Abwehrhaltungen sind – wir werden bewußt, um uns von der Bewußtheit unserer Gefühle abzuhalten. Wir benutzen Bewußtsein, um über unseren Schmerz im Unbewußten zu bleiben. Wenn uns etwas zu unangenehm wird, wenn unsere Kinder zum Beispiel offenkundige Fehler haben, wagen wir nicht, es anzuerkennen, wir verdrängen diese Tatsache. Wenn ein Freund plötzlich zum Feind wird, können wir unser Bewußtsein daran hindern, diese Tatsache wahrzunehmen.

In unserem Schlaf können wir sowohl neurotisch als auch psychotisch sein. Statt die Verrücktheit auszuagieren, tun dies unsere Traumcharaktere für uns. Wie bizarr diese Träume sind, hängt vom Betrag des zugrundeliegenden Schmerzes ab, der den Verstand zunehmend vom Gefühl abdrängt. Träume werden dann zum natürlichen Index für den Grad der seelischen Störung. Je komplexer und bizarrer diese sind, um so schwerer die Krankheit. Sie sind verläßliche Indikatoren, weil sie nicht simuliert werden können, aber auch nicht, wie wir es im Wachverhalten versuchen mögen, durch einen Willensakt geändert werden können.

Träume und Alpträume sind keine ständigen Ereignisse. Sie ebben und fluten; sie sind rhythmisch. Wir sind zyklisch seelisch gestört. Oder besser, wir *zeigen* unsere Krankheit in Zyklen.

Der Zyklus, in dem sich die psychische Störung in Träumen oder Halluzinationen zeigt, ist wie der Zyklus der Körpertemperatur vorhersagbar. Die Verdrängung zugrundeliegender Schmerzzyklen verläuft nicht statisch; Verdrängungen ebben und fluten. Verdrängungen ändern sich aus zwei Gründen. Erstens können gravierende Ereignisse von außen den zugrundeliegenden Kreis (Zyklus) stärker aktivieren. Zweitens verringert alles, was eine Schwächung unserer Abwehrhaltungen verursacht, wie etwa Schlaf, die durch die Hirnrinde gesteuerten Abwehrvorgänge und ermöglicht so das Aufsteigen von Gefühlen und die Notwendigkeit zu symbolisieren. Gewöhnlich verlaufen Verdrängungen automatisch (wie im Abschnitt über Neurophysiologie ausgeführt, werden die Kreisprozesse durch einen komplizierten neurochemischen Vorgang blokkiert und umgeleitet), so daß man sich nicht angespannt oder ängstlich fühlt, und je nach Wirksamkeit der Verdrängung ruhen die primären Kreisbewegungen.

Das menschliche Leben erscheint als eine Serie fortdauernder Kreisprozesse, die vom Wechsel der Arbeitsschicht bis zu den täglichen Temperaturänderungen und der monatlichen Menstruation reichen. Die Entwicklung des Menschen war unausweichlich an zyklische Veränderungen seiner Umgebung gebunden und seine innere Umgebung wurde zum Feld zyklischer Abläufe.

Die Traumforschung zeigt, daß wir Spannung in meßbaren Zyklen freisetzen. Wenn der neurotische Mensch von Schmerz und Spannung überflutet wird, scheint folgendes abzulaufen: er muß beginnen, in einem Ablösungsprozeß seine Spannung bei Tag und bei Nacht loszuwerden. Dieser Ablösungszyklus *ist* neurotisches Verhalten. Nachts kann dies die Form symbolischer Träume annehmen – Gefühle, die beginnen, ins Bewußtsein aufzusteigen, aktivieren die Hirnrinde und produzieren eine Geschichte, um diese Aktivierung zu erklären. Diese Geschichte ist unterbewußt, sie ist ein Traum. Die Geschichte, die wir tagsüber gegen eben diese Aktivierung erfinden, kann man als irrationalen Gedanken bezeichnen. Sie braucht nicht rationaler als ein Traum zu sein. Sowohl symbolische Träume als auch irrationale Gedanken sind spannungserleichternde Mechanismen. Sie sind Abflußkanäle des zyklischen Ablösungsprozesses. Diese Manifestationen zu blockieren bedeutet entweder, Urschmerz oder, was wahrscheinlicher ist, schwerere seelische Störungen hervorzurufen. Aus diesem Grund kann man kaum von einer Halluzination (oder Theorie) abgebracht werden, ebensowenig, wie man von seinen Träumen abgebracht werden kann. Wenn Halluzinationen etwa durch Drogen blockiert sind, sind heftigere Alpträume oder Schlafpsychosen das wahrscheinliche Ergebnis. Wenn man alle neurotischen Erleichterungen (wie Rauchen, Trinken oder Sex etc.) unterbinden würde, so würde sich vielleicht wieder ein aufwühlenderes Traumleben in Form psychotischer Träume einstellen. Dabei würde es sich um keine andere Krankheit handeln. Es wäre lediglich ein anderer Aspekt derselben Krankheit – des Aufbaus von Schmerz.

Wie wir sofort sehen werden, wird der Ablösungs- oder Erleichterungszyklus durch Serotonin, einen chemischen Wirkstoff, übertragen. Ehe wir den direkten Beweis untersuchen, könnte es sinnvoll sein, einen kurzen Blick auf die Geschichte des menschlichen Schlafes zu werfen. Durchschnittlich brauchen die meisten Menschen etwa acht Stunden Schlaf. Die Fähigkeit, friedlich zu schlafen, ist für die Energiespeicherung notwendig. Während des Schlafes sinkt die Menge der verbrannten Energie. In dieser Hinsicht ist Schlaf, besonders ruhiger Schlaf, ein wichtiges Mittel, unser Leben zu verlängern. Obwohl Schlaf für das Überleben notwendig ist, gab es in der frühen Geschichte des Menschen eine Zeit, da es für ihn äußerst gefährlich war, für eine zu lange Zeit ohne Bewußtsein zu sein. In einer Art von evolutionärem Kompromiß schlief der primitive Mensch in Zyklen, indem er nach Möglichkeit etwa alle anderthalb Stunden zum Bewußtsein zurückkehrte – um seine Umgebung zu kontrollieren – und dann wieder in den Schlaf zurückfiel. Im gleichen Maße, wie die Menschheit sich entwickelte und äußere Gefahren abnahmen, war es für das Überleben nicht mehr erforderlich, periodisch aufzuwachen und die Umgebung zu überprüfen; bald erreichten wir jenen Zustand, in welchem wir etwa genauso oft in einen nur *bewußtseinsähnlichen* Zustand gerieten. Dieser bewußtseinsnahe Zustand ist ein entwicklungsgeschichtliches Erbe der Verteidigung. Dieser etwa 90minütige bewußtseinsnahe Zustand ist unter verschiedenen Bezeichnungen bekannt – als »Traum-Zustand«, als »paradoxer Schlaf« (weil er dem Wachen gleicht), als REM*-Schlaf, und wie Hartmann ihn nennt, als »D-Zustand«. Er nennt ihn »D-Zustand«, weil er glaubt, daß er andere Eigenschaften hat als nur das Träumen.

Während eines achtstündigen Schlafzyklus stellt sich der D-Zustand alle 90 Minuten ein und dauert 20 Minuten. Diese Zustände treten kurz nach unserem tiefsten Schlafstadium ein; das ist evolutionär durchaus sinnvoll, insofern, als daß sie uns zu einer integrierten Abwehr gegen Gefahren befähigen, nachdem wir völlig und zutiefst unbewußt gewesen sind. Für den modernen Menschen kommt die Gefahr nicht von Raubtieren, sondern von seinen Urgefühlen.

Der D-Zustand ist durch eine erhöhte Gehirntemperatur gekennzeichnet, die zunehmende Hirntätigkeit anzeigt. Damit ist auch erhöhter Blutdruck, schnellerer Puls, häufigeres Atmen, Veränderungen in der Pupillengröße und Muskelbewegung sowie eine leicht erhöhte Körpertemperatur verbunden. All dies trifft mit einer stärkeren Erschlaffung oder Entspannung der Muskulatur zusammen. Es ist die Zeit, in der das Gehirn in erhöhter Bereitschaft steht, um den Körper zu verteidigen. Wenn wir uns vergegenwärtigen, daß primärer Druck sowohl geistig wie körperlich über eine angespannte und verkrampfte Muskulatur unterdrückt wird, ist der Geist genau dann gezwungen, größere Abwehr auszuüben, wenn die Muskulatur sich entspannt. Oder wie die Neurologie es ausdrückt: das Vorderhirn wird zu einer Zeit tonisch aktiver, wenn das körperliche System verhältnismäßig schutzlos ist. In dieser Zeit treten Träume auf.

* *Rapid Eye Movements* (rasche Augenmuskelbewegungen).

Der Geist – die denkenden Gehirnzellen, die Vorstellungen produzieren – ist nicht in einer ständigen fortwährenden Tätigkeit engagiert. Er muß ebenso ruhen wie der Körper. Vielleicht ist die Benennung zyklischer »Traum-Zustand« falsch, denn es gibt genausogut den Beweis für einen 90-Minuten-Zyklus während des Wachens. Hartmann erörtert eine Untersuchung über eine Person, die 200 Stunden ohne Schlaf blieb: »Nahezu alle 90 Minuten erlebte er Episoden mit Halluzinationen und unkontrolliertem Verhalten, vielleicht zu den Zeiten, in denen er geträumt haben würde, wenn es ihm erlaubt gewesen wäre zu schlafen« (1962). Vielleicht tritt der Wachzyklus schwächer auf und erschwert damit seine Erforschung, oder vielleicht sind wir tagsüber mit so vielen Dingen beschäftigt, daß dieser Zyklus maskiert wird und unerkannt bleibt.

Wir sehen einen Beweis für den 90-Minuten-Zyklus im wachen Zustand in solchen Phänomenen wie Entzugserscheinungen bei Alkoholikern. Es gibt den von Greenberg (1966) und den von Gross und anderen (1965) aufgestellten Beweis, daß ein Delirium tremens alle 90 Minuten auftritt und einen »Durchbruch« des D-Mechanismus ins bewußte Leben darstellt – in den Wachtraum. Untersuchungen im New Yorker Montefiore Hospital ergaben, daß Migränekopfschmerzen, die nachts auftreten, während eines D-Zustands beginnen; man bemerkte, daß tagsüber einsetzende Attacken auf eine dem Traumzustand ähnliche Verfassung zurückzuführen sein könnten.

Sexuelle Perversionen können als ein anderer Aspekt des Wachträumens gesehen werden. Ein aufsteigendes Urgefühl der Art »Mammi, ich fühle mich wie ein Mädchen« mag einen Mann dazu zwingen, herauszurennen und sich zu exhibieren, um dieses Gefühl in der gleichen Weise auszulöschen, wie man ein Traumritual erfindet, um es zu maskieren. (Wir müßten diese Impulse messen, um herauszufinden, ob sie periodisch verlaufen). Das pervertierte Ritual erleichtert die Spannung auf die gleiche Weise wie ein Traum; der Perverse kann sein Ausagieren einstellen, wenn der Traum nicht mehr nötig ist; das heißt, wenn das Übermaß an Spannung abgebaut ist. Ausagieren ist für den Perversen für die Aufrechterhaltung psychischer Energie ebenso wichtig wie symbolische Träume es sind. Wir sperren jene ins Gefängnis, die nicht in der Lage sind, das Ritual innerhalb des Schlafzyklus zu begrenzen.

Aus all dem folgt, daß es in uns einen ständigen Erregungs-Beruhigungs-Zyklus gibt. Es wird allgemein anerkannt, daß die 90-minütigen Entlastungsperioden für unser richtiges Funktionieren wesentlich sind. Würden wir dieser Periode beraubt, so entstünde, was ich einen »primären Rückschlag« nenne. Dieser entsteht aus einem Anwachsen der Spannung, wenn neurotische Ventile blockiert sind. Beruhigungspillen können Urschmerz verschleiern und verhindern, so daß der Ablösungsprozeß auftritt; der angestaute Druck wird sich gegen das geistig-körperliche System richten und entweder bizarre Träume oder, als deren Folge, Herzanfälle hervorrufen (es gibt Beweise, daß Angina-Pectoris-Anfälle häufiger in Traum-Zuständen auftreten).

Gewöhnlich unterdrücken Drogen die Schmerzen für zehn bis zwanzig Stunden, aber wenn sie plötzlich reduziert werden, steigt der Schmerz mit verdoppelter Gewalt auf und zwingt den Betreffenden, mehr Tranquillantien oder Schlaftabletten zu nehmen. Gestauter Schmerz erfordert sogar mehr Unterdrückung; daher das Bedürfnis nach und die Toleranz gegenüber höheren Dosen. Es ist leicht zu verstehen, wie es dazu kommt, daß jemand von Beruhigungsmitteln und Schlaftabletten abhängig wird: sie sind Tag und Nacht erforderlich, um den Schmerz auszulöschen.

Ein bestimmtes Beruhigungsmittel verhindert zum Beispiel Halluzinationen und Wahnvorstellungen, blockiert D-Zustände (auch als REM-Schlaf bekannt) und beruhigt uns, so daß wir schlafen können. Dieses Mittel ist als spezieller Wirkstoff gegen Spannung und Angst bekannt, aber die Tatsache, daß seine hauptsächliche Wirkung darin besteht, die Erfahrung von Schmerz, das heißt, dessen bewußte Wahrnehmung, zu mindern, sollte anzeigen, daß Spannung unverbundener und unbewußter Schmerz ist. Normalerweise erfahren wir den Schmerz nicht, sondern nur, was er in uns anrichtet. Er macht uns kratzbürstig und aufgeregt, beschleunigt den Geist und hält uns wach.

Wenn Schmerz-Killer [Analgetica] D-Zustände mindern, muß eine Verbindung zwischen Träumen und Schmerz bestehen. Wer geringeren Schmerz hat, sollte weniger symbolische Träume und vielleicht kürzere Perioden der D-Zustände haben.[2] (Die laufende Forschung in unserem Laboratorium klärt und bekräftigt diese Auf-

---

[2] Es wird angenommen, daß REM-Schlaf mit Schmerz verbunden ist. Unsere Forschung sollte zur Klärung dieses Problems beitragen. Vorläufige Hinweise bekräftigen bereits die vorgetragene Auffassung. Sollten Patienten mit geringerem Schmerz wenig REM-Schlaf-Perioden haben, würde diese Hypothese verifiziert. Das bedeutete, postprimärtherapeutische Patienten hätten einen ruhigeren und entspannteren Schlaf mit insgesamt geringerem Traumleben.

fassungen*.) Klar ist bereits jetzt, daß reduzierter Urschmerz die Symbolik von Träumen verringert; das heißt weniger Schmerz gleich weniger Neurose.

Die Tatsache, daß ein einziges schmerztötendes Mittel so scheinbar unterschiedliche Verhaltensweisen wie Halluzinationen und symbolische Träume bewirken kann, zeigt an, daß beide dem gleichen zugrundeliegenden Prozeß entspringen könnten. Je mehr man im Wachzustand beruhigt bleibt, desto stärker ist das Rückschlagspotential und um so größer die Dosis von Schlaftabletten, die nötig ist, um einen ruhigen Schlaf zu erhalten. Die erforderliche Dosis steht im Verhältnis zur Stärke des Schmerzes. Zum Beispiel nahm ein Patient vor der Therapie bei einem ernsthaften Selbstmordversuch 60 leichte Schlaftabletten. Obwohl er fast vier Tage bewußtlos war, starb er nicht. Wie ich glaube, wurde sein Leben durch die unmäßige Stärke des Schmerzes gerettet, welche sein Gehirn selbst unter einer tödlichen Dosis von Beruhigungspillen bei Tätigkeit hielt. Nach der Therapie hätte es vermutlich weniger Pillen bedurft, um seinen Tod herbeizuführen. Wir können die Wirkung des Rückschlags an den Entzugserscheinungen bei Drogenabhängigen sehen; der Körper windet sich unter dem plötzlichen Anfall des Übermaßes an Schmerz. Der plötzliche Angriff gehäuften Schmerzes beim Entzug Abhängiger gleicht dem, was einem schlafenden Menschen widerfährt, der tagsüber stark unter Beruhigungsmittel gesetzt wurde. Er schwitzt, zittert, schreit vor Schmerz auf, nennt dies aber einen Alptraum.

Serotonin ist die chemische Schlüsselverbindung, welche die Blokkierung von Nervenimpulsen erleichtert und damit zur Verdrängung beiträgt. Jeder von uns produziert es. Ein Übermaß an Schmerz tendiert dazu, den Serotonin-Vorrat aufzubrauchen. Eine Studie der Stanford University ergab beispielsweise, daß Depressive geringe Serotoninwerte aufweisen.

Hier eine Bemerkung von Torda über Serotonin: »Durch Abblokken der Übertragung retikuläraktivierender Systemimpulse zu jenen Pyramidenzellen, die zum Hippocampus gehören, mindert der Serotonin-Ausstoß die Entstehung der Theta-Aktivität in den Pyramidenzellen.«[3] Es gibt ein Zunehmen der Gehirntätigkeit mit

---

* Siehe Teil V über Forschung.
[3] Clara Torda, »Observations on a Physiological Process Related to Dreams«, in *Communications in Behavioral Biology*, New York, Academic Press, 1968, Teil A,2, S. 43.

einem relativen Abklingen der hemmenden Theta-Aktivität der Pyramidenzellen. Das heißt, im gleichen Maße wie die Hemmung niedriger Impulse abgeschwächt wird, steigert sich die Tätigkeit der Hirnrinde in einer Art Kompensation. In der Sprache der Primärtheorie heißt das: im selben Maße wie primäre Erinnerungen Zugang zu höheren Zentren haben, müssen dieselben in Aktion treten und Träume hervorrufen, um sie zu verdecken oder zu symbolisieren. Torda sagt es wie folgt: »Träume (als sichtbare Begleiterscheinungen von Abläufen, die in die Konsolidierung des Langzeitgedächtnisses verwickelt sind) gelangen an die Schwelle des Bewußtseins durch das Abklingen entsprechender Hemmungsvorgänge, die dazu dienen, die Empfindung dieses Konsolidierungsprozesses zu verhindern.«[4] Kurz gesagt, der Hippocampus dient dazu, die Wahrnehmung der Erinnerung zu blockieren.

Wenn im Schlaf eine Verlangsamung der Theta-Wellen des Hippocampus einsetzt, beginnt das Traumleben. Ein Mensch, der sich an seine Träume erinnern kann, verdrängt ohne Zweifel weniger als jemand, der das nicht vermag, denn letzterer scheint sogar die symbolischen Derivate des zugrundeliegenden Schmerzes unterdrückt zu haben. Ich meine, wenn völlige Blockierung eine Notwendigkeit ist, handelt es sich um eine Funktion des Urschmerzes; selbst eine bewußte Anerkennung der Tatsache, daß zugrundeliegende Gefühle existieren, darf dann nicht sein. Die Gehirntätigkeit, Gefühle in symbolische Träume umzulenken, ist Teil des Verdrängungs-Abwehrsystems, das primäre Gefühle davon abhält, zu bewußtem Schmerz zu werden.

Obwohl Torda und ich über einige der grundlegenden nervalen Prozesse übereinstimmen, weicht unsere Interpretation hinsichtlich der Bedeutung dieser Abläufe voneinander ab.

Sie glaubt, daß Träume »eine notwendige und hinreichende Bedingung für die Programmierung des Gehirns darstellen«[5], während ich annehme, daß sie unterschiedlichen Funktionen dienen; daß sie Wahrnehmungen bereits gespeicherter Erinnerungen sind. Ihr Werk ist in der Tat wert, studiert zu werden. Sie weist nach, daß Träume Spuren des Kurzzeit- wie auch des Langzeitgedächtnisses enthalten; in der Sprache der Primärtheorie heißt das: die Tagesereignisse trennen uns von alten Gedächtniseinheiten. Tordas Werk wird besonders dadurch wichtig, daß sie durch elektrophysiologische

[4] Op. cit., S. 44.
[5] Op. cit., S. 39.

Beweise signifikante Gehirnstrukturen ausfindig gemacht hat, die in diesen Prozeß verwickelt sind.

Von der Biochemie her betrachtet, sieht Torda Träume als eine Kombination der Wirkung von Serotonin und Noradrenalin an. Letzteres bewirkt ein Wachwerden durch Aktivierung bestimmter Teile des retikulären Systems. Wenn die Theta-Aktivität gering ist und Träume beginnen (vorausgesetzt ihr Inhalt ist schrecklich genug), kann Panik und eine Zunahme des Noradrenalin-Ausstoßes entstehen, um das Wachsein und die Verdrängung aufrechtzuerhalten. Das Verständnis der Kombination dieser beiden chemischen Prozesse mag später einmal helfen, eine Erklärung zu finden, für den manisch-depressiven Wachzyklus – den der totalen Verdrängung und des »Einagierens« und der anschließenden Energieabfuhr und des »Ausagierens«. In jedem Fall scheint in entspanntem Zustand weniger Hemmung vorhanden zu sein; oder umgekehrt gesagt: weniger Hemmung erlaubt Entspannung.

Bei Neurotikern bedeutet dieser Mangel an Hemmung, daß eine stärkere Abwehrtätigkeit der Hirnrinde einsetzen muß, damit sich der Geist mit anderen Angelegenheiten beschäftigt; im Wachzustand mag es zum Beispiel die Arbeit sein, während des Schlafes ist es ein symbolischer Traum.

Der Vorgang der Verdrängung wird durch eine Vielzahl neurochemischer Wirkstoffe übertragen. Das Gehirn jedoch folgt einer konstanten Methode; so nimmt die Verdrängung, ob man nun wacht oder schläft, dieselben Strukturen und dieselben neurochemischen Veränderungen in Anspruch. Gefühle werden unbewußt, wenn wir sie verdrängen, geradeso, wie Verdrängung des Bewußtseins die Bewußtlosigkeit des Schlafes bewirkt. Wie Freud vor vielen Jahrzehnten ausführte, gibt es viele Arten, unbewußt zu sein. Wenn man elektroencephalographische Aufzeichnungen (EEG) sich in starkem Maße unterdrückender Personen und solcher in tiefem Schlaf betrachtet (beides sind Zustände des Unbewußten), so findet man gewöhnlich hohe Amplitudenwellen. Wie unsere Forschung zeigt, fällt die Amplitude um die Hälfte, wenn die Verdrängung nachläßt. In diesem Sinne ist der Neurotiker wahrhaft unbewußt und wird durch Schmerz in diesem Zustand gehalten. Unabhängig davon, wie sehr er sich bemüht, »bewußt« zu werden, wird der Schmerz dafür sorgen, daß er es nicht wird. In der Sprache des EEG bedeuten ständig hohe Amplitudenwellen, daß eine Person so unbewußt ist, daß sie nicht wirksam innen und außen unterscheiden kann. Das

Innere überflutet das Außen. Die Folge können psychotische Wahnvorstellungen oder böse Träume sein, die uns völlig mit Beschlag belegen, oder subtiler ausgedrückt, eine Unfähigkeit, objektiv zu sein, die Wirklichkeit zu nehmen, wie sie ist. Wenn man von Gefühlen überwältigt ist, so daß man innen und außen nicht länger unterscheiden kann, bedeutet dies, daß man dazu verdammt ist, fortwährend in seinem Traum zu leben.

Wir sehen somit, daß es ein geheimes Leben gibt, das aus Urgefühlen besteht, die sich in dem Maße, wie die Verdrängung zunimmt, ausbreiten und stärker unser Bewußtsein steuern. Wie man in der äußeren Realität verankert ist, hängt davon ab, wieviel Bewußtsein vom Unbewußten oder von unserer Integration der inneren Wirklichkeit in Anspruch genommen ist.[6]

Da man während eines tieferen Schlafes weniger träumt, ist das Gehirn für Reizaufnahme empfänglicher. Es gibt dann ein verstärktes elektrisches Potential für einen Reiz, da eine geringere Gehirntätigkeit vorhanden ist, um den Input abzuwenden. Während des D-Schlafes ist das Gehirn jedoch ziemlich beschäftigt und die Reizzufuhr ist abgewendet. In der Sprache des EEG mag das bedeuten, daß ein Mensch mit geringerer Hirnfrequenz offener demgegenüber ist, was außerhalb seiner selbst vorgeht; er ist bewußter. Ein empfindender Mensch zu sein, heißt dann in der Sprache des EEG, offen gegenüber Reizen zu sein, und das heißt offen gegenüber der Welt.

Mit Hilfe von Hirnstrombildern, die Teil des Abwehrsystems sind, versorgen uns Phasenveränderungen während des Schlafes mit einem verhältnismäßig unverfälschten Indikator für den therapeutischen Fortschritt.

Meiner Meinung nach tritt der 90-Minuten-Zyklus mit oder ohne Neurose auf. Bei einer Neurose sind Aufbau und Abbau von Spannung sehr verstärkt, da das Reservoir der Spannung so viel größer

---

[6] Ich werde später, in dem Abschnitt über Forschung, unsere Versuche darstellen, Grade von Verdrängung und Neurose zu messen und aus Hirnstrombildern neue Einsichten für unser Verständnis von der Neurose während der Schlafzeit zu gewinnen. Kurz gesagt: wir meinen, daß es zwischen Amplitude und Hirnwellenfrequenz eine Beziehung gibt. Wenn die Hirntätigkeit im Schlaf nachläßt, dann kommt man näher an seine unbewußten Gefühle heran; und um uns gegen sie zu schützen, werden mehr Neuronen rekrutiert – das ruft die höhere Amplitude hervor. Indem wir Aspekte des Schlafzustands dadurch vortäuschten, daß wir die Hirntätigkeit durch Blitzlichter erheblich herabsetzten, sahen wir, daß empfindende Menschen Urerlebnisse bekamen, während bei den Neurotikern, die nicht empfinden können, eine Woge verdrängender Kräfte und ein beträchtlicher Anstieg der Amplitude auftrat.

ist. Vielleicht wird der D-Zustand genauer beschrieben, wenn man sagt, daß er eine Erregungs-Beruhigungs-Phase darstellt. In diesem Sinne mobilisiert sich das System selbst für die Abwehr von Gefahr in 90-Minuten-Zyklen, tagsüber wie nachts, und entläßt sich dann aus dieser Wachsamkeit in einen verteidigungslosen und entspannten Zustand. Bei normalen Personen, die kein Reservoir von Urschmerz haben, mag die Entlastung tagsüber einfach durch Bewegung vonstatten gehen – durch Übungen, Sichstrecken oder dergleichen. Nachts mag es die Form echter Träume annehmen.

In neurotische Abwehrvorgänge einzugreifen, ist besonders dann unklug, wenn die Spannung, welche diese Abwehrvorgänge antreibt, nicht durch geeignete körperliche oder geistige Verbindungen gemindert werden kann. Die Abwehr zu entfernen, indem man die Person auf eine radikale Diät setzt oder ihr Rauchen völlig unterbindet, heißt nur, den Spannungspegel zu erhöhen und einen stärker gestörten Schlaf zu bewirken. Und tatsächlich hat die neueste Forschung über Raucher, die abrupt damit aufhörten, herausgebracht, daß ihr Schlaf gestörter ist und daß sich für sie die Chance einer Herzattacke erhöht.

Beweise für die defensive Natur des D-Zustandes wurden bei Katzen gefunden, die, obgleich schlafend, in diesem Zustand herumlaufen, auf Raub ausgehen und unsichtbare Feinde angreifen können. Die Tatsache, daß diese Perioden grundlegend und nicht nur bei Traumvorgängen gültig sind, ist durch die Forschung mit Katzen belegt, deren Hirnrinde man abgetragen hatte. Durch operativen Eingriff jeglicher Fähigkeit zu träumen beraubt, erfahren sie dennoch ihren D-Zustand-Zyklus.[7] Anders gesagt, der D-Zustand, den ich als das Eintreten eines wachen auf Abwehr gerichteten Zustands bezeichnen würde, ist ein altes phylogenetisches Erbe und Teil eines eingebauten Überlebensmechanismus, der fast allem tierischen Leben gemeinsam ist. Er trat noch vor der Entwicklung einer komplexen menschlichen Gehirnrinde auf.

Wie alles dies mit der Forschung über seelische Störungen zusammenhängt, wird in einer Studie von Dement gezeigt (1964). Er fand eine abnorm hohe D-Zeit bei Schizophrenen in symptomfreien Intervallen (Remission); das heißt, die angepaßtere oder intakte Person konnte tagsüber um so besser handeln je stärker ihr nächtliches Erleben gestört war. D-Zeit und seelische Störung arbeiten wie

---

[7] Siehe die eingehende Forschung von M. Jouvet über diesen Gegenstand.

ein hydraulisches System; je mehr von dem einen da ist, umso weniger ist von dem anderen nötig. Genauer gesagt, psychische Störungen *sind* D-Zustände, die ins Wachleben ausgebrochen sind.

Hartmann führt eine Längsstudie über einen paranoiden Patienten an, der im symptomfreien Zustand 30% D-Zeit hatte, und 50% D-Zeit, als er wieder begann, in seine Paranoia zurückzuschlüpfen. Solchermaßen abgesichert zog er den Schluß, daß es eine Beziehung zwischen D-Zeit und Antriebsdruck gibt, die zu psychotischer Krankheit führt. Dies impliziert, daß neurotische Entlastungsformen Abwehrmaßnahmen gegen Wahnsinn darstellen.

Hartmann zitiert auch eine Studie von Koranyi und Lehmann (1960), die ausführt, daß Psychotiker gegenüber Schlafentzug empfindlicher als normale Menschen reagieren. 100 Stunden Schlafentzug führte bei jedem dieser Patienten zu einer Wiederkehr ihrer psychotischen Symptome – Symptome, die sie über Jahre oder Monate hinweg nicht mehr gezeigt hatten. Weiterhin erwähnen Patienten, die ihre Träume erinnern können, daß sie während einer psychischen Störung aufgehört hatten zu träumen. Weiteres Material zeigt, daß Hirnentladungen verbunden mit Petit-mal-Epilepsie während der Dauer von D-Perioden nachlassen, mit Ausnahme jener, die durch Narben einer früheren Hirnverletzung hervorgerufen werden. In einigen Fällen von Epilepsie können dann D-Zustände wie Hebel wirken, welche die kleineren Entladungszustände verringern. Depressive haben eine längere D-Zeit als manisch agierende Neurotiker. Daher hat nach innen zu agieren, einen stärker gestörten Schlaf zur Folge, als wenn man imstande ist, tagsüber auszuagieren. Es gibt in der Forschung Beweise, die diese Ansicht erhärten.[8] Versuchspersonen, die einen Tag lang gesellschaftlich völlig isoliert wurden, hatten während der Nacht im Durchschnitt 60% mehr Traumzeit. – Ein weiterer Beweis dafür, daß träumen Spannung mindert. Ich würde beispielsweise bezweifeln, daß man eine solche Zunahme des Träumens auch bei normalen Menschen, die gesellschaftlich isoliert waren, wahrnehmen könnte.

Für Primärpatienten, die zu Hause unterbrochene Urerlebnisse hatten (zum Beispiel wegen Besuch), ist es eine Binsenweisheit, daß sie während der gleichen Nacht noch unter äußerst heftigen Alpträu-

---

[8] Charles T. Tart, *Altered States of Consciousness*, New York, Wiley, 1969, S. 140.

men leiden. Der Alptraum *ist* das übriggebliebene Gefühl eines blockierten Urerlebnisses in symbolisierter Form. Während eines Urerlebnisses begann ein Patient darüber in Panik zu geraten, daß er alleingelassen und niemand bei ihm war. Seine Furcht war: »Ich ängstige mich, weil es niemanden gibt, der mich schützt«. Mitten in diesem Zustand klopfte ein Nachbar an die Tür. Spät in der Nacht träumte er davon, von einem seltsamen Ungeheuer angegriffen zu werden, während er allein war, und hatte wieder dasselbe Gefühl der Panik. Dieses Gefühl stieß ihn ins Wachsein; dann hatte er ein Urerlebnis und glitt in seine Gefühle und ihre Verbindung zurück.

Die Verwandtschaft zwischen D-Zuständen und Abwehrvorgängen wird von Hartmann zusätzlich herausgestellt, wenn er festhält, daß eine Person, die aus einem D-Zustand herausgeholt wurde, wacher und reaktionsfähiger ist als jemand, der aus einem tiefen Schlaf geholt wurde. D-Zustände bereiten uns mehr als jedes andere Schlafstadium darauf vor, bewußt zu handeln, und zwar auf eine schnellere, umfassender integrierte Art.

Es gibt wissenschaftliche Beweise, die anzeigen, daß wir aus einem REM-Schlaf zu uns kommen, wenn wir auf natürliche Weise erwachen. Die letzte REM-Periode der Nacht ist also die längste. In der Sprache der Primärtheorie heißt das, daß wir beim Erwachen so eng an unsere Urgefühle gelangen, wie wir das überhaupt je können: man erwacht als man selbst. Wir mögen in sexueller Erregung aufwachen, voller Furcht oder Zorn oder was auch immer in uns vorhanden ist. Es wird Zeit aufzuwachen, wenn der Betreffende sehr nah an seine geistigen Verbindungen gerät, und dies ist der Fall, wenn wir aus dem Bett springen, eine Zigarette anzünden, ans Telefon gehen, Frühstück bereiten, die Zeitung lesen und all die Dinge tun, die uns selbst vom Fühlen abhalten.

Ich habe oben ausgeführt, daß Katzen sich während des Schlafes an unsichtbare Feinde heranpirschen können; wir wissen, daß Menschen auch umhergehen oder eine Tür öffnen können, während sie offensichtlich schlafen. Wir sehen somit, daß die Muskulatur während dieser Stadien nicht immer entspannt ist. Ich würde das der Tatsache zuschreiben, daß in einigen Menschen die unterdrückte Spannung so groß ist, daß sie buchstäblich sogar während des Schlafes zum Ausagieren getrieben werden. Bewußt – unbewußt ist ein Kontinuum, in welchem wir unbewußt sein können, während wir wach sind – wie in der Psychose – oder bewußt, während wir schlafen, wie im Somnambulismus.

Abbildung 8

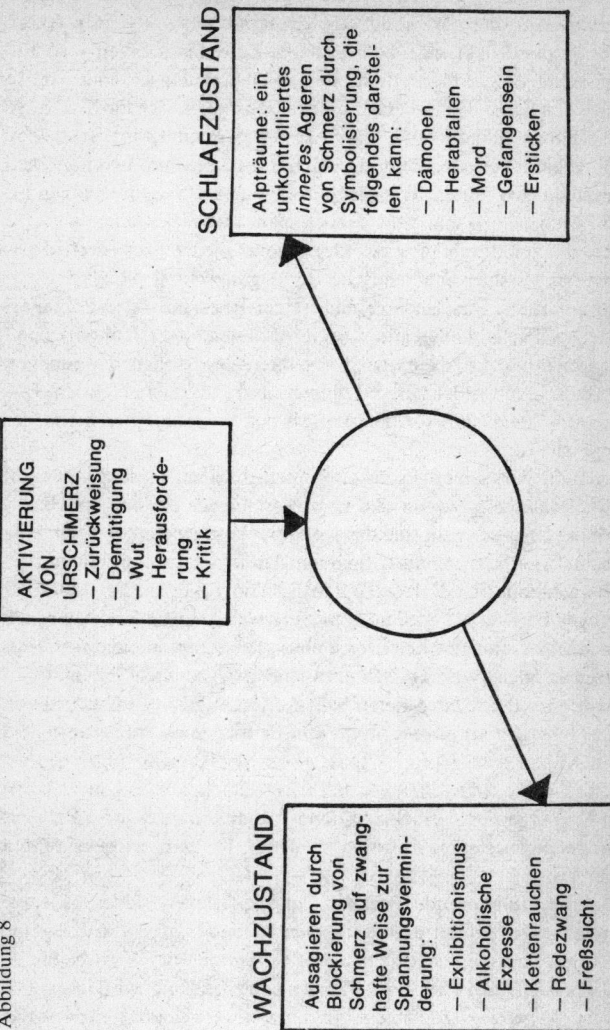

AKTIVIERUNG VON URSCHMERZ
– Zurückweisung
– Demütigung
– Wut
– Herausforderung
– Kritik

SCHLAFZUSTAND

Alpträume: ein unkontrolliertes *inneres* Agieren von Schmerz durch Symbolisierung, die folgendes darstellen kann:

– Dämonen
– Herabfallen
– Mord
– Gefangensein
– Ersticken

WACHZUSTAND

Ausagieren durch Blockierung von Schmerz auf zwanghafte Weise zur Spannungsverminderung:

– Exhibitionismus
– Alkoholische Exzesse
– Kettenrauchen
– Redezwang
– Freßsucht

Ähnlich können wir die Neurose oder die Psychose als ein Kontinuum ansehen. Primärer Druck ruft zunehmende Symbolisierung hervor. Auf diese Weise ist ein Kleinkind, das von seinen Eltern brutal unterdrückt wird, dem keinerlei Zuwendung zuteil wird und das keine Gelegenheit erhält, sich von Spannung zu entlasten, in derselben Lage wie ein erwachsener Neurotiker, der für eine lange Zeit seines Schlafes und seiner Träume beraubt wird. In beiden Fällen kann der angehäufte Druck leicht zu bizarren psychotischen Vorstellungen führen. Träume müssen sein, um Spannung freizusetzen. Man nehme einem Menschen Nahrungsmittel und Zigaretten weg, die zur Beruhigung des Organismus dienten, und der Körper reagiert, als seien medizinische Beruhigungsmittel plötzlich abgesetzt worden. Das Endergebnis ist ein Rückstoß oder Rebound-Effekt. Gleichermaßen könnte man vermuten, daß Alkoholiker und Drogenabhängige, die plötzlich von ihren Gewohnheiten abgehalten werden, unter schlechteren Träumen und Alpträumen leiden. Das Gesamtsystem muß für den Verlust der Beruhigung während des Tages aufkommen.

Jemand, der seiner Entlastungsmöglichkeiten tagsüber beraubt wird, muß, selbst wenn der Entzug unter der Leitung von Fachleuten vonstatten geht (die das Konditionierung nennen), einen Weg finden, um die angehäufte Spannung freizusetzen. Alpträume sind *eine* Methode. Und sie bedeuten für den Abhängigen, der seiner Drogen beraubt ist, daß die Spannung ihre Angriffe fortsetzt, bis zu irgendeiner späteren Zeit ernste physische Symptome daraus resultieren können. Warnzeichen sind jene angespannten Träume; und die Menge der für den tiefen Schlaf erforderlichen Mittel wird von der Höhe des Schmerzes abhängen. Es ist interessant festzustellen, daß Kinder weit geringere Dosen von Medikamenten ertragen als Erwachsene. Ärzte glauben, daß dies weitgehend auf Unterschiede im Körpergewicht zurückzuführen ist; aber könnte es nicht auch auf das weniger starke Abwehrsystem bei Kindern zurückzuführen sein?

Um die grundlegende Prämisse zu wiederholen: Jedes beliebige Ereignis, das gefühlt und verarbeitet werden kann, ist real, ist eine Gefühlserfahrung. Jede beliebige Last jenseits der Verarbeitungsmöglichkeit, die keine Verbindungen eingehen kann, wird in symbolische Wege, wie Träume es sind, umgeleitet. »Überlastung« ist das Material für symbolische Träume; die Energie unverbundener Gefühle legt die emotionale Kraft des Traumes fest. Eine einfache

Kritik, die ein Erwachsener erfährt, würde im großen und ganzen keine Belastung erzeugen, wenn diese nicht mit früheren Zurückweisungen im Leben gekoppelt wäre. Die vereinte Kraft ist es, die Belastung erzeugt. Die Lösung kann nicht in der Analyse des manifesten Trauminhaltes gefunden werden; sie liegt darin, dem Betreffenden bei einer allmählichen Verarbeitung der Belastung zu helfen. Wenn die Belastung nachläßt, zeigt sich ein doppeltes Phänomen. Bei Homosexuellen werden wir zum Beispiel die ersten heterosexuellen Träume feststellen und gleichzeitig die ersten Anzeichen heterosexuellen Interesses. Der Traum nimmt vorweg, was später als vollbewußte Heterosexualität auftritt. Wenn sich ein Mann mit der Furcht vor seiner Mutter beschäftigt und fühlt: »Warum hast du mich nie gewollt?«, dann wird sich sein Trauminhalt entsprechend ändern, und es werden weniger furchterregende weibliche Charaktere in seinen Träumen auftauchen. Auch hier wieder sehen wir, die Änderung ist mechanisch und unbewußt. Ein Mensch fängt ohne Absicht und festen Willen an, seine sexuelle Orientierung zu ändern. Ehe jene Gefühle nicht empfunden werden, wird die Abwehr ihnen gegenüber automatisch und unbewußt sein, so daß Homosexualität die Folge ist.

Der Betreffende mag sich im Wachzustand keinerlei Bedrohung durch Frauen bewußt sein, aber bei verringerter Wachheit, und das heißt, bei verringerter Schutzbereitschaft während des Schlafes, werden die tatsächlichen Gefühle (wenn auch unverbunden mit ihrer entsprechenden Ursache) auftauchen.

Ein Grund, weshalb Träume wichtig sind, liegt darin, daß sie Träger des Künftigen sind. Wenn die zugrundeliegenden abgeblockten Gefühle anfangen, Zugang zum Bewußtsein zu haben, ist das Traumleben die zentrale Zwischenstation. Auf diese Weise wissen wir, wann ein Neurotiker nahe an seinen Gefühlen ist: er leidet dann unter bösen Träumen. Ein sich nahezu vollkommen unterdrückender Mensch mag überhaupt keine Kenntnis von seinem Traumleben haben. Sobald die Gefühle schließlich ins Bewußtsein aufsteigen, scheinen sie eine unterirdische Höhle für immer zu verlassen; sie sind nicht länger unbewußte Kräfte, die Alpträume hervorrufen.

Wir verstehen Alpträume besser, wenn wir die LSD-Erfahrung analysieren. LSD überflutet die Hirnrinde künstlich mit primären Gefühlen (durch Freigabe hemmender Zentren); eine Person fängt an, ihren Alptraum zu leben. Wenn wir hernach Abwehrmöglichkeiten wiedergewinnen (falls der Schmerz nicht zu zerstörerisch ist), können wir gut sagen: »Mein Gott, ich bin aus diesem Alp heraus«. Wenn wir die neurotischen Abewehrmaßnahmen nicht wiederherstellen können, werden wir in das symbolische Labyrinth hineingezogen und verlieren den Kontakt mit der äußeren Wirklichkeit.

Das Symbolisieren sollte als eine Hauptform der Erleichterung angesehen werden. Wir alle haben die Erfahrung gemacht, irgendjemandem gegenüber zornig zu sein und nicht gesagt zu haben, was wir fühlen. Wir können dann unsere Rache fantasieren. Wenn wir jemanden vom Phantasieren oder Tagträumen abhielten, würden wir wachsenden Druck hervorrufen, weil wir das Gefühl gänzlich abgetrennt hätten. Es gibt eine therapeutische Schule, die *Directed Daydreaming* [gelenktes Tagträumen] heißt, nach welcher die Patienten ermutigt werden, symbolische Situationen zu schaffen, in denen sie ihre Vorstellungen ausagieren. Sie werden vorgeben, durch einen Tunnel in die Freiheit zu kriechen, und behaupten, sich für eine Weile besser zu fühlen. Sie haben zustande gebracht, was gute Träume leisten – nämlich die Spannung auf einen Punkt konzentriert und symbolisch abgebaut. Wahngebilde sind auch notwendig, um das seelische Gleichgewicht eines Menschen in großem Schmerz aufrechtzuerhalten. Wenn man eine Person, die unter einer psychosomatischen Krankheit leidet, zum Phantasieren oder Tagträumen ermutigt, und sie diese Vorstellungen sicher ausagieren würde, könnte dies eine wirksame Methode der Spannungsminderung sein, obschon es nur ein vorübergehender Ausweg wäre.

Zusammengefaßt zeigt die Traumforschung bis hierhin, daß die Menschen im allgemeinen Spannung abbauen müssen, und Neurotiker dies mit der neurotischen Spannung tun müssen. Träume sind keine vom Wachverhalten verschiedene Phänomene, sie stellen denselben wesentlichen Vorgang dar. Die Neurose erlaubt Spannungsabfuhr und schützt vor Psychose. Primärer Antriebsdruck steigt, wenn die Entlastungsformen verhindert werden, und verursacht sowohl quantitativ wie auch qualitativ entsprechend wachsendes symbolisches Verhalten. Nichts anderes als die angemessene Verbindung kann die Primärspannung unterbinden, und dem Organismus droht Gefahr, wenn neurotische Auswege verhindert werden – sei es durch Drogengebrauch oder durch gesellschaftliche Verbote. Symbolische Träume sind die Neurose bei Neurotikern, ebenso wie die Alpträume Psychosen sind, die auftreten, wenn die üblichen neurotischen Entlastungswege nicht funktionieren. Letztlich sind

Träume nicht mehr als symbolische Bilder und Vorstellungen, die von Gefühlen angeregt werden – gerade so, wie irgendeine bizarre Vorstellung sich einstellt, wenn die Gefühle blockiert sind.

III.
Das Urerlebnis
der Geburt

1. Einleitung

Nirgends wird das Vorhandensein von Rückkoppelungsschleifen in der Erinnerung dramatischer illustriert als im Urerlebnis der Geburt, dem Geburtsprimal – im Wiedererleben von Traumen, die sich vor unserem Eintritt in die Welt ereigneten. Diese Traumen wurden vom Organismus aufgenommen, bevor sich ein Bewußtsein ausbilden konnte, um sie zu interpretieren und zu analysieren. Bislang hatten sie sich unserem Verständnis in der Psychotherapie entzogen, weil Psychotherapie meist eine analytische Form hatte. Geburtsprimals sind mit Videorecordern aufgezeichnet worden. Hunderte von ihnen wurden beobachtet und ihr Verlauf und ihre Intensität lassen keinen Zweifel daran, daß es sie gibt.

Das Gehirn wird nicht nur durch erschreckende äußere Realitäten überlastet – psychologische Ereignisse wie der Tod eines Elternteils –, sondern auch durch ein katastrophenähnliches physisches Trauma wie die Geburt. Das ungelöste Ereignis hinterläßt ein großes Maß an belastender Spannung. Es lenkt das Verhalten, hilft künftige Vorstellungen formen und spielt eine bedeutende Rolle bei der späteren Symptombildung. Die Schwere eines Symptoms oder die Irrationalität einer Idee, die später entsteht, wird proportional zur Stärke der Spannung im organischen Körpergeschehen ansteigen. Eine sehr traumatische Geburt könnte späterhin zu einem sehr schweren physischen Symptom beitragen oder es gar entstehen lassen. Das Übermäßige am Primal verursacht später exzessives Verhalten oder exzessive Antriebe – wie ungewöhnlich lautes Sprechen, übermäßiges Essen, permanenten Redezwang, Kaufzwang etc.

Die Bedeutung katastrophenähnlicher früher Traumen liegt darin, daß sie Bezugspunkt oder Grundmuster für späteres Verhalten werden. Dies ist nicht auf das Geburtstrauma beschränkt; eine Beschneidung kann ebenso traumatisch wirken. Später im Leben, unter allgemeiner Bedrohung, kann der Betroffene mit einem

Schmerz oder einem schneidenden Gefühl im Penis reagieren. Sogar eine harmlose Situation im späteren Leben kann das frühe »prototypische« Trauma wiederbeleben und eine unangemessene Reaktion produzieren. Ein physisches Trauma kann das Kind festlegen und bestimmen helfen, wie es auf späteren Streß reagieren wird.

Nicht alle Geburten verlaufen traumatisch, aber in der vorhandenen neurotischen Welt mit neurotischen Müttern ist es sehr schwierig, Schmerzen beim Geburtsvorgang zu vermeiden. Das kann durch übermäßig lange Wehen verursacht sein, bedingt durch das rigide Abschirmen der Mutter gegen Schmerzen, oder durch zufällige Faktoren wie eine Geburt in Steißlage, Nabelschnurumschlingung, Nabelschnurvorfall, Schmerzen, die durch groben Gebrauch der Geburtszangen verursacht werden und so weiter.

Die psychologische Literatur übersieht die Tatsache, daß der Geburtsvorgang eine Beziehung zwischen Mutter und Kind darstellt, eine Beziehung, in der das Kind etwas »lernt«. Eine schwierige Geburt »lehrt« das Kind, daß es hilflos ist gegen übermächtige Dinge, daß es machtlos ist, Dinge zu ändern, daß das Leben gefährlich und ein Kampf ist. Das sind emotionale Lernprozesse, aber sie werden zur Matrix für künftiges Lernen; so kann ein Mensch zur Überzeugung kommen, daß der Kampf eine Notwendigkeit und eine unerläßliche Bedingung des Lebens ist. Derjenige rationalisiert unbewußt sein Bedürfnis nach Kampf, um leben zu können, da dies seine Geburtserfahrung war. Die Tatsache, daß dies unbewußt geschieht, ändert nichts daran, daß es eine persönliche Erfahrung war, die die Vorstellungen und Einstellungen formte. Der Versuch, die Lebensphilosophie eines solchen Menschen zu ändern, würde dem Versuch gleichkommen, ihm seine Lebensgeschichte ausreden zu wollen.

Eine Bestätigung für die Art, wie Geburtsträumen späteres Verhalten formen, wurde eindrücklich durch das Geburtsprimal eines Patienten gegeben, dessen Kopf bei der Geburt steckenblieb und der unter der bei der Geburt erzwungenen Rotationsbewegung innerhalb des Geburtskanals litt. Nachdem er dieses Trauma noch einmal durchlebt hatte, hörte sein leichter Tick, den Kopf beim Sprechen hin und her zu bewegen, auf.

Die Neurose kann im Mutterleib und insbesondere während des Geburtsvorgangs beginnen. Der Charaktērzug, den Wünschen anderer ständig nachzugeben, könnte dem Anschein nach zum Beispiel verursacht sein durch folgenden ständigen Refrain der Mutter: »Sei still! Was werden die Nachbarn denken?«, oder durch ständige erzwungene Rücksichtnahme auf die Stimmungen des Vaters. Wir können für gewöhnlich in der Interaktion der Familie ausreichende Erklärungen dafür finden, daß sich ein Kind stillschweigend anderen unterordnet oder seine eigenen Bedürfnisse zurückstellt. Aber das *Grundmuster* eines solchen Verhaltens kann schon während der Geburt gegeben werden, wenn zum Beispiel die Mutter keinen Schmerz aushalten kann und daher zögert, das Kind auf die Welt kommen zu lassen. Der natürliche rhythmische Prozeß der Geburt ist unterbrochen; das Neugeborene »spürt« keinen natürlichen Rhythmus mehr, bei dem es von der Mutter unterstützt wird – stattdessen muß es seinen eigenen natürlichen Rhythmus (sein eigenes Selbst) ihrer Neurose *unterwerfen*. Es ist schon mit sich selbst aus dem Rhythmus, noch bevor es geboren ist. Der Umstand, daß es das Leben mit einer alles akzeptierenden Haltung beginnen muß, trägt zur Feststellung bei, wie es später auf Mutters Sorge, was die Nachbarn wohl denken werden, reagieren wird. Wenn es sich aggressiv hätte abmühen müssen um herauszukommen, könnte es auf Mutters Besorgnis auch aggressiv und ungehorsam reagieren anstatt sich ihr unterzuordnen.

Gehen wir nun von einem Kind aus, dessen Rhythmus des Geburtsvorganges unterbrochen wurde, und sehen, welche krankhaften Veränderungen das zur Folge haben kann. Wenn eine große Bedeutung aufs Sprechen gelegt und das Kind früh zum Sprechen gebracht wird, dann kann der Kern von Disharmonie, der bei der Geburt gelegt worden ist, sporadisches arhythmisches Stammeln oder eine gehemmte Aussprache zeitigen – eine stockende Redeweise, deren Prädisposition mit einem »nicht fließenden« Geburtsvorgang begonnen hatte. Der traumatische Vorgang wird »eingefroren«, im Organismus eingeschlossen und als Ganzes bewahrt, weil es ein ungelöstes Ereignis ist. Aspekte des Traumas, wie Disharmonie, werden auf verletzbare Bereiche gerichtet (auf organisch schwache Stellen, von denen dann unregelmäßige Menstruationsblutungen oder unregelmäßige Darmfunktionen und Verstopfung ausgehen) oder aber auf Bereiche besonderer psychischer Belastung wie das Sprechen. Eine solche Disharmonie könnte ebenso zu einer holprigen Gehweise führen, wenn das Gehen überbetont wird, bevor das Kind dazu bereit ist. Mit anderen Worten verursacht die Unfähigkeit, die betreffende Erfahrung zu verarbeiten, einen Mangel an Integration oder Koordination zwischen Denken und Sprechen oder zwischen Denken und physischer Fähigkeit.

Wir wissen aus der umfangreichen Literatur über zirkadiane Rhythmen*, daß fast jeder Lebensprozeß einem natürlichen Rhythmus folgt – Temperatur, Menstruation, Träume, etc. Das Bedürfnis, nach seinem eigenen Rhythmus zu leben, ist elementar, vielleicht ist es ebenso wichtig wie jedes andere Grundbedürfnis. Einem Kind das Gehen oder Sprechen vorzeitig beizubringen, ist ein Eingriff in den natürlichen Rhythmus. Denn die Evolution ist ein Rhythmus – wie Ebbe und Flut gibt es eine Zeit, in der man zu funktionieren bereit ist und eine Zeit, in der die Funktion erlischt (wie bei der Menstruation). Ich glaube, es würde nicht zu Sprachstörungen kommen, wenn es nicht eine Anzahl übermäßiger Belastungen im Bereich der Sprache gäbe; das heißt, Disharmonie bei der Geburt braucht nicht zu Stottern zu führen, wenn zu diesem Geburtstrauma nicht noch *zusätzliche Disharmonie* oder eine Unterbrechung des natürlichen Rhythmus hinzugefügt würde, indem man das Kind zum Sprechen zwingt, bevor es dazu fähig ist. Erst die Kombination der Traumen führt zum Symptom. Umgekehrt sind Symptome ein Zeichen dafür, daß der Körper überlastet ist und seine Erfahrungen nicht voll verarbeiten kann.

Arhythmik wird in der Beziehung zwischen dem Neugeborenen und seiner Mutter gelernt, genauso wie viele andere Dinge auf nicht begriffliche Art sehr früh im Leben, oder mit Beginn des Lebens »gelernt« werden.

Ich nenne das anfängliche katastrophale Ereignis, ob nun Geburtstrauma, Beschneidung oder anderes, das *prototypische Urtrauma.* Die frühe überlastete Situation legt ein Kind derart fest, so daß seine Antwort auf dieses Trauma fixiert und starr wird, und eine ähnliche Reaktion bei späteren Traumen hervorruft. Es ist, als würde dieses überlastende Ereignis zum zentralen Speicher für alle ähnlichen Traumen werden, die neurologisch miteinander verbunden sind und zusammen gespeichert werden. Das Warten, um aus dem Mutterleib herauszukommen, ist dafür ein Beispiel. Jede Situation, in der das Kind später gezwungen wird zu warten, etwa wenn es ihm nicht erlaubt wird, auf die Toilette zu gehen, sobald es das Bedürfnis dazu hat, wird sich mit dem ursprünglichen Geburtstrauma verbinden und kann dann den gesamten Komplex der früher gemachten Erfahrung wiederbeleben. Das erklärt, warum ein Patient nach der Erfahrung eines Geburtsprimals in der Therapie von Einsichten und Erinne-

---

* Tagesrhythmen, zum Beispiel Wachen und Schlafen.

rungen überflutet wird; die ganze Ablage von Schmerzen kommt hoch, um in Beziehung gesetzt und verarbeitet zu werden. Es kommt so viel hoch, daß es nicht völlig integriert werden kann, deswegen auch die Primal-Epoche – ein bis drei Wochen ständiger Primals nach dem ersten Geburtsprimal mit all den verschiedenen Verknüpfungen und Einsichten.

Natürlich gibt es verschiedene Arten früher Traumen. Einem Geburtstrauma kann zum Beispiel eine unzureichende Brustfütterung folgen; das Kind wird zunächst durch die Geburt traumatisiert und anschließend durch Störungen beim Saugen. Jedes Trauma formt die Persönlichkeit. Das Bedürfnis zu saugen, verbunden mit einem späteren Verlust der väterlichen Liebe, kann allmählich umschlagen in Homosexualität und in das Bedürfnis, an Penissen zu saugen. Die Homosexualität wird nur dann rückgängig gemacht werden können, wenn *jedes* damit verbundene Trauma – das Verlangen nach dem Vater, das Bedürfnis zu saugen, etc. – wiedererlebt und in der Primärtherapie aufgelöst wird. Die Homosexualität (oder homosexuelle Tendenz) wird verbleiben, bis die Mehrzahl der Zusammenhänge hergestellt, bis das Umdenken von vorwiegend irreal zu vorwiegend real vollzogen worden ist. Die Ansicht, wir könnten einen Homosexuellen zwingen (oder gar bestrafen), »normal zu werden« und mit dem »anderen« Geschlecht zu verkehren, läßt seine Lebensgeschichte außer acht.

Die Vorstellung vom prototypischen Urtrauma und seiner Entsprechung – der prototypischen Abwehr – ist für das Verständnis späterer neurotischer Reaktionen auf Streß bedeutsam. Nehmen wir einmal an, ein Neugeborenes wurde infolge einer Flüssigkeitsansammlung im Geburtskanal (oder unmittelbar nach der Geburt) so traumatisiert, daß seine einzige Möglichkeit, sein Leben zu retten, ein reflexartiges Zusammenziehen seiner Bronchiolen war. Die Angst und die Abwehrreaktion werden dann frühzeitig »eingefroren«, so daß jede spätere Streßsituation, die als lebensbedrohlich interpretiert werden kann – etwa ein heftiger Streit zwischen den Eltern des Kindes, drohende Scheidung und Auflösung des Zuhause – automatisch die ursprünglich lebensrettende Reaktion der bronchialen Konstriktion auslösen wird. Das Ergebnis kann ein Asthmaanfall sein (unter der Voraussetzung bestimmter vererbter Prädispositionen, die niemals außer acht gelassen werden sollten, wenn es um Symptome geht), nur wird der Organismus nicht gerettet, sondern jetzt befindet er sich in Lebensgefahr. Die Abwehr mittels der Bronchien tritt ein, weil der gegenwärtige lebensbedrohende Streit die *ursprüngliche* Todesdrohung beim Verlassen des Geburtskanals *und* die ursprüngliche körperliche Reaktion wieder aufleben läßt. Beim Asthma dieser Art können wir sagen, daß eine Heilung nur möglich ist, wenn der Patient jene ursprüngliche prototypische Angstsituation (die große Primärszene) wiedererlebt und gelöst hat, die diese besondere Reaktion in Gang brachte.

Das prototypische Trauma legt die charakteristische Art der Abwehr fest. War das ursprüngliche Trauma die Beschneidung, dann können spätere Bedrohungen Impotenz hervorrufen oder dazu führen, daß der Gebrauch des Penis generell vermieden wird. Es bedarf viel mehr als nur der Beschneidung, um die Impotenz hervorzurufen, aber dieses Trauma kann einen richtungsweisenden Effekt für die folgenden Angstsituationen haben. Beschneidung und die Angst vor der Mutter können Impotenz hervorrufen, wenn sich der Betroffene in einer sexuellen Situation mit einer aggressiven, dominierenden Frau befindet.

Der Ausdruck »richtungsweisend« ist wichtig, weil ein schwerwiegendes frühes Trauma den Verlauf eines ganzen Lebens festlegen kann. Neulich kam eine Frau in die Therapie, die das Gefühl hatte, sich umbringen zu müssen. Sie sagte ständig: »Ich will nicht leben. Ich will nicht leben!« Nachdem sie alle ihre jetzigen Probleme herausgeschrien hatte, verfiel sie in ein Geburtsprimal, krümmte sich und schlug eine halbe Stunde lang um sich. Sie beendete dieses Erlebnis mit der Einsicht, daß sie vom Moment der Geburt an das Gefühl hatte, sie sei unerwünscht. Das Geburtstrauma rief anfänglich – nachdem sie geboren wurde, kämpfen und durch die Geburt leiden mußte – ein vages Gefühl, nicht leben zu wollen, hervor. Die dem Geburtsprimal folgende Einsicht ließ erkennen, daß sie es in ihrem Leben meistens mit Menschen zu tun hatte, bei denen sie nicht erwünscht war. Sie war immer der »Angreifer« in ihren Beziehungen zu Männern; immer rief *sie* an, um zu fragen, ob sie vorbeikommen könne. Sie arrangierte ihr Leben in der Weise, daß sie niemandem Zeit ließ, sie erwünscht sein zu lassen. Sie ließ keine Möglichkeit aus, sich unerwünscht zu fühlen – im Sinne des frühen Unerwünschtseins. Das prototypische Trauma in Verbindung mit einer Mutter, die ihr Kind nicht haben wollte, bestimmte das Verhalten der Patientin. Ihr Leben verging damit, daß sie auf Menschen stieß, von denen sie abgewiesen wurde und mit denen sie sich auseinandersetzte, um sie dahin zu bringen, sie gern zu haben.

Ob ein Mensch später in gefühlserregenden Situationen automatisch einen Asthmaanfall bekommt, oder ob er sich gezwungen fühlt, nach homosexuellen Kontakten zu suchen, jedesmal bedeutet es, daß er in der neurotisch-symbolischen Phase feststeckt. Anstatt zu fühlen: »Ich ertrinke im Fruchtwasser« oder »ich habe keinen richtigen Vater«, blockiert er die schmerzvollen Gefühle und verdingt sich automatischem, symbolischem Verhalten. Es gibt zwei Möglichkeiten, in der Primärtherapie an die prototypischen Gefühle heranzukommen. Wir können die Erinnerung verbal wieder wachrufen, indem wir den Patienten frühe Szenen beschreiben lassen; oder wir können die Erinnerung präverbal und physisch wachrufen, indem wir die frühen Szenen simulieren. Zu einem angemessenen Zeitpunkt der Therapie können wir nasse Handtücher über Mund und Nase des Patienten legen, um ein Ersticken zu simulieren, oder den Kopf des Patienten gegen ein Kissen oder gegen die Wand stoßen. Unser Ziel, ob verbal oder nicht verbal, besteht darin, frühe Erinnerungskreise hervorzulocken. In schlechten Träumen oder Alpträumen besteht für uns die Möglichkeit, fixierte Abwehrvorgänge zu beobachten. Das frühe Trauma wird in seiner ursprünglichen Form bewahrt und taucht in Träumen nur leicht verschlüsselt wieder auf. Wenn man zum Beispiel bei der Geburt zu ersticken drohte, kann man später Alpträume haben, in denen man ertrinkt oder in einem Zimmer ohne Luft eingeschlossen ist. Wenn man während der Geburt eingeklemmt wurde, kann das zu Träumen führen, in denen man in einem Tunnel oder einem Schacht eingeschlossen wird. Mit anderen Worten: der gleiche Schmerz, wie er bei der Geburt gefühlt wurde, taucht als symbolischer Vorstellungsinhalt im Traum wieder auf. Wenn ein Mensch wüßte, daß diese Gefühle genau den Gefühlen während der Geburt entsprachen, so könnte er (angenommen, er wäre offen genug) diesen Traum in einen tatsächlichen Ablauf der Geburt umformen.

Die fortschreitenden, subtilen Traumen, bezüglich der täglichen zwischenmenschlichen Beziehung von Eltern und Kind tragen dazu bei, daß der eigentliche Geburtstraum komplizierter wird; sie fügen ihm weitere Symbolik hinzu. Der immer wiederkehrende schlechte Traum ist instruktiv, weil ein Mensch Jahr für Jahr davon träumen kann, wie er in einem unterirdischen Tunnel festsitzt, oder wie er ertrinkt, ohne ein »gutes« Ende für diesen Traum finden zu können. Warum? Weil *Gefühl* und sinnliche Erregung miteinander in Beziehung gebracht werden müssen; und es muß genau geklärt werden, wie und wann sie auftraten. Es kann kein gutes Ende nehmen, solange das Trauma als Erinnerungsschleife im Gehirn haften bleibt, den ganzen Organismus mit nervaler Energie versorgt und wiederkehrende Träume verursacht.

Sich wiederholende Träume können als Antwort auf jede Bedrohung eintreten, die als lebensbedrohlich empfunden wird. Es muß nicht gerade ein schlecht gelüftetes, muffiges Schlafzimmer sein, welches das ursprüngliche Erstickungsgefühl in Form eines Traumes wiederkehren läßt; das gleiche kann auch durch ein symbolisches Ersticken ausgelöst werden, zum Beispiel durch die überragende und dominierende Gegenwart eines anderen.

Wie ich schon erwähnte, deuten Träume oft die heraufkommenden Gefühle an. Während ein Patient im Verlauf der Primärtherapie Fortschritte macht, können wir manchmal eine Vorstellung über das zu erwartende Geschehen gewinnen, indem wir sein Traumleben beobachten. Ein Patient kam eines Samstags herein und erzählte von einem Traum, in dem er einen immer schmaler werdenden Korridor entlang ging, bis er steckenblieb und sich nicht mehr bewegen konnte. Er hatte diesen Traum niemals vorher gehabt. Am folgenden Montag beklagte er sich darüber, in der Therapie festzustecken und nicht vom Fleck zu kommen. Er brachte die Beschwerde nicht in einen Zusammenhang mit dem Traum. Wir simulierten einen Geburtskanal und steckten seinen Kopf so hinein, daß er damit an das Ende des Kanals stoßen konnte. Innerhalb weniger Minuten war er in einem Geburtsprimal. Als alles vorüber war, sagte er: »Ich habe so oft in meinem Leben das Gefühl gehabt, nicht weiterzukommen, es einfach nicht zu schaffen. Ich übertrug dieses Gefühl auch auf alle möglichen Dinge – Schule, Heirat, Therapie, usw. Ich sehe jetzt, daß alles damit anfing, als mein Leben begann, und ich diesen Anfang fast nicht geschafft hätte.«

Hätten wir den Kopf dieses Mannes während der ersten Wochen der Therapie in einen simulierten Geburtskanal gesteckt, wäre gar nichts passiert. Er wäre für derart katastrophale Gefühle noch nicht bereit gewesen. Je bereiter er dafür wurde, um so häufiger tauchten entscheidende Hinweise auf, besonders in seinen Träumen. Der Traum wurde nicht analysiert, sondern nur für spätere Rückverweise notiert.

Dieser Vorgang ist noch komplexer, als es den Anschein hat. Unser Mann hatte viele Urerlebnisse zu dem Gefühl »ich schaffe es nicht ohne dich, Vater«. Diese Urerlebnisse traten ein, nachdem er von seinem College-Leiter im Stich gelassen wurde. Als der Leiter darin versagte, sich für ihn einzusetzen, hatte der Patient das Urerlebnis über seinen Vater. Daraufhin entdeckte er, daß er immer nach einem starken Mann suchte, der ihm den Weg zeigen, für ihn reden und Entscheidungen treffen sollte. Seinem Gefühl »ich schaffe es nicht« lag jedoch immer das prototypische Gefühl der Geburt zugrunde. Vielleicht wäre ein starker Vater in seinem Leben eine genügend starke Kraft gewesen, die Macht des Geburtstraumas zu hemmen. Ein starker Vater, der ihn unterstützte, hätte dem Einfluß des prototypischen Traumas entgegengewirkt und verhindert, daß dieses Trauma das spätere Verhalten unseres Patienten gestört hätte. Zum Beispiel wäre er vielleicht nicht frühzeitig von der Schule abgegangen, als er dort Schwierigkeiten hatte. Aber die allem zugrunde liegende prototypische Kraft wäre immer ein latentes Potential geblieben; stürbe der Vater zum Beispiel, so könnte sich das Potential realisieren. Ohne die Beteuerung des Vaters, »du schaffst es, ich werde dir helfen«, kann eine Anforderung in der Schule sein frühes Gefühl, »ich schaffe es nicht«, wiedererwecken und ihn veranlassen, von der Schule abzugehen. Wir beginnen zu verstehen, daß späteres Verhalten ein Ergebnis primärer Kräfte und ausgleichender Tendenzen ist (gute Lehrer, jahrelang im gleichen Haus leben, ein ermutigender Vater, ein hilfreicher Bruder, etc.). Diese Tendenzen halten die Urgefühle unter Kontrolle; sie löschen sie allerdings nicht aus. Sie können aber verhindern, daß Symptome wie Lernstörungen, Schulversagen etc. auftreten.

Vor der Primärtherapie hatte der Patient, von dem oben berichtet wurde, viele Träume, in denen er immer versuchte, in die Schule zu gehen, jedoch niemals fähig war, es tatsächlich zu schaffen – zum Beispiel konnte er die Zimmernummer nicht finden, oder er kam zu spät. Das frühe Schultrauma wurde also zum Angelpunkt für das prototypische Gefühl. Andere haben endlose Träume, bei denen sie nie ihr Ziel erreichen, den Wagen nicht starten können, nicht zum Ufer zurückschwimmen können, etc. – wahrscheinlich alles Ableitungen früher Traumen. Ein anderes verwandtes Gefühl bei Neurotikern, die unter Streß stehen, ist die Angst, »etwas Furchtbares wird passieren«. Ruft der Lehrer sie im Unterricht auf, so werden sie sofort dieses Untergangsgefühl haben. Warum? Wieder kann die Schulsituation mit der prototypischen in Verbindung gebracht werden. Mit uns geschah tatsächlich sehr früh im Leben etwas Schreckliches. Nur wissen wir nicht, was es ist. Aber spätere Bedrohung läßt uns dieses sehr reale Gefühl wiedererleben. Psychotherapeuten halten dieses Gefühl für neurotisch, weil, wie sie betonen, »nichts Katastrophales geschah, als der Lehrer uns aufrief, vor der Klasse zu berichten«. Sie versäumen zu verstehen, daß dieses aussichtslose Gefühl, etwas Schreckliches werde geschehen, die Antwort auf ein reales, aber vergrabenes Ereignis ist.

Wir haben Menschen als »neurotisch« etikettiert, weil wir nicht den Kontext verstehen konnten, in dem sie reagieren. Ihre Reaktionen sind *real*. Sogenannte neurotische Reaktionen sind *angemessene* Verhaltensweisen auf niederschmetternde Situationen, Situationen, die für den Therapeuten wie für den Patienten ein Rätsel darstellen. Nur das Unbewußte des Patienten »weiß«, worum es geht. Haben wir erst einmal verstanden, daß Neurotiker auf eine ungelöste Vergangenheit reagieren, die sie auf die Gegenwart projizieren, dann wird sich das Geheimnis der Neurose verflüchtigen.

Wir sind in der glücklichen Lage, Erwachsene vorstellen zu können, die, zum ersten Mal in der Geschichte, bewußt über ihre Geburt berichten können. Was sie zu sagen haben, sollte von Ärzten, die Kinder in diese Welt bringen, mit besonderer Aufmerksamkeit zur Kenntnis genommen werden. Was geschieht, wenn zum Beispiel die Mutter während der Geburt narkotisiert wird? Eine Anzahl von Patienten berichtete über ein »lähmendes« Gefühl, das sie während des letzten Teils des Geburtsprimals hatten; sie sind sicher, daß die Betäubungsmittel für die Mutter auch eine Wirkung auf sie selbst hatten. Anstatt lebendig und beweglich in diese Welt zu kommen, als aktive Teilnehmer an einem freudigen Ereignis, schlüpfen sie fast ohnmächtig und gelähmt in die Welt. Solche Patienten sagen, sie seien später unter Streß wie gelähmt. Sicherlich ist größte Vorsicht geboten, ehe man bei einer Geburt irgendwelche Drogen anwendet. Ich glaube, daß wir werdende Mütter zum Teil aus den gleichen Gründen betäuben, aus denen wir auch andere Erwachsene mit Pillen vollstopfen – wir können keine »hysterischen« Anfälle bei anderen ertragen, ohne selber in Panik zu geraten. Eine ruhigere Mutter ist für den Arzt weniger problematisch.

Lange Wehen sind ein weiteres fürchterliches Trauma für das Neugeborene, denn es kommt aller Energien und Reserven beraubt auf die Welt. Es ist für eine prototypische Urangst typisch, bei einem späteren Trauma, müde und ausgelaugt zu reagieren. Auf diese Weise seiner Energien beraubt zu werden, ist nicht einfach ein vorübergehender Zustand; das Neugeborene kann später in seiner

Kindheit so reagieren, als verfüge es nicht über die Energie, um mit Situationen fertig zu werden – es ist dann »nicht aggressiv genug«, wie manche Mütter sagen.

Ein Patient, der jahrelang unter epileptischen Anfällen litt, kam kürzlich in die Therapie. Während der ersten Woche der Behandlung erlebte er ein Geburtsprimal, bei dem er das Gefühl hatte, sein Kopf würde mit etwas zusammenstoßen; nach zwei Stunden begann er sich wie ein Neugeborenes zu winden. Er erklärte später, seine Geburt sei sehr schwierig und lang gewesen und seine Mutter habe ihm erzählt, er sei unter großem Wehgeschrei herausgekommen (dies wurde später von seiner Mutter bestätigt). Die Heftigkeit des Druckes, der auf seinem Kopf lastete, während er versuchte herauszukommen, muß nicht auf physiologische Weise traumatisierend gewesen sein, war aber sicherlich Kern eines psychologischen Traumas. Nach den ersten Monaten seines Lebens, in denen er lieblos behandelt und häufig in seiner Wiege allein gelassen wurde, fing er an, mit seinem Kopf gegen das Bettende zu schlagen. In der Pubertät setzte das Anfallsleiden ein.

Mit dem Beginn der Therapie wurden die Anfälle seltener, obgleich er vom ersten Tag an kein Diphenylhydantoin mehr nahm. Was bedeutet das? Zum einen war die bei der Geburt verursachte Spannung entscheidend für das spätere allgemeine Spannungsniveau. Der hohe Grad der Spannung schlägt in ein epileptisches Symptom um, das auf den zentralen Bereich seines frühen Traumas gerichtet ist; in ähnlicher Weise reagieren einige Patienten unter späterem Streß mit einem Hautausschlag, das heißt, sie entwickeln ein Symptom im Bereich des frühen Traumas, so daß jede spätere Streßsituation – auch wenn sie in keiner Beziehung zu einer besonders ausgezeichneten Region (Haut, Kopf, etc.) steht – die festgelegte Reaktion hervorbringt.

Wenn das frühe Leben des Epileptikers geordnet verlaufen wäre, hätte er ein Geburtrauma haben können, ohne epileptische Symptome zu entwickeln. Es ist jedoch meine Beobachtung, daß das Geburtrauma einen wesentlichen Anteil zum allgemeinen Niveau chronischer Spannung beiträgt. Das ist zum Teil bedingt durch die mangelhafte Belastbarkeit und die Zartheit des Organismus im Hinblick auf seine Fähigkeit, mit Streß fertigzuwerden, mehr noch aber durch die Tatsache, daß es bei einem Geburtrauma um Leben oder Tod geht – ein Neugeborenes, das von der Nabelschnur gewürgt wird, stirbt tatsächlich, wenn nichts unternommen wird. Viele Menschen stehen einem Kampf um Leben oder Tod gegenüber, noch ehe sie zur Welt kommen.

Ein weiteres Beispiel: Kürzlich kam eine Frau in die Therapie, die ihr Leben lang unter »drückenden« Kopfschmerzen, wie sie sie nannte, litt. Im zweiten Monat ihrer Therapie erlebte sie ein Geburtsprimal, das ich überwachte. Zweieinhalb Stunden lang lag sie zusammengerollt wie ein Ball, erbrach Flüssigkeit und schlug mit ihrem Kopf gegen die (gepolsterte) Wand. Dieses Mit-dem-Kopf-Schlagen war eindeutig automatisch und unwillkürlich, und es ist zweifelhaft, ob jemand länger als zwei Stunden mit seinem Kopf fortgesetzt gegen eine Wand schlagen kann, ohne zu ermüden. Unablässig wand sie ihren Kopf. Sie erklärte nachher, sie habe »versucht herauszukommen«. Sie fand einige Tage später heraus, daß sie eine außerordentlich langwierige Geburt durchgemacht hatte. Dieses Trauma wurde zum Prototyp eines spezifischen Verhaltensmusters, nämlich dem, daß sie unter jeglichem späterem Streß »drükkende« Kopfschmerzen entwickelte. Weder sie noch ich hätten jemals den Ursprung ihrer Kopfschmerzen herausgefunden; hätten wir versucht, ihr Symptom innerhalb der konventionellen analytischen Methode zu verstehen, so hätten wir festgestellt, daß sie unter Schuldgefühlen litt, ihrer kranken Mutter nicht genügend geholfen zu haben, unterdrückte Wut auf ihren Vater hat, und so weiter – alles Dinge, die wahr sein könnten. Aber sie würden nicht erklären, wie Schuldgefühle oder Wut in diese Kopfschmerzen verwandelt werden können, die sie tagelang ans Bett fesselten.

Der beste Beweis für die Ursache ihrer Kopfschmerzen ist die Tatsache, daß sie nach diesem Geburtsprimal keine Kopfschmerzen mehr hatte. Ihr Ehemann sagte mir später, daß sich ihr Nacken anschließend – soweit er sich erinnern konnte zum ersten Mal – »weich und beweglich« anfühlte. Elektromyographische Aufzeichnungen ihrer Nackenmuskeln, die einen Tag nach dem Geburtsprimal gemacht wurden, zeigten eine sehr geringe Spannung.

Das alles bedeutet nicht, daß sie aufgrund unterdrückter Wut keine Kopfschmerzen hätte entwickeln können. Es ist jedoch meine Beobachtung, daß die *Heftigkeit* des Symptoms proportional zur Schwere des Geburtstraumas zunimmt. Ein paar Aspirintabletten können einiges an Schuldgefühlen oder Ärger beruhigen, aber sie wären machtlos gegen den Druck des Geburtstraumas. Diese Frau konnte erst dann ein Geburtsprimal erleben, nachdem sie sich durch die vorangegangene Erfahrung vieler kleinerer Urerlebnisse »vorbereitet hatte«. Ihr Körper, der sich bereits von schwächeren Schmerzen befreit hatte, konnte nun die Last eines so großen Schmerzes, wie dem der Geburt, verarbeiten. Sobald ihr Körper zu diesem Erlebnis bereit war, begann es, sich von selbst zu entwickeln, ohne jegliche bewußte Anstrengung oder Planung der Patientin; es war ein hartes und schonungsloses Erlebnis.

An dem Tag, als bei dieser Frau das Geburtserlebnis stattfand, hatte sie morgens beim Aufwachen schreckliche »drückende« Kopfschmerzen. Sie wußte, daß sie so schnell wie möglich in die Praxis kommen mußte, setzte sich an das Steuer ihres Wagen und fiel gleich darauf in Ohnmacht. Glücklicherweise konnte sie noch jemanden zu Hilfe rufen, der sie zu uns brachte, wo sie dann ihr Urerlebnis hatte. Wäre sie nie in einer Primärtherapie gewesen, so würde ein »fürsorgliches« Abwehrsystem sie weiterhin von einem Urerlebnis fernhalten, indem es dieses Urerlebnis in eine gestaltlose Spannung umwandeln würde, die sie durch Rauchen und Trinken, oder somatisierend, in Form von Kopfschmerzen, Ohnmacht und Schwindelgefühlen verarbeiten würde.

Nicht jeder muß ein Geburtsprimal durchmachen. Diejenigen aber, die es erfahren haben, machen in ihrer Therapie oft gewaltige Sprünge. Es ist, als sei dieses Urerlebnis ein Damm, durch den alle anderen Gefühle zurückgehalten werden; nach dessen Öffnung wird der ganze Organismus von Urerlebnissen überflutet. Nach Geburtsurerlebnissen gibt es, wie wir noch zeigen werden, einen scharfen Abfall der Körperkerntemperatur wie auch anderer Werte – ein bestätigender Beweis für das Maß chronischer Körperspannung, die das Geburtstrauma herstellt.

Es könnte sein, daß der Organismus sich unmittelbar während einer traumatisierenden Geburt spaltet (vollständiges Fühlen abtrennt), so daß jedes weitere psychische Trauma diese Spaltung lediglich vertieft. Wenn der Organismus sich gleich bei der Geburt spaltet, haftet der Persönlichkeit dieses Menschen später oft etwas »Lebloses« an. Der Grund für diese Leblosigkeit ist, daß der Betreffende zu keinem Zeitpunkt völlig er selbst war und sich so fühlte.

Wenn bei der Geburt die Gefühle vom Bewußtsein abgespalten werden, kann das hormonelle Gleichgewicht betroffen sein, weil Hormone Überträger für Gefühle sind. Was eine genetisch bedingte hormonelle Störung bei Kleinkindern zu sein scheint, kann vielmehr das Resultat eines Geburtsvorgangs sein und nicht eines der Vererbung. Ein Kind, das an einer Unterfunktion der Schilddrüse leidet, kann eine erblich bedingte Praedisposition zu schwacher Schilddrüsenfunktion haben, aber der auslösende Mechanismus für die Krankheit kann das anfängliche Geburtstrauma sein. Die Verarbeitung von Geburtstraumen in der Primärtherapie scheint die oben angeführten Argumente zu bestätigen, denn in bezug auf ihre endokrine Struktur finden bei diesen Patienten radikale Veränderungen statt. Bei einigen Patienten wurden Veränderungen, ja sogar Normalisierungen von Schilddrüsenunterfunktion (falls sie nicht zu schwerwiegend war) festgestellt. Ein integrierter Organismus bedeutet, daß der gesamte wechselseitig bezogene Charakter des hormonalen Systems sich verändert, mit dem Ergebnis einer größeren Beweglichkeit und eines geregelten Gleichgewichts. Beschaffenheit von Haaren und Haut, Sexualtrieb und Busenumfang ändern sich. Auch der Haarwuchs ändert sich. Bei Frauen, die einen starken Haarwuchs hatten, wurde er geringer, und bei Männern nahm der Bartwuchs zu. Jod-Tests auf Proteingrundlage [PBJ] zeigen signifikante Veränderungen der Schilddrüsenfunktion.

Vielleicht sollte an diesem Punkt betont werden, daß Patienten, die ein Geburtsprimal erlebt haben, selten mit dieser Erfahrung rechneten oder auch nur wußten, daß so etwas möglich ist. Das gleiche läßt sich auch von den Beschneidungsprimals sagen. Es ist sehr schwer, wenn nicht unmöglich, eine solche Erfahrung vorzutäuschen. Bei den filmischen Wiedergaben kann man die bemerkenswerte Ähnlichkeit des Geburtsprimals mit der tatsächlichen Geburt beobachten – die foetale Haltung, nach innen gedrehte Hände, Augen nach hinten verdreht, das Rollen des Kopfes und das Fehlen jeglicher verbalen Äußerung (bestenfalls stöhnende Laute, nicht einmal Säuglingsschreien).

Patienten, die sich an Fruchtwasser verschluckten, geben während des Urerlebnisses häufig Ströme von Schleim von sich. Oft wird sie auch jedes andere Urerlebnis solange dazu veranlassen, sich zu erbrechen, bis sie das prototypische Trauma wiedererlebt haben. Danach erbrechen sie sich nicht mehr. Tatsächlich werden Patienten, die jahrelang an Beklemmungen in der Brust litten, sich nach dieser Art von Urerlebnis innerlich frei fühlen. In diesem Sinn sind Lungenstauungen oder eine tropfende Nase eine symbolische Manifestation von Urereignissen; sind diese Ereignisse einmal mit dem Bewußtsein verbunden, hört ihre *unbewußte* Wirkung auf. Das symbolische Verhalten ist nicht weniger symbolisch, wenn es sich körperlich ausdrückt. Allergien sind etwas Reales, doch ihre Wirklichkeit ist nicht so sehr durch Staub und Pollen gegeben, als vielmehr durch das Ereignis, das die anfängliche Sensibilität hervorrief.

Wir wollen für einen Moment die Allergien diskutieren. Es gibt keinen Zweifel über eine mögliche erbliche Praedisposition allergischer Reaktionen, aber die Schritte von der Vererbung zu einer jetzt tropfenden Nase sind komplex. Vielleicht erlitt der Foetus während der Geburt Prellungen, dann mag der Patient später eine allgemeine Sensibilität entwickeln, die verschiedene Formen annehmen kann. Hat er keine physische Neigung zu Allergien, dann wird er vielleicht besonders empfindlich auf Prellungen reagieren. Ein Patient zum Beispiel wurde in Steißlage geboren und kam mit gebrochenen Armen zur Welt. Im späteren Leben wurde seine Schmerzempfindlichkeit immer besonders stimuliert von Menschen, die in unsanft berührten. Er war bereit, diese Menschen zusammenzuschlagen, um zu verhindern, daß sie ihm noch einmal weh tun – kämpfen war seine Abwehr gegen das Empfinden des frühen Schmerzes.

Hätte derselbe Mensch eine genetisch bedingte organische Sensibilität, so würde er in späteren Streßsituationen eine Sensibilitäts-Reaktion, d. h. eine allergische Reaktion, zeigen. Er würde das Leben als ein Geschlagener beginnen und während seiner Kindheit psychisch unterdrückt werden, bis er es schließlich nicht länger aushalten könnte, und an diesem Punkt wird er Allergien entwickeln. Oft wird ihn ein Schlüsselerlebnis über die Schwelle in die Symptombildung hineinstoßen. Vielleicht mußte seine Mutter für einige Monate ins Krankenhaus oder sein Vater bekam eine neue Arbeit und mußte für eine längere Zeit von zu Hause weggehen. Ist die allergische Reaktion erst einmal eingefahren, können die Symptome durch verschiedene harmlose Reizstoffe, auch Staub und Pollen, ausgelöst werden. Der Pollen *verursacht* die Allergie nicht (dessensibilisierende Spritzen heilen sie nicht); er löst die Reaktion nur aus. Wenn der Betreffende in einer geregelten Lebenssituation ist, bedarf es einer größeren Menge harmloser Reizstoffe, um die Reaktion auszulösen. Wenn er unter einem hohen Spannungsgrad steht, wird weniger nötig sein, um die Reaktion zu aktivieren.

Während der »Geburtsphase« in der Therapie berichten Patienten von gelegentlichem unwillkürlichem Harnlassen. Sie müssen oft urinieren und periodisch »tröpfelt« es nur in kleinen Mengen. Sie scheinen manchmal ungeschickt, fallen leicht hin und können keine Gegenstände mit ihren Händen balancieren. Manchmal fällt ihnen das Sprechen schwer. Sie leiden nicht unter schwerwiegenden Funktionsstörungen, aber doch unter kleinen Unannehmlichkeiten. Andere Patienten berichten, daß sich ihre Haut schält – und wir können das beobachten. Andere finden, daß ihre Kleider schwerer werden, – eine Patientin berichtete, daß ihr Haar sich schwerer anfühlte, nachdem sie wiedererlebte, wie sie kahl geboren wurde. Ich werde keine weiteren Beispiele anführen, denn ich bin sicher, daß sich das Gesagte schon bizarr genug anhört. Aber das Entscheidende ist, daß Gehirn und Körper die nicht verarbeitete Erfahrung in ihrer ursprünglichen Form ein Leben lang speichern.

Eine der mehr dramatischen Dokumentationen über die Art und Weise, wie ein Kindheitstrauma unversehrt bewahrt wird, zeigt sich im Fall einer Patientin, deren Muttermal wieder sichtbar wurde, als sie anfing, Geburtsprimals zu erleben. Auf ihrer Brust konnte man ein hellrotes Erdbeermuster sehen, das wochenlang blieb. Wo war dieses Muster während der vorangegangenen Jahre? Wir können nur vermuten, daß die gesamte Erfahrung der Geburt und ihrer Folgen in einer geschlossenen Gedächtnisschleife aufbewahrt und erst durch die Therapie freigesetzt wurde.

Eine letzte Bemerkung darüber, wie psychotische Phänomene, zum Beispiel Wahnvorstellungen, zu Geburtstraumen in Beziehung stehen. Geburtstraumen sind undifferenzierte Schmerzen, die sich dem begrifflichen Ausdruck entziehen. Ein Mensch, der diese Last trägt, wird versuchen, die Quelle seines Leidens festzustellen, und in seinem Bemühen, seinen nicht bewußt wahrgenommenen Schmerz bewußt zu machen, kann er Wahnvorstellungen entwickeln. Die Vorstellung oder der Wahn sind bizarr, weil sie motiviert sind durch einen niederschmetternden Schmerz, den man nicht zu fassen bekommt, da er der Wahrnehmung nicht zugänglich ist. Wir können dies an jemandem sehen, der LSD genommen und dadurch einen außerordentlichen Schmerz wie das Geburtstrauma ausgelöst hat. Anstatt das blendende Licht bei der Geburt zu empfinden, wird er alle möglichen Arten von Licht halluzinieren. Er kann später eine Episode erleben, in der er das Licht fliegender Untertassen sieht, und alles dies, weil der ungeheure Schmerz vor einer angemessenen Zeit aufgestiegen war, noch ehe er bewußt verarbeitet werden konnte. Katastrophale Geburtstraumen können später eine Empfänglichkeit für ernste seelische Störungen herstellen, weil die ursprüngliche Spaltung bereits mit Beginn des Lebens eintrat; es gab nicht genügend schmerzfreie Jahre, die es erlaubt hätten, lebensfähige Abwehrmechanismen zu entwickeln.

Wir sehen, welch ein Wunderwerk der menschliche Organismus ist. Unter Streßsituationen kehrt der Körper in dem Bemühen, den Schaden wieder gutzumachen, in Zeiten und Bereiche zurück, in denen er verletzt worden ist. Das Erstaunliche ist, daß wir 40 und 50 Jahre zurückgehen können, um Traumen zu lösen, die damals eintraten, Traumen, die unser Leben gestalteten und zur Formung unserer Vorstellungen beitrugen.

Prototypische Traumen unberücksichtigt zu lassen, bedingt die Unfähigkeit, Verständnis dafür zu gewinnen, wie Symptome beginnen und wie der Teufelskreis der Neurose seinen Anfang nimmt. Ein Kind, das bei der Geburt zurückgehalten wurde, ist unweigerlich empfindlich und gereizt. Es verlangt mehr von seiner Mutter, die ihrerseits wiederum ungeduldig und ungehalten über seine Forderungen wird. Sie ist gereizt, und das Kind wird nur noch um so beunruhigter. Bei Schulbeginn ist es angespannt und unfähig, still zu sitzen und sich zu konzentrieren. Dafür bekommt es mehr Ablehnung zu spüren. Es wird zu einem »Problemkind« – und so geht der Zirkel weiter. Eine Mutter, die ihr Baby mit langen Geburtswehen festhält, schafft ein Beziehungsmuster. Es ist nicht so, daß die Mutter während der Geburt anders reagiert als sonst auch. Die Beziehung bei der Geburt gehört zu der Art ihrer Mutterrolle. Der Geburtsvorgang läßt ahnen, welche neurotische Eltern-Kind-Beziehung später folgen wird.

Wir haben jetzt einen Bezugsrahmen, um zu verstehen, wie wir Symptome entwickeln. Bisher hatten wir uns in der Psychologie vor allem mit der Kategorisierung von Symptomen beschäftigt, hoffend, daß solche Kategorien zu einem tieferen Verständnis führen würden. Wir sehen jetzt, warum gewisse Symptome anderen gegenüber als vorrangig behandelt werden. Zum Beispiel fand eine Frau, daß sie immer weniger frigid wurde, als sie Urerlebnisse über die Haltung ihrer Eltern gegenüber Sexualität hatte. Dennoch blieb ihre Frigidität, bis sie ein prototypisches Urerlebnis darüber hatte, wie sie ständig so fest gewindelt wurde, daß dadurch Schmerzen (und Krämpfe) um die Vagina herum verursacht wurden. Vaginalkrämpfe stellten die prototypische Abwehr dar; daraus entstand später aufgrund der Überbetonung der puritanischen Einstellung der Eltern das Problem der Frigidität.

Wir können jetzt verstehen, warum die eine Person mit puritanischen Eltern frigid wird, und eine andere mit ebenso puritanischen Eltern nicht. Wir sehen, warum der einzige Experte, der die Ursachen von Symptomen finden kann, der Patient selber ist – er und seine Urerfahrungen. Was eine genetische Krankheit zu sein schien, kann vielmehr die Wirkung eines prototypischen Traumas sein. Zum Beispiel meinte man, daß hinter manisch-depressiven Psychosen oder der »zyklischen« Persönlichkeit eine genetische Veranlagung stünde. Dafür ein anderes Beispiel: die Geburt eines Patienten verzögerte sich um zwei Wochen, dann kam er in aller Schnelle zur Welt. Während eines Urerlebnisses gewann er die Einsicht, daß das Auf und Ab in seinem Verhalten und seine wechselnden Stimmungen ihren Anfang nahmen, als er »außerhalb« des normalen Geburtstermins geboren wurde. Kein Therapeut würde es wagen, anstelle des Patienten eine derartige Verbindung aufzudecken; der Patient jedoch *wußte* durch seine Urerfahrung, welche Bedeutung diese Erkenntnis hatte. Die Tatsache, daß er nicht länger unter seinen täglichen Stimmungsschwankungen litt, war ein weiterer Beweis für die Richtigkeit seiner Ansicht. Er löste sein lebenslanges Problem, sich während des Vormittags depressiv und handlungsunfähig zu fühlen und später am Tag dann übertriebene Aktivität zu entwickeln. Er bezeichnete sich jahrelang als einen »Nacht-Menschen«, ohne die Ursachen zu verstehen.

Bei einem epileptischen Patienten ließen die Anfälle nach. Wir werden später die Beziehung seiner epileptischen Anfälle zum Geburtstrauma erörtern. Es genügt zu sagen, daß die Anfälle, bevor er die Therapie anfing, nachts auftraten. Er notierte sich jeden Anfall und bemerkte, daß sie alle 90 Minuten eintraten (s. Teil II). Die Herstellung der Zusammenhänge mit den frühen Traumen wird seine epileptischen Alpträume beenden.

Wir wollen jetzt Geburtserlebnisse in den Worten derer betrachten, die sie zu beschreiben am besten geeignet sind – die Patienten, die sie selbst erlebten.

Robert

Ich kam in die Therapie, als ich 23 Jahre alt war. Ich hatte Psychologie studiert und befand mich in der Ausbildung zum Therapeuten. Auf den Vorschlag eines Freundes hin las ich den »Urschrei«. Wie die meisten Therapeuten wollte ich möglichst genaue Informationen über die Primärtherapie haben und sie meinem aus vielen Zutaten hergestellten therapeutischen Eintopfgericht hinzufügen.

Ich selbst war mir dabei das einzige Hindernis; ich war so sehr von dem Buch beeindruckt, daß ich sehr bald begann, erste Urerlebnisse zu haben – wirkliche Gefühle von Schmerz. Ich befürchtete auseinanderzufallen, noch bevor ich mich in diese neue Therapie begeben könnte, die mich, wie ich hoffte, wieder zusammenfügen würde. Später stellte ich fest, daß ich wie eine in tausend Scherben zersprungene Porzellanpuppe niemals wieder ganz zusammengesetzt werden könnte. Nachdem mein Schmerz einmal an die Oberfläche drängte, konnte ich keine funktionelle Neurose mehr aufrechterhalten.

Ich rief die Janovs an – ich wollte jetzt gesund werden. Vivian (Frau Janov) sagte mir: »Sie können unmöglich vor Oktober oder Dezember in die Therapie kommen« (das hieß in vier oder sieben Monaten). Zunächst akzeptierte ich es. Am nächsten Tag rief mich Art (Arthur Janov) an und sagte: »Sie können mit der Primärtherapie anfangen«. »Wann?« fragte ich. »Jetzt; gehen Sie sofort zum Motel«. Jemand hatte abgesagt, und ich übernahm seinen Platz. Wer immer es sei, – ich danke ihm, daß er so neurotisch war abzusagen. Zwei Stunden später fuhr ich von meinem Haus in den Bergen in den braunen Smog von Los Angeles hinein.

Erste Sitzung – Montag

9 Uhr; ich beginne zu glauben, daß Janov und sein »hochqualifizierter Stab« einfach Quacksalber sind, die nur modische Neurotiker heilen. »Was will ich hier eigentlich? Ich bin selbst ein angehender Therapeut und kein völlig kaputter Typ. Trotzdem, ich bin ängstlich und traurig«.

Ich betrat das Büro und ein lockenköpfiger Jüngling namens Les stellte sich mir vor. »Ich bin Les. Du bist Robert«. »Ja.« Ich wollte mehr wissen, doch mehr als seinen Namen erfuhr ich nicht. Les sagte mir, ich solle mich hinlegen. Er fragte: »Wie fühlen Sie sich?« »Traurig.«

Mit dieser simplen Einführung begann für mich der Abstieg in meine eigene Hölle – in die endlos scheinenden Korridore des Schmerzes. Als ich in die Traurigkeit eintauchte, kam mir ein Zitat von Joseph Conrad in den Sinn: »Ein Mann, der geboren wird, fällt in einen Traum wie jemand, der ins Wasser fällt. Versucht er in die Luft hinaufzusteigen, wie unerfahrene Menschen es tun, so ertrinkt er – nicht wahr? Nein! Ich will es dir sagen! Den destruktiven

Elementen unterwirf dich... In die destruktiven Elemente tauche dich ein«. Ich kann nicht sagen, ich sei in die Traurigkeit hineingetaucht; es war mehr ein Fallen. Ich begann, tief zu atmen, vom Zwerchfell aus; und dann fing ich an zu weinen. Traurigkeit begann aus mir herauszukommen. Mir war, als würde ich in ihr ertrinken. Ich erinnerte mich an das Zitat und versank immer mehr in dem Gefühl. Ich wußte nicht, warum ich weinte und kümmerte mich auch nicht darum. Ich fühlte mich, als hätten diese Tränen mein Leben lang darauf gewartet herauszukommen. Und jetzt ertrank ich in meinen eigenen Tränen. Als das Weinen allmählich aufhörte, fragte mich Les, was ich zu sagen versucht hätte. Es war mir nicht bewußt, irgendetwas gesagt zu haben. Ich zögerte – es schien so schwer, die Worte auszusprechen, die sich auf meinen Lippen formten. Jeden Augenblick wurde es schmerzvoller – und dieser Augenblick schien qualvoll. »In die destruktiven Elemente tauche dich ein ...« Ich fühlte mich, als würde ich auseinanderbrechen; mein Bauch war so verkrampft, als wolle er auseinanderreißen. Das einzige, was ich wahrnahm, war der Schmerz. Dann schrie und weinte ich nach meiner Mutter, und der Schmerz, sie bei mir haben zu wollen, kam endlich aus dem Hintergrund hervor. Jede Welle von Schmerz brachte neue Erinnerungen und Reaktionen. Nach einem langen und schmerzvollen Eintauchen in das Leid, Mutter bei mir haben zu wollen, hörte ich auf zu weinen. Ich war in Schweiß gebadet, und meine Arme und Beine waren schwer und steif. Ich war hilflos. Ich wartete und schwitzte; dann fing ich wieder an zu weinen – diesmal fühlte ich mich verlassen und war gebrochenen Herzens. Es war nur noch der Schmerz da. Ich war mir keiner Kontrolle mehr bewußt – ich wußte, wo ich war, aber ich hatte mich nicht in der Kontrolle – ich fing an, mich zu krümmen, zu winden, zu weinen, zu spucken und zu schwitzen – dann formte sich eine Szene in meiner Erinnerung. Ich war im Kreißsaal. Eine heiße, brennende Flüssigkeit wurde in meine Augen getan, meine Haut brannte und überall tat es mir weh. Ich sah die Szene nicht – ich erlebte sie wieder. Dann war ich auf der Säuglingsstation – ich weinte und fühlte mich verzweifelt. Dann nahm mich eine Krankenschwester auf und trug mich zu meiner Mutter. Ich weinte, als ich Mutters warmen Körper und ihre ewig liebende Brust fühlte.
Die Sitzung endete mit einer Szene im Haus meiner Großmutter; sie und Großvater schauten mich an. Der Schmerz ließ endlich nach, ich konnte mich aufrichten und Les anschauen. Er sah völlig anders

aus. Ich fühlte mich verändert. Ich konnte die Intensität meiner Erlebnisse kaum glauben.

Ich ging zurück zum Motel und schlief. Als ich aufwachte, war es früher Abend. Ich hatte noch nicht gegessen, aber ich war nicht hungrig. Ich wartete einfach. Während ich mich duschte und anzog, nahm ich neue Bewegungen und Gefühle in meinem Körper wahr. Ich war mir meiner eigenen Bewegung bewußt. Bis etwa 9 Uhr 30 fühlte ich mich sehr gut. Die Wahrnehmung von Bewegung und Gefühlen wurde intensiver. Ich lag auf dem Bett. Ich fühlte mich, als hätte ich keine Arme und Beine und einen übergroßen Kopf. Dann begann meine Hüfte zu schmerzen. Ich fragte mich: was ist das für ein Schmerz? Ich fand keine rationale Antwort. Ich fühlte nur, es war eine sehr frühe Erfahrung – etwas, das damit zu tun hatte, wenn man sich im Uterus bewegt. Eingeschränkte und anstrengende Bewegung, weil die Uterusmuskeln angespannt waren. Alle meine Gedanken rührten von den Empfindungen meines Körpers her. Sie verstärkten sich, bis ich kinästhetisch [mit dem Muskelsinn] fühlte, wie ich mich im Uterus zu bewegen begann. Ich drückte mich gegen eine Wand von Muskeln. Ich hatte ein Erstickungsgefühl und begann in Panik zu geraten – ein Gedanke tauchte auf: ich werde nicht herauskommen. Ich war verzweifelt und hoffnungslos. Ich erstickte, während ich darauf wartete, geboren zu werden. Ich stellte fest, daß ich entweder ein Urerlebnis haben müßte oder die Gefühle beenden sollte. Ich hatte zuviel Angst, um Les anzurufen oder das Urerlebnis alleine zu haben, deshalb setzte ich mich hin und schrieb meine Erlebnisse auf. Am frühen Morgen konnte ich endlich schlafen.

Dienstag

An diesem Morgen hatte ich vier Träume, an die ich mich erinnern konnte. Ich schrieb in mein Tagebuch: »Ich fühle mich wie der Kapitän (in einem der Träume ein Symbol des Besiegtseins). Ich habe Angst vor der heutigen Sitzung. Alles ist verkrampft – Brust, Bauch, Rücken und Beine. Ich habe einen Brechreiz im Hals. Ich habe keinen Appetit. Meine Innereien fühlen sich tot an. Ich fühle mich wie ein totes Baby. Totgeboren. Nicht geboren. Ich hätte Les anrufen sollen, aber ich habe Angst, wirkliche Forderungen zu stellen. Wenn ich still und ruhig bin, wird es nicht weh tun. Wenn ich weine und etwas haben will, tut es mehr weh. Mein Bauch tut weh. Ich fühle mich verlassen.«

Ich war so ängstlich und besorgt, daß ich eine Stunde vor Beginn der Sitzung das Motel verließ und draußen wartete. Ich war angstgelähmt wegen der großen schnellen Wagen, der eilenden, großen Geschäftsleute und der hohen, kalten Gebäude. Endlich war es zehn Uhr.

Zweite Sitzung
Ich legte mich hin und Les fragte »Wie fühlst Du Dich?« »Klein«. Ich folgte dem Gefühl, klein zu sein. Ich schwitzte und kämpfte um mein Leben. Ich wurde von Gefühlen überwältigt. Ich war im Uterus, und jedesmal, wenn ich gegen die Wände drückte, löste ich kräftige Kontraktionen aus. Bevor jedoch etwas weiteres geschehen konnte, veränderte sich das bildhaft wechselnde Geschehen – jetzt weinte ich, weil meine Augen brannten und ein stechender Schmerz in meinem Bauch mir weh tat. Ich weinte aus Schmerz darüber, wie man mit mir umging. Dann eine weitere Einstellung – ich fühlte mich diffus, und dann ein brennender Schmerz in meinem Penis. Ich schrie und schrie – lange, laute Schreie. Jede Szene war zwischen fünf und zehn Minuten lang. Das allgemeine Gefühl war: ich bin gerade geboren worden, und es tut überall weh. Dann fing ich an zu husten und bekam keine Luft, weil mir aus Nase, Hals und Lungen Schleim floß. Ich spuckte und erbrach und schrie laut, bis eine Krankenschwester mich nahm und mich in einen Brutkasten legte. Ich wartete, ich war verzweifelt und hatte das Gefühl, ich müsse sterben. Ewigkeiten später war ich dann endlich bei meiner Mutter, und ich saugte, würgte und schrie.
Ich tauchte aus diesen Urgefühlen auf und fühlte mich durch die überwältigenden, zufälligen und äußerst lebendigen Erfahrungen verwirrt. Nichts ergab einen Sinn. Ich fühlte mich schwach und war von meinen anarchischen Urerlebnissen überwältigt. Gewiß, ich war bereit, Schmerz zu ertragen, aber ich wollte es auf meine neurotische, ordentliche Art. Ich fing an, mit Les zu sprechen, und er versetzte mich in das Chaos zurück. Diesmal nahm ich foetale Stellungen ein. Ich begann mich wie ein Wurm zu bewegen. Mich überkam ein Schütteln, sobald ich versuchte, mich gegen die Muskeln meiner Mutter zu pressen. Periodisch wurde ich durch kräftige uterine Kontraktionen zusammengedrückt, die mich langsam nach vorne bewegten. Dies schien mir Stunden zu dauern, dann kamen drei oder vier kräftige Kontraktionen, und ich war draußen und ausgesetzt. Ich war da, im schwarzen Schwindelgefühl, und ver-

suchte mich der Welt außerhalb der Gebärmutter anzupassen. Schließlich kam ein instinktiver und nach dem Leben greifender Schrei aus mir heraus. Ich schrie aus Schmerz darüber, geboren worden zu sein, und aus dem Instinkt, leben zu wollen. Ich fühlte mich zutiefst verletzbar und unfähig, hinsichtlich des Schmerzes meiner neuen Welt etwas zu tun.

Dann meinte ich zwischen der Säuglingsstation und meiner Mutter hin- und hergetragen zu werden. Ich war völlig erschöpft. Alles, was ich tun konnte, war auf dem Fußboden liegen und mich lebendig fühlen. Les und ich sprachen eine Weile miteinander, aber ich fühlte mich unfähig, in dem Geschehenen einen Sinn zu finden. Ich fiel auseinander, ohne daß es mir etwas ausmachte; ja, ich war sogar erleichtert.

In den folgenden sechs Wochen kehrte ich immer wieder in dieses Sammelbecken von Urerlebnissen zurück. Allmählich erkannte ich, daß es das Sammelbecken der Geburtsgefühle war. Ich hatte auch Urerlebnisse zu späteren Erfahrungen, aber meistens führten sie doch zu diesem Sammelbecken zurück. In den Urerlebnissen, die den ersten zwei Tagen folgten, sollte sich eine neue Logik herausbilden. Die Logik des Schmerzes. In den ersten zwei Tagen war ich von meinen Gefühlen einfach überwältigt, so daß ich mich öffnen konnte, um später das entscheidende Urerlebnis, das noch immer unbemerkt im dimensionslosen Sammelbecken des Schmerzes wartete, vollständig fühlen zu können.

Die Geburtsprimals, die den ersten beiden Tagen folgten, waren spezifischer und gaben mir mehr und mehr Einsicht in mein Leben. Im folgenden habe ich nur die Höhepunkte dieser Urerlebnisse aufgezeichnet.

Eine weitere Sitzung
Ich legte mich hin. Ich war verzweifelt und hoffnungslos. Les brachte mich dazu, in dieses Gefühl hinabzusteigen. Mir kam die Erinnerung, daß ich in der Wiege liege und darauf warte, zu meiner Mutter gebracht zu werden – und schließlich die physiologische Realisierung, daß Mutter sich mir entzieht. Sie zog sich zurück, während ich saugte. Meine Realität wurde mir weggenommen. Ich weinte und weinte.

Eine weitere Sitzung
Ich saß auf dem Fußboden und litt unter Schmerzen in meinen

Schultern und entlang meiner Wirbelsäule. Les half mir, es zu fühlen. Dann wurde der Schmerz zur Bewegung, und ich fing an, langsam rückwärts zu rollen. Ich war wieder im Mutterleib. Diesmal war die Bewegung unendlich langsam. Die Bewegung übte Druck auf meine Wirbelsäule aus, wegen des Gewichts meines Kopfes und der Schwierigkeit der Bewegung. Ich weinte vor praenatalem Schmerz, den ich empfunden hatte, der aber nicht völlig erfahren werden durfte, wenn ich überleben wollte.

Nach jeder Sitzung fühlte ich mich besser, aber ich empfand immer noch ein allgemeines Unbehagen. Ich fühlte mich manchmal paranoisch und wartete, daß noch etwas geschehen würde. Am Ende der zweiten Therapiewoche schickte mich Les nach Hause, meine Eltern besuchen. In dieser Nacht hatte ich einen Alptraum, aus dem ich schwitzend und kalt erwachte. Ich träumte, ich stiege einen Berg hinauf, könnte aber niemals die Spitze erreichen. Ich stieg hinauf und fiel. Am nächsten Morgen ging ich zur Gruppe.

Zunächst weinte ich; es kamen keine Bilder oder Erinnerungen. Ich hörte auf und setzte mich aufrecht hin. Als ich mich im Raum umsah, wurde ich sehr ängstlich und paranoid. Ein vages Gefühl versuchte heraufzukommen, und ich bekämpfte es. Ich berichtete Les von meiner Furcht, und er half mir behutsam in die Verrücktheit hinein. Ein Anfall kündigte sich an. Ich schwitzte und war zutiefst verängstigt. Ich wurde von einem Gefühl überflutet, das unerträglich war. Blindlings streckte ich meine Hand nach Hilfe aus. Art nahm meine Hand, und dann schwemmte mich das Gefühl gleichsam ins Endlose hinweg. Der Anfall und das Schreien intensivierten sich – beides hörte auf, als ich ein Bild vor mir sah, wie ich in einem Brutkasten wartete.[1] Diesem Bild folgten Gefühle, die aus meinem Inneren kamen. Ich verkrampfte mich und wand mich vor Schmerzen in der Herzgegend. Unerträgliche Schmerzen. Ich lag im Sterben. Mein Herz zerbrach. Ich weinte und wimmerte weiter, bis ich einen Körper in meiner Nähe fühlte. Eine totale körperliche Reaktion auf einen anderen Körper. Ich kroch, zog und schob mich unter die Beine dieses Körpers. Als ich unter den schützenden, liebenden Beinen war, weinte ich und weinte. Zum ersten Mal in meinem Leben war ich sicher. Ich würde nicht sterben. Ich hatte überlebt.

[1] In letzten Gesprächen mit meiner Mutter erfuhr ich die genaue Zeit, die ich als Neugeborenes warten mußte. Ich wurde um 14 Uhr 45 geboren und nicht vor 6 Uhr früh am nächsten Morgen zu ihr gebracht. 15 Stunden Wartezeit in einem sterilen Brutkasten. Das schmerzlichste aller meiner Urerlebnisse beinhaltete diese Wartezeit.

Zwei Wochen später kam der Schmerz wieder. Wie vorher ging ihm die Verrücktheit voraus, aber als ich ihn dann fühlte, war der Schmerz schwächer, doch immer noch sehr intensiv.

Ich begann endlich aus dem Ozean des Schmerzes, der mich umfangen hatte, wieder an die Oberfläche zu kommen. Ich berichtete Les später, daß ich endlich das Gefühl hatte, am Ufer zu sein. Ich war geboren und würde leben.

Mein Kommentar

Das entscheidende Merkmal des Geburtsprimals ist ein Ergebnis der Verletzbarkeit des wehrlosen kindlichen Organismus. Die vorgeburtlichen, geburtlichen und nachgeburtlichen Schmerzen sind nicht die Ursache der Neurose – sie sind jedoch physiologisch derart traumatische Ereignisse, daß der Säugling eine neurotische Dynamik entwickelt, um seine Existenz aufrecht zu erhalten. In dieser frühen schmerzhemmenden Reaktion wird die Grundlage für die Neurose gelegt. Der Säugling muß, gleichsam nach dem Gesetz des Alles oder Nichts, sich selbst von dem aufkommenden Schmerz abspalten, wenn er überleben will. Diese Schmerzminderung erlaubt dem Organismus weiter zu leben. Das ist zugleich der Beginn neurotischen Verhaltens.

Kreißsäle und andere Übel

Stellen wir uns einen besonders sensiblen Organismus im relativen Dunkel und der sensorischen Isolation des Uterus vor; er kämpft, um in Hände geboren zu werden, die in Plastik eingewickelt sind oder in den eiskalten Griff der Zangen. Sobald er von seiner Mutter befreit ist, wird er zunächst einmal gründlich »behandelt« und von der eigenen Mutter getrennt. Von seinem Geburtskampf und der anschließenden Behandlung nach der Geburt geschwächt, wird er in eine Wiege oder in einen Brutkasten gebracht, fern seiner einzigen Quelle des Trostes und der Identität – der Mutter. Die Mutter, die ihm durch ihre Körperwärme Trost und Identität geben könnte, ist tabu. Identität und Bedürfnis sind einem neurotischen Zeitplan untergeordnet, der von irgendeinem fachkundigen neurotischen Arzt erstellt wurde.

Untersuchungsergebnisse über die Sterberate Neugeborener und ihrer emotionalen Stabilität, weisen darauf hin, daß unsere Kreißsäle neurotisches Verhalten institutionalisiert haben. Ich glaube, es ist klar geworden – wenn wir die Absicht haben, uns als Gattung weiter zu enwickeln und zu überleben –, daß wir zumindest bislang allgemein akzeptierte Praktiken aufgeben müssen, die einem erfüllten Leben des Kleinkindes schaden – auch wenn diese Praktiken von den mächtigen und allwissenden »Vätern« der medizinischen Wissenschaft sanktioniert sind.

Wir werden so lange neurotisches Verhalten nähren, wie neurotische Männer und Frauen Kinder zeugen, um die Liebe zu erhalten, die sie selber nie bekamen, und solange, wie Ärzte und Schwestern die Krankenhäuser nicht ändern, wie Babyflaschen die Brust ersetzen, und wie Drogen den Schmerz und die Ekstase einer natürlichen Geburt ersetzen.

Es ist klar, was in der präventiven Psychologie getan werden muß, aber als Therapeut bin ich mit der Heilung der schon kranken Erwachsenen beschäftigt. Das einzige Problem auf der Suche nach Heilung ist meine eigene Krankheit. Ein Neurotiker, ob er nun ein Psychologe oder ein Klempner ist, wird neurotisch denken. Neurotisches Denken ist eingeschränktes, computerhaftes Denken, das uns daran hindert, unser Wissen zu fühlen. Und nur durch fühlendes Wissen kann eine wirkliche Veränderung eintreten. Die Geburtsprimals machen das mehr als deutlich.

Jahrzehnte bevor Janov Zeuge des Geburtsprimals wurde und schließlich dessen Wirklichkeit fühlte, waren andere Psychologen – wie die nachfolgenden Zitate zeigen – Zeuge des gleichen Phänomens:

»In dieser Absicht führten sie ihn an das Bett einer Hysterika, deren Anfälle unverkennbar den Vorgang einer Entbindung mimten.«[2]

»Indem wir das anscheinend rein körperliche Geburtstrauma in seinen ungeheuren seelischen Folgen für die gesamte Entwicklung der Menschheit aus analytischen Erfahrungen erstmalig zu rekonstruieren versuchen, vermögen wir in ihm das letzte biologisch faßbare Substrat des Psychischen zu erkennen.«[3]

»Daraus ergibt sich, daß die eigentliche Übertragungslibido, die wir bei beiden Geschlechtern analytisch aufzulösen haben, die

[2] S. Freud, *Vorlesungen zur Einführung in die Psychoanalyse*, Gesammelte Werke Bd. XI, S. 313, Frankfurt/M., S. Fischer, Imago, 1948.
[3] Otto Rank, *Das Trauma der Geburt und seine Bedeutung für die Psychoanalyse*, Wien, Internationaler Psychoanalytischer Verlag, 1924, S. 3.

mütterliche ist, wie sie in der pränatalen physiologischen Bindung zwischen Mutter und Kind gegeben war«.[4]

Kelsky (1953) untersuchte Phantasien über Geburt und vorgeburtliche Erfahrungen und folgerte, daß die Phantasien für tatsächliche Ereignisse standen, die unterdrückt worden waren.[5]

Aber genau wie Janov bei seinen frühen Arbeiten konnten andere Psychologen die Realität oder die Bedeutung ihrer Ergebnisse nicht voll und ganz glauben. Und jene, die es glaubten, waren doch unfähig, mehr zu tun, als diese Erfahrung in Begriffe zu fassen und sie in einem stillen Eckchen ihrer Theorie unterzubringen. Sie waren Opfer ihrer eigenen Empfindungsunfähigkeit. Wäre auch nur einer von ihnen fähig gewesen, die Erfahrungen, an denen er teil hatte, umfassend nachzuempfinden, hätte er etwas entdecken können, was der Primärtherapie ähnlich wäre. Aber für den »etablierten Neurotiker« ist das Fühlen gefährlich, da es ihn zu nah an seinen eigenen, nicht empfundenen Schmerz herankommen läßt.

Gerade in diesem Mangel des Fühlens liegt die Wurzel für das Versagen anderer Therapien. Andere Therapeuten und Behandlungsformen versagen deshalb, weil der Therapeut, wenn er Zeuge eines (Ur-) Erlebnisses wird, das über seine eigene emotionale Toleranz hinausgeht, den Patienten am »Ausagieren« oder »Hysterischsein« hindert – womit er indirekt zugibt, daß seine theoretischen und emotionalen Fähigkeiten ein solches intensives emotionales Ereignis nicht ertragen können. Daher werden Therapeuten die Erfahrung des Patienten zugunsten ihrer festen und mystifizierten Theorie über das, was real ist, verneinen.

Als Therapeut und Patient bin ich absolut sicher, daß die einzige Theorie, an die ich glauben kann, diejenige ist, die der Patient selbst aus seiner Erfahrung mit seinem eigenen Urschmerz entwickelt. Nur indem jeder Patient sein eigenes Geheimnis aufdeckt, wird er seine Theorie und seine Heilung finden.

Ein Therapeut, der nicht seine eigenen Urerlebnisse erfahren hat, wird versuchen, sie in einer linearen und logischen Art zu verstehen und zu analysieren. Aber Urerlebnisse sind nicht linear; sie sind räumlich logisch, das heißt, daß ein Patient die umfassende organis-

[4] Ibid., S. 10.
[5] Jesse Gordon, *Handbook of Clinical and Experimental Hypnosis*, New York, Macmillan, 1967, S. 222.

mische Wahrnehmung und Erinnerung, die sein kindliches Erbe ist, wiedererleben kann.[6]

Daher besteht zwischen Patient und Therapeut eine dimensionale Lücke – eine zweidimensionale Computer-Logik steht einer multidimensionalen gefühlsmäßigen Logik gegenüber.

Niemand kann diesen Abgrund überbrücken, bevor er seinen eigenen Urschmerz erlebt hat. Denn das Urerlebnis verändert nicht unser Verhalten; *es transformiert uns in unser eigenes Selbst.* R. D. Laing beschreibt diese Umwandlung in seiner Schrift über die schizophrene Erfahrung:

»Ich habe den Paradiesvogel gesehen, er hat sich vor mir ausgebreitet, und ich werde niemals mehr derselbe sein. Da gibt es nichts, wovor man Angst haben muß. Nichts.«[7, 8]

Indem ich dies schreibe, habe ich versucht, einige Dinge, die ich fühle, verständlich zu machen. Ich weiß, ich kann Ihnen meine Erfahrung nicht berichten, weil sie die meine ist. Ich habe entdeckt, daß ich der Paradiesvogel bin. Nicht Ihr Paradiesvogel, sondern meiner. Ich bin mein Himmel, mein Gott und meine Hölle. Ich bin geformt von der Dynamik der Evolution, aber es ist dieser umfassend empfundene Schmerz, der mich transformiert – ICH BIN.

Als Psychologe bin ich von dem Karussell des Verstehens heruntergegangen und fand die Welt des Fühlens. Endlich kann ich genau der sein, der ich bin.

Mary

Ich war spät am Abend nach Hause gekommen und fühlte mich reizbar und unruhig. Mein Körper war nicht fähig, in irgendeiner Position zu verharren. Ich begann wieder zu zittern, ähnlich wie in den vorangegangenen Geburtsprimals. Ich hatte keine Kontrolle über die Bewegungen meines Körpers. Meine Hände, mein Gesicht, Arme, Beine und Rumpf bewegten sich unwillkürlich. Ich nahm so etwas wie einen Piepton in meinem Kopf wahr, ich wartete ruhig, und mein Körper antwortete auf diese sinnliche Wahrnehmung. Es war, als würde mein Gehirn dem Rest meines Körpers Signale senden. Ich wußte, daß ich die ersten Bewegungen meines Lebens erlebte. Sie gingen von einem zentralen Punkt meines Körpers aus

---

[6] Ähnlich Freuds »polymorph pervers«.
[7, 8] R. D. Laing, *Phänomenologie der Erfahrung,* Frankfurt/M., Suhrkamp, 1969.

und begannen langsam in alle Richtungen auszustrahlen. Sie hatten etwas Wärmendes. Der Bewegungsablauf war sehr langsam, es war, als führte ich ein Wasserballett auf. In der Schlußphase liefen die Bewegungen in meinem oberen Rumpf in rhythmischen Mustern ab. Die Zunge hing mir aus dem Mund heraus und begann zu zittern; ich streckte sie rein und raus, und dann begann ich spontan zu saugen.

Die »Signale« strahlten jetzt stärker, die Wirbelsäule entlang bis in meine Beine. Nach vielen rhythmischen Bewegungen setzten Körperkontraktionen ein, und mein Körper streckte sich aus. Langsam begann ich mich in krampfartigen Schüben den Geburtskanal herunter zu bewegen.

Plötzlich hatte ich Angst, und es wurde mir klar, daß von außen – außerhalb des Mutterleibs – etwas mit mir gemacht wurde. Mein Körper bewegte sich nicht mehr frei und spontan. Ich wurde von außen gezogen, gestoßen und geschlagen.[9]

Ich war für das, was geschah, nicht bereit. Ich merkte auch, daß dieses Etwas (die Plazenta) um meine Füße geschlungen war und ich sie nicht frei bewegen konnte. Das heftige Schütteln begann, und ich zitterte am ganzen Leib. Das »Schlagen« von außen ging weiter. An diesem Punkt wurde meine Hand über meiner Nase eingeklemmt, und ich konnte nicht frei atmen.[10] Ich konnte meine Hand eine beträchtliche Zeit lang nicht befreien. Mein ganzer Körper wurde von Angst geschüttelt. Kein Wunder, daß ich nicht geboren werden wollte. Kein Wunder, daß ich so lange brauchte, um meine Geburtsprimals zu vervollständigen (der eigentliche Vorgang dauerte Berichten Anwesender zufolge fast 30 Stunden).

Bei diesen Versuchen, mich in die richtige Geburtslage zu bringen, wurde mein Körper buchstäblich schon »geschlagen«, noch ehe ich zur Welt kam. Ich habe mich oft gefragt, warum ich die Schläge, die ich als Kind von meiner Mutter erhielt, nie richtig gefühlt habe. Jetzt weiß ich die Antwort. Während der Geburt mußte ich zuviel erleiden, so daß ich bereits bei der Geburt aufhörte, die Schläge zu fühlen.

---

[9] Handgriffe, die durch den Arzt von außen vorgenommen werden, um das Baby für die Geburt in die richtige Lage zu drehen.
[10] Bei der tatsächlichen Geburt verursacht die Hand in dieser Stellung keine Schwierigkeiten, da der Sauerstoff den Organismus über die Nabelschnur erreicht. Beim Wiedererleben dieser Erfahrung verursachte es jedoch eine Schwierigkeit.

Der folgende Abschnitt gibt Auszüge der Aufnahme wieder, die unmittelbar nach meinem Geburtsprimal aufgenommen wurde:

».. . Da war niemand, der mir half. Niemand – niemand. Und niemand sah .. . und niemand, der sehen konnte, daß ich in Gefahr war, und daß sie mir weh taten. Sie zwangen mir ihre ganze Macht auf. Dann wurde mein Nacken von einer Seite zur anderen gezwungen und die Vibrationen überwältigten meinen ganzen Körper. Jemand hatte mich am Kopf gepackt und versuchte mich herauszuziehen, mit Gewalt.[11] (Geburtszangen)... zerrten an mir und zogen mich hin und her. Als die Plazenta meine Füße umschlang und ich mich nicht bewegen konnte, fühlte ich mich besiegt und konnte nicht um Hilfe schreien. Niemand konnte hören und niemand konnte sehen... Das waren Primärszenen für mich...

... Als ich im Geburtkanal war, brauchte ich behutsame Hilfe... aber dort war niemand, der sie mir geben konnte. Es ist ein Wunder, daß ich überlebte... Ich war so verletzt und so sehr erschrocken.... Ich mußte einfach abschalten und mich abschließen... Für mich gab es keinen Platz. Meine Mutter hätte eine wirkliche Märtyrerin sein können, wenn ich gestorben wäre. Sie hat ihr ganzes Leben lang immer versucht, eine Märtyrerin zu sein... dann hätte jeder sagen können, wie sehr sie wohl gelitten habe... sie litt so sehr, daß sie sogar ihr Kind verlor... kein Wunder, daß sie mich haßte... ich überlebte und überließ ihr nicht den Triumph... deswegen warst du immer eifersüchtig auf mich, Mama... Deswegen war ich immer eine Bedrohung für dich... Du wolltest mich wirklich dumm halten, damit ich nicht bemerke, wie sehr du mich haßt... Du mochtest mich nie... nie, nie... Ich wollte mich... Ich wollte mich... Mama, Mama... wenn du mich nicht willst... und niemand anderes wollte mich... ich will mich jetzt... mich... mich... Ich konnte nur das tun, was sie mir befahlen... liebe mich... bitte liebe mich... mich... mich... mich. Ich weiß jetzt, daß ein Kind ganz Körper ist... ich bin ganz Körper.

... Mein ganzes Leben bin ich gelaufen und habe versucht, jemand zu finden, der sehen würde, wie bedürftig und wie sehr verletzt ich war.

... Ich weiß, wenn sich meine Urerlebnisse entfalten, daß sie einem festgefügten Muster folgen. Wenn sie vorausgeplant werden könnten, würden sie sich einem natürlichen Ablauf und einer natürlichen

[11] Die Entbindung war fast vorüber.

140

Reihenfolge gemäß entfalten, und doch für mich als Mensch einzigartig sein ... mein ganz persönlicher Weg. Ich kann das festgefügte Muster erkennen, während die Urerlebnisse sich aneinanderreihen. Die Primärszenen sind wesentlich, weil sie die Grundlage meiner Sinnzusammenhänge sind. Ich verstehe auch etwas von Liebe ... es geht einfach darum zu sein ... ich bin ... es geht nicht darum, klein oder groß, geistreich oder dumm oder irgend etwas anderes zu sein ... Nur sein, das ist alles. Es war für Mami sicherer, mich ein kleines Mädchen sein zu lassen. Sie wollte nicht, daß ich erwachsen werde und hielt mich von Anfang an zurück – zuerst mit ihrem Körper. Sie mußte mich dumm halten, damit ich nicht dahinterkomme, daß sie mich haßte und mich nicht haben wollte. Wenn sie es schaffte, mich vom Erwachsenwerden abzuhalten, war die Chance, dieses Wissen von mir fern zu halten, um so größer. Ich mußte in allen Fragen von ihr abhängig sein ... auf diese Weise war sie sicher. Ich mußte ihr Lieblingskind sein, damit sie mich kontrollieren konnte ... und mich daran hindern konnte herauszufinden, wie es um die Dinge wirklich bestellt war.

Ich weiß, daß das, was ich durch meine Geburtsprimals erfahren habe, der Anfang der physischen Abwehr meines Körpers war. Er konnte den Schmerz, den ich fühlte, nicht verarbeiten. Doch seitdem ist mein Körper auf so vielerlei Weise wieder zum Leben gelangt. Bevor ich mit der Therapie anfing, habe ich jeden Tag vier Milligramm eines schilddrüsenwirksamen Medikaments genommen. Seit meinem ersten Behandlungstag habe ich nichts mehr eingenommen und habe ein normales PBJ [Jodaufnahme durch die Schilddrüse]. Meine Körpertemperatur ist gesunken ... ich weiß nicht um wieviel, aber als ich kürzlich eine Virusinfektion hatte, zeigte mein Körper alle Symptome hohen Fiebers, doch Messungen ergaben keine erhöhte Temperatur. Dem Arzt war dieser Widerspruch ein Rätsel. Außerdem hat meine früher extrem trockene Haut inzwischen ihren eigenen Schutzfilm hergestellt und einen leichten Glanz erhalten. Ich beginne zum ersten Mal in meinem Leben, wirklich lebendig zu sein.«

Interpretation

Wir sehen in den Primals dieser Patientin das subtile Ineinandergreifen von Geburtstraumen und späterem Verhalten. Sie sind nicht so sehr Ursache und Wirkung als vielmehr integrale Ganzheiten, die in organismischer Wechselbeziehung stehen. Im Uterus stecken zu bleiben wurde ein Teil ihres späteren »Dumpf«-seins. Das heißt, die intrauterine Erfahrung plus dem Bedürfnis der Mutter, sie auf tausenderlei Art dumm zu halten, und zwar über viele Jahre der Beziehung hinweg, brachten zusammengenommen ein »dumpfes«, unwissendes, nicht begreifendes Verhalten hervor. Das Wiedererleben der Geburtserfahrung enträtselte ihr viele der späteren Erfahrungen mit ihrer Mutter. Das Bedürfnis ihrer Mutter, sie dumm zu lassen, war nur eine Fortsetzung dessen, sie bei der Geburt nicht ihren eigenen Weg gehen zu lassen. Daher kann das Geburtsprimal des Steckenbleibens eher als eine totale Hilflosigkeit empfunden werden und weniger als »Dumpfheit«. Sich »hilflos« fühlen ist eine *Interpretation* der Erfahrung. Diese Interpretation entwickelte sich mit dem Gebrauch der Sprache und der Entwicklung der begrifflichen Fähigkeiten. Das Gefühl der Hilflosigkeit aber, wenn man sich machtlos fühlt, Schmerz abzuwenden, beginnt bei einigen Menschen mit dem Geburtserlebnis. Dieses Gefühl ist unbewußt und bleibt unbemerkt; da es aber besteht und sich von einer »Lebens«-erfahrung ableitet, wird es auf das Verhalten derart Einfluß nehmen, daß der Betroffene in seinem späteren Leben hilflos handeln wird (das heißt, er wird sich in einer Situation, auf die er keinen Einfluß hat, hilflos fühlen und auch hilflos handeln).

2. Über Epilepsie

Einleitung

Es gibt verschiedene Arten von Epilepsie mit unterschiedlichen Ursachen. Der folgende Abschnitt wurde von einem Mann geschrieben, der vor der Therapie unter Anfällen von Grand Mal sowie Petit Mal litt. Er hatte über Jahre Diphenylhydantoin oder Trimethadion eingenommen – Mittel, mit denen Anfälle unter Kontrolle gehalten werden. Innerhalb weniger Wochen der Primärtherapie wurde er, allen Anzeichen nach zu urteilen, von der Epilepsie tatsächlich geheilt. Was bedeutet das? Er weiß inzwischen, daß seine epileptischen Anfälle unterdrückte Urerlebnisse sind; er kann seine Anfälle oder Urerlebnisse vorhersagen und kontrollieren, indem er jene schmerzhaften Gefühle empfindet, die ihnen zugrunde liegen. Es kann sein, daß er für Jahre Urerlebnisse haben wird, aber er wird keine Anfälle mehr haben. Dieser Mann beendete die medikamentöse Behandlung vor der Therapie und bedarf ihrer seither nur noch äußerst selten. Das eine Mal, daß er während der Therapie einen Anfall erlitt, fand statt, als er einen Streit mit seiner Mutter hatte und nicht in die Gruppe kommen konnte und auch sonst nirgends hingehen konnte, um seinen Schmerz zu fühlen. Das Ergebnis war ein Anfall. Warum hatte er Anfälle und nicht ein Geschwür? Es könnte sein, daß sein prototypisches Trauma von dem immensen Druck herrührt, der während der Geburt auf seinen Kopf ausgeübt wurde – wie er es so anschaulich beschreibt. Ein anderer, der in früher Kindheit ständig Hunger hatte, weil er nicht rechtzeitig gefüttert wurde, könnte später als Reaktion auf Spannungen Magengeschwüre bilden. Das Übermaß an Spannung sammelte sich augenscheinlich in seinem Kopf, weil dieser Druck das erste, auffälligste ungelöste Trauma seines Lebens war. Was klar wird, ist, daß wir das Gehirn überfordern können, indem wir es mit mehr belasten als es verarbeiten kann; das führt zur Bildung von Symptomen wie den epileptischen Anfällen – genauso wie Teile des Magens etwa durch eine Hypersekretion von Salzsäure beschädigt werden können, was zur Bildung von Magengeschwüren führt.

Eine der Funktionen von Medikamenten wie Diphenylhydantoin ist es, die Weiterleitung nervlicher Aktivität durch ihre Wirkung auf den Natriumgehalt der Nervenzellen zu verlangsamen. Dies bewirkt, daß eine Ausbreitung von Nervenreizen vom Ausgangspunkt des Anfalls verhindert wird. Auf diese Weise wird eine unkontrollierbare, massive Entladung von Gehirnzellen (ein Anfall) verhindert. Was sie also offensichtlich bewirken, ist, den Damm oder Widerstand gegen übermäßige Reizbarkeit, die durch außerordentliche Stimulation entsteht, zu stabilisieren. Die Nervenzellen reagieren immer weniger auf wiederholte (primäre) Stimulation. Trotzdem bewirkt dieses Medikament nicht das Verschwinden primärer Stimulationen. Es unterdrückt sie, ebenso wie andere Medikamente die Hypersekretion der Salzsäure eindämmen und damit die Bildung eines Magengeschwürs verhindern können.

Urschmerzen *sind* wiederholte Reizungen des Organismus. Das gleiche spielt sich auf einfacherer Ebene ab, wenn wir etwa wegen

Zahnschmerzen nicht schlafen können. Der Schmerz hält uns wach, er aktiviert uns. Er könnte ebenso eine permanente Unterversorgung des Herzens mit Blut bewirken, so daß man ständig gefäßerweiternde Mittel nehmen muß. Medikamente, egal wie wirksam sie auch sein mögen, können keine dieser Beschwerden *heilen;* sie unterdrücken lediglich eine Aktivierung. Der Anspruch der Primärtherapie ist es, diese Aktivierung für immer zu entfernen. Wenn das nicht geschieht, kann der Druck eines unterdrückten Anfalls in eine allergische Reaktion oder in einen Herzanfall umgelenkt werden. Wir können erkennen, wie die Medizin mehr oder weniger grundsätzlich zu einer Wissenschaft geworden ist, die Symptome unterdrückt und nicht heilt. Die Medizin war ausschließlich damit beschäftigt, Symptome auszutauschen, ein Symptom durch ein anderes zu ersetzen. Deshalb bilden Patienten, nachdem ein Symptom mit Hilfe von Medikamenten beseitigt ist, oft ein neues aus; die Spannung sucht sich andere Abfuhrwege.

Wenn man den Mann, dessen Geschichte nun folgt, während eines Urerlebnisses sehen könnte – wie er seinen Kopf angesichts des in ungeheurem Maße zunehmenden Drucks vor Schmerzen festhält –, so würde man sofort verstehen, wie dieser Druck, wenn er gebremst wird, zu einem Anfall führen kann. Urerlebnisse können wie Anfälle aussehen. Glücklicherweise sind sie es jedoch nicht; sie sind das spezifische Gegengift oder Antidot gegen Anfälle.

Simon

Ich bin 24 Jahre alt und studiere experimentelle Psychologie an der Universität von Kalifornien, in Irvine. Bevor ich den »Urschrei« las, hatte ich keinerlei Interesse an Therapie und allem, was mit klinischer Psychologie zu tun hat. Obgleich ich selbst von vielen psychosomatischen Symptomen (Heuschnupfen, Asthma, chronischen Kopfschmerzen, Hämorrhoiden und Petit-Mal-Epilepsie) betroffen war, ist mir nie der Gedanke gekommen, mich in psychotherapeutische Behandlung zu begeben, weil ich die Symptome auf die Belastung durch Arbeit und Studium und auf meinen Versuch, eine Familie zu gründen, zurückführte. Nachdem ich die Einleitung gelesen hatte, war ich überzeugt, daß es sich nicht um ein gewöhnliches Psychologie-Buch handelte. Als ich das Buch zu Ende gelesen hatte, wußte ich nicht nur, daß es mir eine Antwort geben könnte, wie man auf vernünftige Weise eine Familie gründet, sondern auch, daß es die Möglichkeit in sich barg, mein Leben von Grund auf zu verändern.

Trotzdem hielt ich zunächst an meinen Vorbehalten gegenüber therapeutischer Behandlung fest. Das änderte sich erst, als einer meiner Freunde, der die ersten drei Wochen Primärtherapie gerade hinter sich gebracht hatte, mich Arthur Janov vorstellte; erst da begann ich, ernsthaft über die Primärtherapie nachzudenken. Als ich Dr. Janov begegnete, hatte meine Frau das Buch gerade gelesen. Die Lektüre hatte sie so stark mitgenommen, daß sich bei ihr ein Nervenzusammenbruch ankündigte und sie sich unverzüglich zur Primärtherapie anmeldete.

Kurz nachdem auch ich mich angemeldet hatte, wurde meine Frau plötzlich und unerwartet aufgefordert, in einer Woche mit der Therapie zu beginnen. Wir waren beide überrascht und sehr glücklich darüber, und ich war sicher, innerhalb kürzester Zeit selbst auch aufgefordert zu werden. Leider stellte sich bald heraus, daß für mich noch kein Termin geplant war.

In der ersten Therapiewoche meiner Frau mußte ich erfahren, daß ich keineswegs der starke und unabhängige Mensch war, für den ich mich selbst hielt. Es zeigte sich, daß ich sehr abhängig von meiner Frau war, und der Versuch, mich selbst und unsere dreijährige Tochter allein zu versorgen, machte mir bewußt, daß ich kaum ohne sie leben könnte. Höhepunkt all der Probleme, die in dieser Woche auf mich zukamen, war die Nachricht, daß ich mit dem Beginn der Therapie wahrscheinlich noch zwei weitere Monate warten müßte. Beweis für meinen miserablen Zustand in jener Woche war die Tatsache, daß gleich drei der gelegentlich bei mir auftretenden Symptome – extremer Heuschnupfen, Asthma und Zwei Petit-mal-Anfälle, die beide in der Nacht, während ich schlief, auftraten – äußerst intensiv ausbrachen.

Zu Beginn der zweiten Behandlungswoche saß ich nur noch zu Hause, fühlte mich sehr elend und weinte mehr, als ich je in meinem Leben geweint hatte. An jenem Dienstagmorgen war es so schlimm, daß ich Art Janov anrief und ihm erzählte, was mit mir los war. Er hörte sehr geduldig zu und sagte mir, ich solle in zwei Tagen zurückrufen, dann könne er mir einen Termin geben. Das allein genügte, um den Druck vorübergehend zu mindern; zum ersten Mal seit elfeinhalb Wochen fühlte ich mich erleichtert. Etwa eine Stunde später klingelte das Telefon, und zu meiner großen Überraschung hörte ich meine Frau fragen, wie es mir ginge und ob ich meine Sachen packen und in einer Stunde im Primal-Institute sein könne. Als ich endlich begriff und glaubte, was sie gesagt hatte, packte ich in aller Eile ein paar Sachen zum Anziehen zusammen, nahm mir meine Tochter und fuhr unverzüglich nach Los Angeles.

Alles, was ich über die etwa 60 km Weg sagen kann, ist, daß ich verdammtes Glück hatte, mich nicht selbst umzubringen, noch ehe ich mit der Therapie begann. Kaum war ich auf der Autobahn, da begann ich zu weinen, und ich hatte das Gefühl, jegliche Kontrolle über meinen Körper zu verlieren. Mein Kopf zuckte krampfartig, und ich döste die meiste Zeit vor mich hin. Ich bin überzeugt, daß ich zum Institut fand, lag nur daran, daß ich schon einige Male vorher dort gewesen war. Als ich schließlich dort ankam, befürchtete ich, mein Kopf werde gleich explodieren (der Druck hatte während der Fahrt ständig zugenommen). Ich hatte alle Mühe, nicht laut zu schreien. Mein Kopf fühlte sich an, als ob Tausende von Neuronen ziellos, in rascher Folge und völlig unkontrolliert, Impulse gäben; es tobte buchstäblich ein elektrischer Sturm in meinem Kopf. Allein ihn hin- und herzubewegen, bereitete rasende Schmerzen; wenn ich ihn schüttelte, hatte ich ein Gefühl, als schlüge mein Gehirn an die Innenseite des Schädels und reibe sich dann am Knochen.

Das einzig Besondere, an das ich mich nach Betreten des Instituts erinnere, ist, daß man mir mitteilte, jener Freund, der mich in die Primärtherapie eingeführt hatte, würde mein Therapeut sein, und bei diesem Gedanken fühlte ich mich wohl und sicher.

Das nächste, woran ich mich erinnere, ist der Beginn meiner Therapie; das heißt, daran, daß ich auf dem Boden lag und das Durcheinander entwirrte, das ich aus mir selbst gemacht hatte. Ich möchte nicht den Verlauf jedes einzelnen Tages meiner Therapie schildern; ich will mich lediglich auf die Urerlebnisse konzentrieren, die unmittelbar zur Heilung meiner Epilepsie beigetragen haben.

Gleich am ersten Tag meiner Therapie begann ich mit dem, was sich als das entscheidende Urerlebnis hinsichtlich meiner Epilepsie erwies – nämlich das Urerlebnis der Geburt. Am Anfang dieser ersten Sitzung hatte ich viele Gefühle, die sich auf meinen Vater bezogen, und während ich über ihn sprach und schimpfte, wurde der Schmerz in Nacken, Schultern und Kopf immer intensiver. Alle Gefühle, die ich hatte, vergrößerten den Druck; und schließlich begann ich zu würgen und auf dem Boden herumzurollen, dabei

146

hielt ich Kopf und Hals umklammert, da beide unglaublich weh taten. Mein Therapeut forderte mich auf, »es herauszulassen«, aber ich konnte es nicht, weil es zu heftig war. Dann erinnere ich mich, daß ich mich in der foetalen Lage befand und meine Beine plötzlich zu »pumpen« anfingen. Ich wußte noch immer nicht, was los war, aber je stärker ich meine Beine bewegte, umsomehr schmerzte mein Kopf, also zog ich ihn unwillkürlich ein. Plötzlich hatte ich das Gefühl, ich müsse mich jetzt freimachen, und ich wußte, ich mußte stärker drücken, um das zu erreichen. Aber je mehr ich drückte, umso größer wurde der Widerstand gegen meinen Kopf. Ich hatte das Gefühl, mit aller Kraft gegen ein unbewegliches Objekt zu drücken, und mein Kopf nahm *allen* Widerstand in sich auf. Ich hielt einige Male erschöpft an, und als ich das erste Mal anhielt, sagte ich dem Therapeuten, ich wisse jetzt, daß ich mein ganzes Leben lang Kopfschmerzen gehabt hatte. Jedes Mal, wenn ich anhielt, bekundete ich Schmerz, und wenn mir mein Therapeut dann sagte, ich solle den Schmerz fühlen, fing ich automatisch wieder an zu drücken. Schließlich war ich zu erschöpft, um weiterzumachen.

Ich beendete die erste Sitzung mit dem Gefühl, erleichtert, erschöpft und auf eigenartige Weise unvollständig zu sein. Am zweiten Tag meiner Therapie passierten zwei wichtige Dinge: erstens wurde ich einem anderen Therapeuten zugewiesen, und zweitens setzte ich das Urerlebnis der Geburt fort, das ich am Tage vorher begonnen hatte. Das Beeindruckendste an diesem Teil meines Geburtsprimals war die verbissene Heftigkeit, mit der ich kämpfte, um herauszukommen. Ich entdeckte, daß ich meinen Kopf als »Instrument« gebrauchte, mit Hilfe dessen ich versuchte, die Muskelwand, die mich aufhielt, zu durchbrechen. Je heftiger ich meinen Kopf dagegen stieß, umso mehr schmerzte es, und um so hoffnungsloser wurde dieser Kampf. Schließlich war ich so müde und erschöpft, daß ich einfach aufhörte. Während ich noch ermattet auf dem Boden lag, stellte ich einen für mich sehr bedeutungsvollen Zusammenhang her. Wann immer ich alleine schlief (seit ich zurückdenken kann), mußte ich entweder meinen Körper hin und her wiegen oder meinen Kopf gegen das Kopfkissen schlagen, um einschlafen zu können. Jetzt ist mir klar, daß das eine einfache Wiederholung des Geburtskampfes war.

Meinen vierten Therapietag begann ich mit einem anderen Abschnitt des Geburtsprimals. Ich begann mit demselben Problem, mit dem ich an den beiden anderen Tagen aufgehört hatte – ich hatte das Gefühl, mit dem Kopf »festzuhängen«. Diesmal jedoch bat ich meine Mutter, mir zu helfen; ich strengte mich gewaltig an – mehr als je zuvor. Jedesmal, wenn ich ausruhte, ermutigte mich Bernie (mein Therapeut), weiterzumachen und meine Mutter um Hilfe zu bitten. Das brachte mich meistens unmittelbar in das Urerlebnis zurück. Als ich schließlich den Punkt erreicht hatte, daß ich einfach nicht mehr konnte, fragte mich Bernie, wie sich mein Kopf angefühlt habe. Die treffendste Beschreibung, die ich geben konnte, war die, daß sich mein Kopf angefühlt hatte, als habe man ein warmes Handtuch so eng um ihn herumgewickelt, daß dadurch ungeheure Druckschmerzen entstanden. Während des Urerlebnisses selbst war es mir vorgekommen, als sei dieses »Handtuch« ein Muskel, der sich um meinen Kopf zusammenzog. An diesem Tag dachte ich im übrigen zum ersten Mal, es könne sich bei diesen Erlebnissen tatsächlich um ein Geburtsprimal handeln.

Der nächste Tag erwies sich als der beste und wichtigste Tag meiner Therapie, jedenfalls soweit es die Epilepsie betrifft. Es war zugleich der Tag, an dem ich mein Geburtsprimal beendete. Ich fühlte mich miserabel, als ich im Institut ankam, und ich mußte mich anstrengen, um nicht schon im Warteraum loszulegen. Als ich schließlich in mein Zimmer geholt wurde, war ich in einem so schlechten Zustand, daß ich kaum noch meine Schuhe ausziehen konnte. Sobald ich auf dem Boden war, sagte Bernie einfach: »Verlier dieses Gefühl nicht, bleib dran.« Genau das tat ich, und schon war ich mitten im Geburtsprimal. Wie an den anderen Tagen arbeitete ich verzweifelt, um hinauszukommen, aber ich fühlte genau, daß ich hoffnungslos feststeckte. Ich schuftete, bis ich nicht mehr konnte, dann schrie ich nach meiner Mutter um Hilfe. Ich versuchte wieder, mich zu bewegen, aber ich konnte nicht. Ich hatte das Gefühl, aufgeben zu müssen, denn es schien, als könnte ich einfach nicht geboren werden. Mir war es wirklich gleichgültig geworden. Aber die Schmerzen in Kopf und Körper (besonders die Einschnürung meines Kopfes) waren zu groß, als daß ich sie hätte ignorieren können. Dann fühlte ich plötzlich, wie etwas meinen Körper bearbeitete. Es fühlte sich wie rhythmische Kontraktionen an, und mein Körper bewegte sich einfach mit ihnen. Später erzählte ich Bernie, es habe sich angefühlt, als sei ich ganz in ein nasses Handtuch eingewickelt, das von oben bis unten ausgewrungen wurde, so daß ich, weil ich darin eingewickelt war, langsam »herausgedrückt« wurde. Dann fühlte ich, wie der Druck auf meinem Kopf nachließ, und ich begann zu weinen; dabei wurde ich aber noch immer hinausbewegt, und mein Körper war noch immer nicht fähig, irgend etwas selbständig zu tun. Ich konnte fühlen, wie meine Mutter sich anstrengte, um mich hinauszubekommen, und ich wußte, daß ich vor lauter Schmerz weinte, noch bevor ich endgültig zur Welt kam. (Diese Tatsache wurde später bestätigt.) Dann gab es plötzlich nur noch das Empfinden, nicht mehr zusammengedrückt zu werden. Ich entspannte mich voll und ganz.

Als ich wieder mit Bernie reden konnte, mußte ich zunächst einfach lachen, weil das Gefühl, draußen und frei zu sein, so überwältigend war. Er fragte mich, wie sich mein Kopf anfühle, und ich entgegnete, er schmerze. Er forderte mich auf, dem Schmerz zu folgen, doch als ich es tat, verschwand er. Ich beschrieb Bernie den ganzen Vorgang, so gut ich konnte. Mir wurde klar, daß ich meinen Kopf seit meiner Geburt als Rammbock benutzt hatte. Ich habe immer alle Schmerzen *mit meinem Kopf aufgefangen;* alles, was ich je getan hatte (ein fleißiger, guter Schüler, ein braver netter Junge sein, etc.), konzentrierte sich auf den Gebrauch meines Kopfes. Mein Leben war sozusagen »kopflastig« gewesen. Auf Bernies Frage, ob das in irgendeinem Zusammenhang zu meinen Anfällen stehen könnte, erwiderte ich – obgleich ich nicht sofort eine rationale Erklärung geben konnte –, ich sei sicher, daß meine Anfälle die Antwort meines Kopfes auf zu großen Druck gewesen seien. Ich hatte immer den Rest meines Körpers daran gehindert, auch nur Teile dieser Arbeit zu übernehmen; ich hatte ganz einfach alle Schmerzen und Gefühle unterbunden und in meinem Kopf verschlossen.

Die nächsten Tage verbrachte ich mit Urerlebnissen, die in keinem direkten Zusammenhang zur Epilepsie und den Anfällen standen. Es geschahen jedoch zwei Dinge, die wert sind, hier erwähnt zu werden. An einem dieser Tage hatte ich einige Urerlebnisse bezüglich meines Onkels, bei dem ich früher lebte. Eines dieser Urerlebnisse betraf das Problem, ihn gleichzeitig lieben und hassen zu wollen. Darüber nachdenken löste fast unerträgliche Kopfschmerzen aus, die sich dann in ein ganz eigenartiges Gefühl in meinem Magen verwandelten. Dieses körperliche Unbehagen war mit einem Gefühl identisch, das ich bei einem Urerlebnis hatte, das sich um die Scheidung meiner Eltern drehte – ich wollte beide und konnte nur einen haben. Zwei Dinge haben zu wollen, aber nur eines zu bekommen, verursachte mir in den beiden oben angegebenen Fällen unerträgliche Kopfschmerzen. An einem anderen Tag war mir danach, mit meinem Onkel zu reden, ich konnte es aber nicht, weil er nie zuhörte. Das Gefühl, das ich während dieses Urerlebnisses hatte, war, als fände in meinem Kopf ein Tauziehen statt.

Dieses »Tauziehen«-Gefühl kannte ich schon seit langem; ich hatte es immer dann, wenn ich versuchte, das Unmögliche zu tun. Diese beiden Gefühle waren sehr wichtig für mich, weil sie die Struktur meines Hauptabwehrmechanismus deutlich machten – nämlich durch Denken und Intellektualisieren alles mit meinem Kopf aufzufangen.

Das folgende Urerlebnis wird vollständig erzählt, weil es das erste Mal überhaupt war, daß ich einen Anfall und alles, was damit zusammenhängt, (einschließlich der Gründe, die ihn auslösten) wiedererlebt habe und anschließend erinnern und rekonstruieren konnte. Als bemerkenswert sei dem Bericht vorangestellt, daß dies mein erster Grand-Mal-Anfall war (was mich zu einem »echten«, weil diagnostizierten Epileptiker machte), und ferner die Tatsache, daß ich in diesem Urerlebnis alles auf äußerst behutsame, umständliche und langwierige Art und Weise herausfand.

Am Anfang empfand ich kaum etwas. Ich lag nur da wie ein toter Fisch. Dann sagte Bernie so etwas wie: »Folge dem allgemeinen Gefühl in deinem Körper«, und ich begann in etwas hineinzusinken, ich atmete schwer, und mein ganzer Körper begann zu kribbeln. Es war ein beängstigendes Gefühl, weil das Kribbeln von einer Art Starrheit begleitet wurde und ich mich für einen Moment lang so fühlte, als würde ich sterben. Dieses Todesgefühl (oder mindestens der Verlust des Bewußtseins) war so erschreckend und überwältigend, daß ich es unwillkürlich wegschob.

Ich berichtete Bernie, was geschehen war, und er bat mich, ihm dieses Gefühl zu beschreiben; er fragte, ob ich es schon früher gelegentlich gehabt hatte. Ich sagte ihm, daß es mir neu sei, und daß ich es gestern zum ersten Mal bemerkt hätte, und auch da nur für ein paar Sekunden. Er forderte mich auf, mich in meinen Körper zu versenken und zu empfinden, was sich dort tue. Ich folgte ihm, und das gleiche Gefühl kam wieder, nur blieb es diesmal etwas länger.

Das sporadische Sich-bemerkbar-machen dieses Gefühls wiederholte sich noch zwei oder drei Mal, aber jedesmal hielt es etwas länger an und war zunehmend von körperlicher Bewegung begleitet. Dann sprachen Bernie und ich kurz über die körperlichen Erscheinungen, die mit diesem Gefühl auftraten. Er fragte mich ebenfalls nach dem, was sich außerhalb meiner täglichen Therapiestunde ereignete. Ich sagte, daß ich nicht viel mehr täte als denken, spazieren gehen, einkaufen, essen und mich mit Jane, meiner Frau, unterhalten. Er fragte mich, ob ich gestern abend mit ihr geredet hätte, und wenn ja, worüber. Ich sagte ihm, daß ich über meinen Onkel gesprochen und Jane erzählt hätte, wieviel Mist er mir gegenüber in meiner Schulzeit gebaut habe. Während ich mit Bernie sprach, fing ich plötzlich an, schwer zu atmen – fast als könne ich keine Luft mehr bekommen. Ich hatte das Gefühl, gewürgt zu werden. Ich sagte es Bernie, und er bat mich, dieses Gefühl genau zu beschreiben.

Ich sagte, ich hätte das Gefühl, als habe mein Onkel uns, das heißt, meine Mutter, meinen Bruder und mich, immer wie an Schnüren gehalten und sie allmählich immer enger gezogen. Dann fiel es mir erneut schwer zu atmen, und ich sagte, ich hätte das Gefühl, mir liege ein halber Zentner Gewicht auf der Brust. Bernie drückte seine Hand auf meinen Brustkorb und meine Angst wuchs; ich begann zu jammern und zu schreien. Ich glaube, ich habe sogar geschrien »geh weg, geh weg«. Das dauerte einige Minuten. Nachdem es vorüber war, sagte ich, daß uns mein Onkel ständig unter Druck gesetzt habe. Das war die Ursache für dieses Druckgefühl.

Dann kam mir die Erinnerung an eine zweiwöchige Periode während meiner Schulzeit, als mir mein Onkel noch härter als sonst mitspielte. Obgleich ich nicht wußte wieso, sagte ich zu Bernie, es seien genau zwei Wochen gewesen, dabei wußte ich nur, daß es eine mir lange erscheinende Zeit war, in der alles, was ich tat, entweder zu langsam oder falsch oder zugleich beides war.

Während ich darüber redete, begann ich Magenschmerzen zu haben, und drei oder vier Mal konnte ich vor Schmerzen und Übelkeit nicht mehr weitersprechen. Schließlich wurden die Schmerzen so schlimm, daß ich davon loskommen wollte, indem ich Bernie etwas zu erzählen versuchte, was mir tagsüber passiert war, doch er hinderte mich daran und veranlaßte mich, mit dem Gefühl weiterzumachen. Jedesmal, wenn der Schmerz nachließ, gelang es mir, weitere Einzelheiten aus dieser zweiwöchigen Phase zu erinnern, und jede neue Erinnerung oder Erinnerungskette nahm etwas mehr von dem Schmerz weg. Indem ich Bernie etwas von dem erzählte, was geschehen war, und indem ich mir selbst gestattete, meinen Körper zu empfinden und mit ihm zu gehen, geriet ich immer tiefer in die Magen- und Kopfschmerzen (es fühlte sich an wie ein zunehmender Druck von innen, der hinaus wollte) und hatte immer detailliertere Erinnerungen. Soweit ich weiß, endete dieses Urerlebnis mit meinem Schrei: »Laß mich gehn, hör auf«. Diese Sätze wurden mehrere Male wiederholt, und als ich schließlich aufhörte zu schreien, war ich erschöpft und blieb für eine Weile einfach liegen.

Als ich wieder reden konnte, erzählte ich Bernie von meinem ersten Anfall zu Hause. Ich wußte nicht genau, warum ich gerade jetzt darüber redete, aber Bernie stellte mir ein paar Fragen und ich berichtete weiter. Ich erzählte ihm, daß ich mich erinnerte, wie ich plötzlich auf dem Badezimmerboden lag und meine Mutter, den Arzt und einige Nachbarn sah; und wie ich dann aus dem Fenster schaute, den blauen Himmel sah und überrascht war, daß er klar aussah. Ich erinnerte mich auch daran, daß ich meinen Schulbus verpaßt hatte. Bernie fragte mich, was der klare Himmel und die Fahrt mit diesen Erinnerungen zu tun hätten, und ich sagte, ich hätte das Gefühl, sie seien wichtig, ich wüßte jedoch nicht genau, weshalb.

Dann begann ich, mir in Erinnerung zu rufen, was sich abgespielt hatte, nachdem der Arzt gegangen war und meine Mutter mich ins Bett gesteckt hatte. Ich mußte vier oder fünf Stunden geschlafen haben, und als ich aufwachte, sah ich durch mein Fenster wieder den blauen Himmel. Dann fiel mir ein, daß es vorher ungefähr eine Woche lang geregnet hatte und dies der erste schöne Tag gewesen war, und deswegen hatte ich auch an meinen Schulweg gedacht, weil ich manchmal mit dem Bus fuhr, wenn es nicht regnete.

Dann erinnerte ich mich plötzlich, daß mein Onkel hereinkam, nachdem ich aufgewacht war, um sich zu erkundigen, wie es mir ginge. Er entschuldigte sich und sagte, er hoffe, der Grund für alles, was passiert war, sei nicht etwas gewesen, was er gesagt oder getan hatte.

Jetzt fügte sich plötzlich alles zusammen. Es war wie ein gigantisches Puzzle, das vom Himmel fiel, zwar sehr langsam, aber es landete doch alles am richtigen Platz. Der Anfall fiel zusammen mit dem Ende einer zweiwöchigen Periode, in der mein Onkel ständig trank und sich mir gegenüber unerträglich aufführte. Ebenso plötzlich wurde mir klar, daß es während der ganzen vergangenen Woche der Therapie geregnet hatte, und daß der heutige Tag der erste sonnige war (ich bin sicher, das half meinem Erinnerungsvermögen).

Ich erzählte Bernie, daß ich den Punkt erreicht hatte, da ich einfach nicht mehr bereit war, auf meinen Onkel zu hören oder mich auch nur um ihn zu kümmern; mir war alles, aber auch restlos alles gleichgültig geworden. Kurz gesagt, mir war einfach danach aufzugeben und zu sterben (wie bei meiner Geburt). Der Schmerz war zu groß (im Kopf, denn dort hielt ich ihn fest), also entzog ich mich und bekam einen Anfall.

Ebenso erkannte ich, daß ich von all dem Mist, den mein Onkel auf mir ablud, eigentlich *ständig* Magenschmerzen hätte haben müssen, denn ein Zuviel an Ärger schlägt normalerweise ja auf den Magen. Aber nicht bei mir – ich gebrauchte dafür meinen Kopf! Mein Onkel brachte mich buchstäblich um, und ich kümmerte mich nicht mehr darum, ich gab einfach auf und entzog mich (flüchtete vor dem Schmerz).

Später erzählte ich Bernie, es werde immer klarer, daß ich keinen Grund mehr hatte, je wieder einen Anfall zu bekommen, weil ich jetzt einfach die Frage an mich stellen müßte, ob ich leben oder sterben wollte, das heißt, ob ich Urerlebnisse oder Anfälle haben möchte, denn Anfälle haben bedeutet Sterben. Diese Erkenntnis machte mich glücklich, und ich kam mir sehr klug vor.

Besonders interessant an diesem Urerlebnis ist die Art und Weise, wie ich mich langsam und vorsichtig den Ereignissen näherte, die meinen ersten Anfall begleitet hatten. Rückblickend ist mir klar, daß die Schmerzen so stark waren, daß meinem Körper gar kein anderer Ausweg blieb. Es begann mit einem schrittweisen Abtragen all dessen, was mit jenen zwei Wochen in Zusammenhang stand und damit, den ganzen Schmerz nicht nur im Kopf, sondern zum erstenmal im ganzen Körper zu fühlen. Selbst diesen Schmerz zu fühlen, ging langsam vor sich, weil so viel davon da war.

Dann, nachdem das alles gefühlt war und nachdem ich viele dieser Erinnerungen hervorgeholt hatte, begann ich über meinen ersten Anfall zu reden, ohne wirklich zu wissen, daß dazu ein unmittelbarer Zusammenhang bestand. Dann kam das schrittweise Schließen der Erinnerungslücke zwischen meinem ersten Anfall und jenen zwei Wochen, bis ich schließlich merkte, daß ich es eigentlich mit einer einzigen Ereignisfolge zu tun hatte – und nicht mit zwei voneinander unabhängigen Ereignissen!

Eine weitere bemerkenswerte primäre Verbindung wurde in den ersten drei Wochen meiner Therapie hergestellt. Eines Tages hatte ich mehrere Urerlebnisse, die alle von dem gleichen Gefühl beherrscht wurden – dem Gefühl, in einer Falle zu sitzen. Dieses

Gefühl lief darauf zurück, daß mich mein Onkel zu Hause mehr oder weniger einschloß (jedenfalls war es mir so vorgekommen). Das Gefühl, gefangen zu sein, erzeugte immer einen starken Druck in meinem Kopf, und nachdem ich diese Reihe von Primärerlebnissen abgeschlossen hatte, fiel mir ein, daß ich nach dem Tod meines Onkels zwei Jahre lang keine Anfälle mehr hatte. Der Druck kehrte erst wieder, als Jane schwanger wurde, und die Anfälle begannen erneut, nachdem unsere Tochter geboren war. Die Tatsache, daß ich damals nicht Vater sein wollte, machte mir sehr »schmerzlich« klar, daß ich dem Druck, plötzlich eine Familie zu haben, nicht gewachsen war. Deshalb mußte das Ventil für Überlastung notgedrungen wieder geöffnet werden.

Die folgenden Urerlebnisse ereigneten sich, nachdem ich meine ersten drei Wochen intensiver Therapie beendet hatte.

Das erste Urerlebnis im Zusammenhang mit der Epilepsie, das ich in der Gruppe hatte, betraf nur den Einsatz meines Kopfes als »Instrument«, um Druck zu blockieren. Es ist deshalb wichtig für mich, weil es deutlich die Methoden aufdeckt, die ich unbewußt eingesetzt habe, um Anfälle herbeizuführen. Ich war zum ersten Mal, seit Beginn der Therapie, wieder an der Universität gewesen und hatte den ganzen Tag in Vorlesungen verbracht; kaum hatte ich den Campus betreten, da bekam ich Kopfschmerzen, und zwar in einem Ausmaß, wie ich es noch nie erlebt hatte. Das Urerlebnis, das ich an jenem Abend hatte, bestand fast ausschließlich darin, den Schmerz vom Kopf in meinen Körper fließen zu lassen und damit einen Anfall (den ich kommen spürte) zu verhindern. Einen kleinen Teil dieses Urerlebnisses brachte ich damit zu, meinen Onkel und meinen Vater darum zu bitten, doch so stark zu sein, daß ich mich hilfesuchend an sie anlehnen könnte. Die Einsicht, die dann folgte, machte mir bewußt, daß ich von ihnen nichts anderes wollte, als daß sie einen Teil meiner Schmerzen ableiten sollten.

Das folgende Urerlebnis war besonders wichtig, weil es das erste Mal war, daß ich ein Urerlebnis bezüglich meiner Mutter hatte, *und* weil es ein direktes Ergebnis meines ersten und einzigen Anfalls war, den ich seit Beginn der Therapie und damit seit Beendigung der medikamentösen Behandlung hatte.

Ich rief meine Mutter eines Morgens an, um mit ihr einige finanzielle Dinge zu besprechen, und sie begann, mir einen Vortrag über das Darlehen zu halten, das uns meine Eltern für die Therapie gegeben hatten. Sie hörte sich genau an wie mein Onkel, der uns ständig vorgehalten hatte, daß man sparen und mit Geld sehr überlegt umgehen müsse; und das, zusammen mit der Tatsache, daß ich eine schlechte Nacht hinter mir hatte (viele unaufgelöste Gefühle äußerten sich in Träumen), löste eine kurze Ohnmacht und einen Anfall bei mir aus. Sobald ich das Bewußtsein wiedererlangt hatte, brachte mich Jane direkt ins Institut zu einer privaten Therapiesitzung. Das Urerlebnis, das ich sofort danach hatte, war, daß ich meine Mutter bat und bettelte, sie möge mich in Frieden lassen und solle nicht so übermäßig beschützend sein.

Es muß festgehalten werden, daß sich dieser Anfall von meinen früheren unterschied. Erstens wurde ich schon ein paar Sekunden, ehe es losging, gewahr, daß ich einen Anfall bekommen würde (leider ging es zu schnell, als daß ich ihn hätte aufhalten und in ein Urerlebnis umwandeln können); zweitens schlief ich anschließend nicht wie sonst nach einem Anfall sechs oder acht Stunden, sondern ruhte nur etwa zehn Minuten aus; drittens waren die Krämpfe wesentlich kürzer und weniger heftig als sonst; viertens gab es praktisch keinen Gedächtnisverlust, nachdem ich aufwachte – früher konnte es Wochen, manchmal Monate dauern, bis ich mir die Ereignisse, die den Anfall begleiteten, ins Gedächtnis rufen konnte; fünftens empfand ich, als ich aufwachte, unglaublich intensive Schmerzen sowohl in meinem Körper als auch besonders in meinem Kopf. Wann immer ich aus dem Schlaf, der einem Anfall folgte, aufwachte, hatte ich für mindestens eine Woche leichte Kopfschmerzen. Diesmal verschwanden die intensiven Schmerzen während des Primals im Institut und kamen auch später nicht wieder. All dies bedeutet, daß mein Körper, weil ich mich öffnete, es nicht mehr zuließ, daß ich die unaufgelösten Schmerzen des Anfalls in gewohnter Weise speicherte. Die Tatsache, daß ich nicht schlafen konnte und nach dem Anfall keine Erinnerungslücke hatte, bekräftigt diese Vermutung. Erst kürzlich hatte ich ein weiteres Geburtsprimal; dabei empfand ich den Kampf, den ich durchzumachen hatte, um geboren zu werden, und den enormen Druck, den mein Kopf während dieses Kampfes auszuhalten hatte, viel intensiver. Dieses Geburtsprimal wurde von erheblich stärkeren körperlichen Schmerzen begleitet. Es im einzelnen zu beschreiben, würde in vielem einfach eine Wiederholung von bereits Gesagtem sein, daher werde ich nur eine grundlegend neue Phase von diesem Urerlebnis erwähnen.

Ich war an dem Punkt angelangt, da ich aufgeben und mich nur noch entziehen wollte, weil ich das Gefühl hatte, alles in meiner Macht Stehende getan zu haben und nun nicht mehr zu können; da fühlte ich plötzlich, wie meine Mutter mich hinauspreßte. Das Außergewöhnliche war, daß ich dieses Mal, als ich mich hinausgepreßt fühlte, einen starken Drang verspürte, meine Augen zu öffnen und zu sehen, »wohin es ging«. Als ich versuchte, sie zu öffnen, stellte ich fest, daß ich sie nicht offenhalten konnte und nur noch fähig war, sie schnell wieder zu schließen. Der Grund dafür, daß ich sie (während des Geburtsprimals und wahrscheinlich auch während der Geburt) nicht offen halten konnte, war auf zwei Dinge zurückzuführen: erstens schmerzten sie unerträglich, auch wenn ich sie nur für den Bruchteil einer Sekunde öffnete, und zweitens, wann immer ich versuchte, sie zu öffnen, war alles, was ich sehen konnte, ein schmaler, aber extrem heller Lichtfleck. Die Kombination von beidem – nur einen hellen Lichtfleck zu sehen und meine Augen vor den grellen Blitzen zu schützen – kam meinem vorherigen Erlebnis sehr nahe, als ich einen Lichtblitz wahrnahm, der einen Anfall hätte einleiten können. Ich bin überzeugt, daß meine Lichtempfindlichkeit als Epileptiker ein unmittelbares Ergebnis dieses traumatischen Augenöffnens während meiner Geburt war.

Das letzte Urerlebnis im Zusammenhang mit der Epilepsie trat am Ende einer der hektischsten Wochen auf, die ich seit Beginn meiner Therapie erlebte. Das schlimmste an dieser Woche war weniger, daß ich so beschäftigt war, sondern mehr die Tatsache, daß ich eine Erkältung hatte, die mich daran hinderte, an der Gruppensitzung teilzunehmen. Das wirkte auf meinen Organismus so, daß ich die Woche über immer wieder vier oder fünf Sekunden andauernde »Tagtraum«-Perioden hatte. Sie waren nicht wirklich gefährlich – nur unangenehm.

Die Gruppensitzung begann für mich damit, daß ich mir über meinen Zustand der vergangenen Woche und über die Auswirkungen meines Fernbleibens von der Gruppe Gedanken machte. Ich verfiel in Selbstmitleid und fragte mich immer wieder, warum gerade ich mit Epilepsie geschlagen war. Ich erzählte Art, was ich dachte, und er riet mir, allen Gefühlen, die ich mit den Anfällen in Verbindung brachte, nachzugehen. Unverzüglich kehrten der Druck und die Schmerzen in voller Stärke zurück. Ich meinte, einen weiteren Anfall zu erleiden, aber alles, was ich spürte, waren die Schmerzen eines Anfalls: Mir wurde plötzlich klar, daß ich die ganzen nicht gefühlten (und vergessenen) Schmerzen aller je gehabten Anfälle würde wiedererleben und fühlen müssen. Die Schmerzen waren ja gespeichert – sie hatten aufgrund meines Schlafens und der Gedächtnislücken nicht gefühlt werden können.

Als Art zurückkam und mich fragte, wie es mir ginge, erklärte ich ihm der Reihe nach, was sich ereignet hatte, und daß ich erkannt hatte, daß in meinem Körper zwei Personen gelebt hätten – das »Körper-Ich« und das »Kopf-Ich«. Die einzige Brücke zwischen ihnen war meine Epilepsie gewesen, sie hielt meinen Kopf davon ab, meinen Körper zu unmöglichen Dingen zu zwingen; das heißt, sie war die Überlastungssicherung, die meine »Elektronik« oder meine Erinnerungskreise davor schützte, durchzubrennen und mich umzubringen.

Dies waren die Urerlebnisse, die ich in direktem Zusammenhang mit der Epilepsie hatte. Ich bin sicher, daß ich ohne sie noch immer genau wie früher Anfälle bekäme. Außerdem scheint es mir wichtig zu erwähnen, daß ich mit Beginn der Behandlung meine Medikamente absetzte und sie auch seither nie mehr eingenommen habe.

Ich habe die Medikamente einfach nicht mehr nötig, weil ich keine Anfälle mehr nötig habe. Wenn sich das ungemein einfach anhört, so liegt das daran, daß die Lösung zum Problem der Anfälle so einfach ist. Seit ich weiß, daß ein Anfall lediglich ein unterdrücktes Urerlebnis ist, das zu schnell an die Oberfläche kommt, als daß es verarbeitet und integriert werden kann, seitdem weiß ich auch, was ich tun muß: nämlich ein Urerlebnis haben. Die Woche, in der ich nicht zu den Gruppensitzungen gehen konnte und deshalb Pseudoanfälle bekam, erhärtet diese Tatsache. Ein Freund, dem ich beschrieb, was ich in diesen Seiten dargestellt habe, äußerte die Kritik, ich sei »primalsüchtig«. Ich stimmte ihm voll zu; was ist schließlich besser: von Urerlebnissen abhängig oder für den Rest meines Lebens ein tobender Epileptiker zu sein? Das einzige, was ich bedaure, ist, daß ich die Millionen anderer Epileptiker in diesem Lande nicht zu »Primal-Abhängigen« machen kann!

Zusammenfassend gesehen hat mir meine Umwelt (von Geburt an) einen Lebensstil aufgezwungen, der es mir erlaubte, mich selbst vor den repressiven Kräften, die sich mir entgegenstellten, zu schützen. All die Symptome, die ich in den Anfangskapiteln beschrieben habe, dienten meiner täglichen Verteidigung, und wenn die Schmerzen selbst für diese Verteidigungsmechanismen zu groß wurden, griff mein Organismus einfach zum äußersten Verteidigungsmittel gegen Schmerzen – dem Wunsch, ohnmächtig zu werden, der bei mir zum ersten Mal bei der Geburt auftauchte. Diese Verteidigung drückte sich in epileptischen Anfällen aus. Es war mir nicht möglich gewesen, die Anfälle aufzuhalten, bevor ich das Geburtstrauma wiedererlebt hatte. Deshalb hatte ich das Urerlebnis der Geburt gleich zu Beginn der Therapie. Das bedeutet, daß die Anfälle die Achillesferse waren, die entdeckt werden mußte, damit ich mich öffnen konnte.

Diese »Achillesfersen-Theorie« wurde für mich persönlich durch die Tatsache bestätigt, daß viele meiner jetzigen Urerlebnisse (wie auch alle früheren) mit den gleichen körperlichen Empfindungen anfangen, die auch bei Beginn eines Anfalls auftraten. Der Angelpunkt aller Abwehr (in meinem Falle die Epilepsie) mußte durchlöchert werden, ehe ich mich öffnen und den Rest meiner Abwehr abbauen konnte.

Wenn ich bedenke, wie mein Körper immer auf Druck reagiert hat, erkenne ich jetzt ein Kontinuum von Abwehr, das er hervorbrachte. Zuerst begann meine Nase zu laufen, und ich bekam Heuschnupfenanfälle. Wenn das nicht ausreichte, mich von der schmerzlichen Situation fernzuhalten, setzte das Asthma ein. Die letzte Stufe vor einem wirklichen Anfall waren extreme Kopfschmerzen. Es ist fast, als hätte ich mir selbst einige Male eine Chance gegeben, mich von den Ursachen der Symptome abzulenken, ehe das schwerste Geschütz der Abwehr hinzugezogen wurde; das heißt, mein Organismus schützte sich sozusagen selbst auf die bestmögliche Art davor, von seinen eigenen äußersten (und gefährlichsten) Fluchtmitteln Gebrauch zu machen.

Es sollte noch etwas über die migräneartigen Kopfschmerzen gesagt werden. Während der Therapie tauchten sie immer dann auf, wenn in meinen Urerlebnissen ein Gefühl des »Gespaltenseins« dominierte, hervorgerufen durch folgende Konflikte: a) geboren oder nicht geboren werden (ich gab meine Bemühungen auf, als ich das Gefühl hatte, es doch nicht zu schaffen); b) beide, Mutter und Vater zu mögen, obgleich sie sich stritten und auseinandergingen (ich konnte nicht beide auf einmal haben); c) meinen Onkel gleichzeitig lieben und hassen zu wollen; und d) immer wenn die Überlastung durch Schmerz zu groß wurde, gleichzeitig leben und sterben zu wollen; diese Entscheidung wurde in einem Anfall ausagiert (folglich bedeutet leben Urerlebnisse haben und sterben Anfälle bekommen).

Natürlich ist die Epilepsie nicht das einzige, was inzwischen verschwunden ist. Alle Symptome, die ich am Anfang aufzählte, sind entweder nicht mehr da, oder sind im Begriff, sich aufzulösen. Insgesamt hat sich mein Lebensstil beträchtlich verändert, und das einzig und allein als Ergebnis der Entdeckung meines Selbst. Je mehr ich herausfinde, wer ich wirklich bin, um so geringer das Bedürfnis, irgendwer oder irgendetwas anderes zu sein. Daher sind die selbstinduzierten Zwänge, die mich früher beherrschten, zusammen mit den Symptomen, die sie begleiteten, zurückgegangen.

3. Muß Entbindung schmerzhaft sein?

Einleitung

Das folgende Kapitel wurde von Patti Nicholas geschrieben, einer Eltern- und Krankenhausberaterin für natürliche Entbindungen. Sie unterweist Eltern, die ein Kind erwarten, darin, wie man von einem Kind ohne Medikation entbunden werden kann. Ihre Aussage ist ungemein wichtig, weil sie deutlich macht, daß es wenig Gründe für die ungeheuren Schmerzen bei der Geburt gibt. Obgleich durch den Druck des Foetus, während er sich seinen Weg nach außen bahnt, einfache Schmerzen auftreten mögen, hat es den Anschein, als könne der größte Teil der Schmerzen der Neurose angelastet werden; genauer gesagt, die gesamte Muskulatur (also auch die des Uterus) einer neurotischen Frau ist ständig angespannt und steif und ermangelt der Flexibilität. Die Anspannung des Uterus, die Tendenz sich zu verkrampfen anstatt sich zu öffnen, stellt die hauptsächliche Schmerzursache während der Entbindung dar.

Im Grunde besteht keine Notwendigkeit für das heute übliche Verfahren, normale Frauen, die in den Wehen liegen, unter Drogen zu setzen. Aus den Beobachtungen der Geburtsprimals können wir erkennen, daß diese Drogen den Foetus beeinträchtigen und für einen betäubten Eintritt in diese Welt sorgen. Es ist weit besser, das Leben lebendig, fühlend und vollempfindend zu beginnen.

Entbindung – muß sie schmerzhaft sein?

Die Geburt steht in Übereinstimmung mit dem natürlichen Rhythmus des Lebens und des Universums. Menstruation und Schwangerschaft folgen dem 280 Tage Rhythmus des Mond-Zyklus, die Menstruation normalerweise einem 28-Tage-Rhythmus, und die Schwangerschaft dauert 40 Wochen. Als ein bekannter konservativer Arzt (ein Facharzt für Gynäkologie) gefragt wurde, ob es bei Vollmond mehr Geburten gäbe, antwortete er: »Lassen Sie mich nur soviel sagen, daß ich es hasse, bei Vollmond Dienst zu haben«.

Niedere Tiere haben das, was man eine instinktgesteuerte Geburt nennt. Jedes Tier hat seine eigene Art zu gebären, und diese wird Jahre hindurch in genau der gleichen Art wiederholt, unabhängig von der Umgebung. Ein Haushund in Alaska wird in genau dergleichen Weise gebären wie ein Haushund in Los Angeles.

Menschen haben das, was man eine kultur- oder zivilisationsorientierte Geburt nennen könnte. Frauen sind konditioniert worden, gegenüber Schwangerschaft, Wehen und Geburt eine Haltung einzunehmen, die sie bestimmte Erfahrungen erwarten und entsprechend den jeweiligen Traditionen ihrer Gesellschaft und Kultur reagieren läßt. Dies ist schon seit frühesten Zeiten so. Es wird allgemein angenommen, daß die Menschen nicht mehr instinktgemäß auf eine Geburt reagieren können. Es wird weiterhin angenommen, daß sie infolgedessen die »natürlichen« oder einfacheren Wehen und Geburten der niederen Tiere nicht mehr erleben können.

Der Geburtsvorgang

Die Geburt ist eine Brücke zwischen zwei verschiedenen Lebensstadien. Sie ist das Ende der Schwangerschaft im Mutterleib und der Anfang von etwas, das die Fortsetzung der Schwangerschaft (das Neugeborene sollte nicht als etwas von seiner Mutter Getrenntes betrachtet werden) außerhalb des Uterus sein sollte.

Das Kind wird in den Eileitern gezeugt und im Uterus genährt. Der Uterus ist ein hohler, muskulöser Sack, der sehr elastisch ist und sich mit dem Wachstum des Kindes ausdehnt. Wenn bestimmte Reize eintreten, stößt der Uterus mit einer Reihe von Kontraktionen seinen Inhalt aus.

Der Uterus ist, wie Blase und Darm, ein inneres oder viszerales Organ. Diese Organe vollziehen natürliche Bedürfnisse. In einem natürlichen Zustand würde der Körper dem Bedürfnis nachgeben, bevor ein Unbehagen entsteht. Wenn diese natürlichen Bedürfnisse unbequem werden – wenn die Blase entleert werden sollte oder ein starker Drang zur Defäkation besteht – wird der Körper viszerale Schmerzen empfinden. Sie sind zugleich ein Hinweis darauf, daß das physiologische Gleichgewicht überfordert wird.

Wenn der Sauerstoffgehalt der Plazenta [Mutterkuchen] absinkt, fällt auch ihre Progesteronherstellung ab. Wird die Menge dieses Hormons geringer, dann reagieren die Muskeln im Uterus mit Kontraktionen. Der Uterus besteht aus drei Schichten von Muskeln.

Die Kontraktionen dieser Muskeln hängen von der Nervenversorgung ab. Es gibt drei Quellen nervaler Impulse, die ihre Erregung zu den Muskeln senden. Bei harmonischer Muskelaktion ziehen sich die längs angeordneten Muskelfasern zusammen, und ihre Bewegung wirkt ausstoßend. Und unter normalen Bedingungen sind die zirkulären oder Ringmuskelfasern entspannt und locker, so daß eine Erweiterung des Muttermunds und eine freie Passage für den Foetus möglich wird.

Der Geburtskanal oder die Vagina besteht aus einem ungefähr zehn Zentimeter langen elastischen Muskelschlauch, der sich ohne Schwierigkeiten um das Achtfache seiner normalen Größe ausdehnen kann. (Die durchschnittliche Beschaffenheit des fraulichen Beckens sollte mit Leichtigkeit den Durchgang eines 3500 Gramm schweren Säuglings ermöglichen).

Der Uterus setzt seine rhythmischen Kontraktionen fort, indem er ständigen Druck ausübt und die Streckung der Vagina durch Vorwärtsbewegungen und sanftere Rückenbewegungen erleichtert. Wenn das Baby anfängt »einzuschneiden«, unterbricht der Druck seines Kopfes die Blutversorgung in der vaginalen Umgebung, wodurch diese Region betäubt wird und der sichtbare Teil des Kindes geboren werden kann. Ist dieser Teil erst einmal geboren, folgt der restliche Körper rasch nach.

Es gibt keine physiologische Funktion des Körpers, die bei normalem Gesundheitszustand Schmerz verursacht. Der Uterus ist mit »Nozizeptoren« (Schmerzrezeptoren) durchsetzt. Die inneren Organe, besonders der Uterus, werden von äußerer Kälte oder Wärme nicht beeinflußt. Die Bauchdecke muß schon einer sehr schweren Verletzung ausgesetzt werden, wenn ein Defekt entstehen soll. Aber sie ist, wie auch der Uterus, reichlich mit Schmerzrezeptoren versorgt, was vor übermäßiger Spannung und Gewebsrissen schützen soll. Die Gedärme und der Uterus können angesengt, geätzt, angefaßt und bewegt werden, ohne daß der Patient es empfindet oder sich unwohl fühlt; wird aber eines der Gewebe mit einer großen Anzahl von Schmerzrezeptoren überdehnt oder zerrissen, dann entstehen beträchtliche Schmerzen und ein Schockzustand. Alle Schmerzrezeptoren reagieren lediglich auf eine Art von Schmerzreizung. Daraus folgt, daß der einzige Schmerz, den der Uterus aufnehmen kann, durch übermäßige Spannung oder tatsächliches Einreißen der Gewebe verursacht wird. Wenn die Natur nicht beabsichtigt hat, daß eine Geburt von Gewebsrissen und Verletzungen begleitet wird, dann dienen die erwähnten Schmerzempfänger lediglich der Reaktion auf anormale Reize.

Wenn der geistige und seelische Zustand der gebärenden Frau die Einheit der Wehentätigkeit stört und deren Intensität zunehmen läßt, baut der Thalamus in Verbindung mit dem Kortex sofort schützende Maßnahmen auf. Jetzt erstellt das sympathische Nervensystem ein Abwehrsystem von Spannungen, das die Muskelkraft verstärkt. Die Nervenäste, die die Ringmuskeln des Uterus versorgen, werden durch diese Reaktion gereizt und rufen eine Starre am Ausgang des Organs hervor. Das bedeutet einen Widerstand für die längs angeordneten Muskelfasern. Jetzt arbeiten die Muskelgruppen gegeneinander, die längsgerichteten Muskeln bemühen sich, den Muttermund zu erweitern, und die Ringmuskeln verschließen den Ausgang (die zirkulären Fasern müssen notwendigerweise den Ausgang bis zum Ende der Schwangerschaft verschließen).

Andauernde Spannung der Gebärmuttermuskulatur verhindert eine Entspannung zwischen den Wehen. Dadurch wird dem Uterus das venöse Blut entzogen, und es entsteht das, was man einen weißen (ischaemischen) Uterus nennt. So wird, obgleich keine anatomische Behinderung vorliegt, die Wehentätigkeit durch starke, aber unwirksame Muskelkontraktionen behindert. Der Foetus ist wegen des übermäßigen Drucks innerhalb der Gebärmutter und der eingeschränkten Sauerstoffversorgung nicht fähig, die verlängerten Wehen und die vaginale Entbindung zu überleben.

Die Kreislaufbeeinträchtigung stellt auch eine Schmerzursache dar, da die Blutströmung zu gering ist, um die Stoffwechselprodukte oder Metaboliten zu entfernen. Daher kann eine Wehentätigkeit lang sein, weil sie schmerzvoll ist, aber nicht schmerzvoll, weil sie lang ist. Die chemischen Veränderungen, die bei einer Störung des Geburtsverlaufs eintreten, stellen eine ernstliche Beeinträchtigung für Mutter und Kind dar, sie schädigen die Wehentätigkeit und sind verantwortlich für Blutungen, Gewebsverletzungen, Sauerstoffnot, Atmungsversagen und Erschöpfung des Neugeborenen.

Der Säugling

Der Abfall der Sauerstoffzufuhr, der die Progesteronausschüttung vermindert, verursacht auch, daß die Funktion der Plazenta (des Mutterkuchens), die ja eine Art Lunge für den Foetus darstellt, nachläßt. Der kindliche Organismus wird gleichsam alarmiert, und es setzen jene Prozesse ein, die das Neugeborene biologisch unabhängig machen.

Der Blutstrom des Kindes bahnt sich seinen Weg durch die Arterien und Venen zwischen dem Herzen und den Lungen. Das Verdauungssystem, die Lungen, die Ausscheidungsorgane, das nervöse System und das der endokrinen Drüsen bereiten sich auf ihre Funktion vor.

Die Uteruskontraktionen dienen auch dazu, die Haut des Säuglings zu stimulieren. Es gibt Beweise dafür, daß dies äußerst wichtig ist. Es wird angenommen, daß ohne diese Stimulation das gastrointestinale, das urogenitale und das respiratorische System nicht voll funktionieren können.

Tiere lecken nach der Geburt die Haut des Neugeborenen, um für diese Stimulation zu sorgen. Tierärzte wissen, daß das Neugeborene, wenn es vom Muttertier nicht abgeleckt wird, sehr wahrscheinlich stirbt, weil es nicht fähig ist, seinen Darm und seine Blase zu entleeren. Die peripheren sensorischen Nerven der Haut werden angeregt. Diese Nerven leiten die Impulse zum zentralen Nervensystem; von dort werden sie weitergeleitet zu verschiedenen Organen des Körpers. Wenn die Stimulierung der Haut fehlt, können wesentliche Organe nicht arbeiten. Diese Hypothese ist bewiesen worden durch die Arbeit von Professor James A. Reyniers, dem Leiter der bakteriologischen Laboratorien an der Universität Notre Dame.

Daher erhalten Frühgeburten (die normalerweise nach kurzen Wehen geboren werden) oder Säuglinge, die durch einen Kaiserschnitt zur Welt kommen, weniger Stimulationen. Untersuchungen haben gezeigt, daß diese Kinder mehr Schwierigkeiten beim Atmen haben und später unter größeren Schwierigkeiten ihre Blase und die Schließmuskeln kontrollieren lernen.

Bei einer normalen Geburt wird der Brustkorb des Säuglings, während er den Geburtskanal passiert, zusammengedrückt. Das ruft einen beträchtlichen Druck im Brustraum, also auf das Herz-Kreislauf-System, die Lungen und das Zwerchfell hervor. Weiterhin wird durch die Kontraktionen des Uterus Blut aus der Plazenta durch die Nabelschnur in den Körper des Säuglings gepreßt. Beim Fehlen längerer Wehen (Kaiserschnitt) erhält der Säugling weniger Blut. Es gelingt nicht, die Amnionflüssigkeit aus den oberen Öffnungen des Säuglings herauszupressen. Eine unangemessene »Belüftung« der Atmungswege sowie eine inadäquate Reizung des Kreislaufs tritt ein. Der Säugling wird durch den Geburtskanal gedrängt. Die Fruchtblase platzt, und das Kind ist der Luft ausgesetzt. Sofort treten Veränderungen von Temperatur und Druck ein. Das Zwerchfell beginnt eine blasebalgartige Tätigkeit, die die Lungen mit Luft füllt, wodurch sie von beiden Seiten auf das Herz drücken.

Ich glaube, wenn es für das Kind nicht gut wäre durch Kontraktionen des Uterus und durch den Geburtskanal hindurch geboren zu werden, so hätte die Natur für eine andere Geburtsmöglichkeit gesorgt. Es gibt Beweise, daß die Bewegungen beim Geburtsvorgang wohltuend auf den gesunden Zustand des Säuglings einwirken. Dr. Sandor Ferenczi sagte, je mehr er beobachte, desto mehr verstehe er, daß keine der Entwicklungen und Veränderungen, die das Leben mitbringt, das Individuum so gut vorbereitet treffen, wie bei der Geburt. Ich glaube, es ist für den physischen und psychischen Zustand eines Menschen wichtig, daß er eine glatte Geburt erlebt. Heutzutage werden Geburten als medizinisch oder »methodisch« normal definiert. Aber wir sollten eine hinausgezögerte Geburt (gegenseitige Beeinflussung oder Nichtfunktionieren der Hormone?), verlängerte, schmerzhafte, ineffektive Wehen oder vielleicht selbst eine falsche Lage (Querlage oder hintere Hinterhauptslage) keinesfalls für normal halten. Es mag den Anschein haben, als würde das Kind Schmerzen nur schwach wahrnehmen, weil sein Sauerstoffspiegel gering ist. Das Neugeborene kann jedoch traumatisiert werden, wenn die Geburt anormal ist. Und heutzutage, in unserer Gesellschaft, können die meisten Geburten innerhalb dieses Rahmens gesehen werden.

Freud behauptet, die Geburt sei die Ursache für einen »Angstzustand«, weil eine Lebensbedrohung vorliegt. Er sagt, daß ein Gefühl von Hilflosigkeit hervorgerufen wird und die Person für ihr Leben lang ein Abhängigkeitsgefühl, ein Bedürfnis nach Liebe entwickeln wird.[12]

Otto Rank, in einer Reihe von Büchern, beginnend 1924 mit »Das Trauma der Geburt«, sah die Geburt als eine gewaltsame Unterbrechung des glückbringenden intrauterinen Lebens an. Er glaubte, daß das Individuum den Rest seines Lebens braucht, um sich davon zu erholen. Es gibt Untersuchungen über Frühgeborene und Zangengeborene, die deutlich zeigen, daß diese Kinder benachteiligt sind.

Und jetzt gibt es die überwältigenden Geburtsprimals, die als Beweis dafür angesehen werden können, daß das Trauma nahezu definitiv bei der Geburt eintritt. Muß das so sein? Müssen wir die Tatsache akzeptieren, daß es in der Natur einer Geburt liegt, jene Bedingungen hervorzurufen, die zu einem Trauma führen?

Ich glaube, daß die Geburt ein physiologisch normaler und relativ schmerzloser Vorgang ist. Wenn eine durch die Gesellschaft konditionierte Frau keinen Bezug zu ihrer Wirklichkeit und zum Rhythmus ihres Körpers hat, werden ihre Wehen und das Gebären entsprechend verändert sein und damit einige Traumen oder ein großes Trauma für sie und das Neugeborene verursachen.

Man sollte Kinder nicht durch körperliche Einwirkung daran hindern, daß sie auf die Welt kommen, bevor der Arzt eintrifft (manchmal wird die Geburt bis zu 45 Minuten verzögert). Könnten Kinder normal und ohne Schmerzen geboren werden, dann wäre es gar nicht erlaubt, daß Ärzte sich bei der Geburt einmischen. Nur weil Kinder nicht auf diese Weise geboren werden können, brauchen Frauen einen Arzt, um sich von ihrem Kind entbinden zu lassen. Deshalb brauchen sie Drogen oder die gegenwärtig bekannten Methoden zur Vorbereitung (auf andere Weise schmerztötende Methoden). Bei den heutigen Geburten ist der Schmerz auf eine nicht zu leugnende Weise gegenwärtig. Anders darüber zu reden hieße, die Anstrengung der Frauen, auf die sie sich vorbereiten müssen, unrichtig darzustellen. Aber warum ist es so?

---

[12] Sigmund Freud, *Hemmung, Symptom und Angst,* Gesammelte Werke Bd. XIV, S. 163 u. 167, Frankfurt/M., S. Fischer, Imago, 1948 [Anm. d. Übers.].

Eine Falldarstellung

Brenda B., zwanzig Jahre alt; verheiratet mit einem Pfarrer; Hausgeburt.
Die Geburt begann mit einem Abgang von Fruchtwasser am 21. Oktober, 9 Uhr morgens. Unregelmäßige Wehen im Verlauf des Tages, die ein beträchtliches Unwohlsein verursachten. Die Wehen hörten während eines Besuchs (von Mutter, Schwester und Vater) für die Dauer von zwei Stunden auf. Sie setzten wieder ein, als der Besuch wegging.
Brenda empfand die Wehen als sehr stark. Sie konnte nicht anders mit ihnen fertig werden, als sich völlig auf die Anleitungen ihres Wehen-Unterweisers (zugleich der Ehemann) zu konzentrieren. Er mußte Atemübungen mit ihr machen.
Der Gebärmutterhals war acht Zentimeter lang; er blieb so für sechs oder acht Stunden (bei einer normalen ersten Geburt sollte er sich innerhalb von fünfzehn Minuten bis zu einer Stunde von sieben auf zehn Zentimeter ausdehnen). Als das Kind geboren wurde, war an seinem Kopf eine Druckstelle zu sehen, genau da, wo es im Gebärmutterhals steckengeblieben war. Im Fruchtwasser fand sich Mekonium oder Kindspech (die erste Ausscheidung des Kindes, die normalerweise nach der Geburt stattfindet), was die Ärzte als ein Anzeichen der Atemnot des Foetus interpretieren. Eine Hebamme, die man fragte, was Mekonium im Fruchtwasser bedeute, antwortete prompt: »Das Kind hat Angst«.
Das Kind, das ohne Drogen geboren wurde – was einige als »normale Geburt« bezeichnen würden –, war einen Monat übertragen (aufgrund einer Unfähigkeit des Körpers, die richtigen Hormone zu produzieren?), wog 4100 Gramm, war quängelig, weinte und hatte einen unkoordinierten Saugreflex. Auch nachdem es sich erholt hatte, blieb es quängelig und leicht reizbar. Es verlangte viele Mahlzeiten, und es schien, als könnten seine Bedürfnisse nicht angemessen befriedigt werden.

Nachtrag

Nachdem Patti Nicholas ihren ersten Artikel über Geburt und Schmerzen geschrieben hatte, diskutierten wir ihre Auffassung. Einige Wochen später erhielt ich folgenden Brief:

Lieber Art,

als wir zum ersten Mal über schmerzvermeidende Methoden bei Geburtsvorbereitungen sprachen, sagten Sie: »Warum soll man Frauen vom Schmerz ablenken? Warum sollen sie ihn nicht erleben?« Da meine ganze Arbeit als Wehen-Unterweiserin darauf hinauslief, mit Schmerzen fertigzuwerden oder sie zu vermeiden, konnte ich es mir damals einfach nicht erlauben, diese Vorstellung auch nur in Betracht zu ziehen. Ein Kreißsaal voller schreiender Frauen ist etwas, das wir zu verhindern suchen. Ich war bemüht, Frauen von ihrem Schmerz abzulenken (auch wenn er bei gesunden Frauen vielleicht tatsächlich nicht auftritt), um zu verhindern, daß sie unter den möglicherweise schädigenden Einfluß von Drogen gestellt werden.

Aber je mehr ich mich mit der Primärtheorie befasse, umso mehr leuchtet mir ein, daß sich die mit der Geburt verbundenen Gefühle durchaus und sogar sehr schön empfinden lassen – besonders in einer Umgebung, in der Schreien nicht nur akzeptiert, sondern in der dazu vielmehr noch ermutigt wird. Wir sollten die großartige Erfahrung einer Geburt wirklich voll und ganz empfinden – den Schmerz wie auch alles andere. Vielleicht lassen sich sogar andere Schmerz erzeugende Anspannungen wie Rückenschmerzen, Kopfschmerzen etc. aufheben, wenn man sich den Gefühlen der Geburt uneingeschränkt hingibt und sie voll und ganz ausdrückt.

Als ich selbst in den Wehen lag, half es mir, während der Kontraktionen zu schreien. Der Schmerz fühlte sich dadurch gut an; allerdings meinte ich, mich zwischen den Wehen (damals hatte ich noch nie etwas von Primärtheorie gehört) dafür entschuldigen zu müssen und war sehr verlegen. Ich merkte, daß ich meine Selbstkontrolle verlor und andere gebärende Frauen, die meine Schreie hören konnten, ängstigte. Außerdem mußte ich ständig meinen Arzt beruhigen, daß es nicht so schlimm sei, wie es sich anhörte; solange ich schreien konnte, war alles gut. Nachdem das Kind geboren war, hatte ich nicht das Gefühl, große Schmerzen gehabt zu haben.

Vielleicht sollte man gebärenden Frauen wirklich erlauben, ihre Schmerzen auszudrücken und sie dazu ermuntern. Wenn sie von vornherein wüßten, daß sie ungehindert schreien können, ließen sich viele Symptome und Spannungen während der Wehenperiode verringern. Stattdessen ist es heute Brauch, daß Krankenschwestern und Ärzte ihnen sagen, sie sollten tapfer sein, sich ihrem Alter entsprechend verhalten, etc.; es ist ihnen unangenehm, wenn die Frauen ihre Selbstbeherrschung verlieren. Ich glaube, der offene Ausdruck von Schmerzen würde den Frauen helfen, sich zu entspannen (sie wären frei von Scham und Schuldgefühlen) und hätten dann tatsächlich weniger Schmerzen bei der Geburt.

Frauen kommen normalerweise zu mir, weil sie aus Angst vor Schmerzen wie gelähmt sind, und sie bezahlen mich dafür, daß ich ihnen eine Methode beibringe, die ihre Schmerzen mäßigen hilft. Keiner von uns ist je auf den Gedanken gekommen, daß Schmerzen ertragen werden könnten, wenn man ihnen Ausdruck verleiht. Ein Teil der Verkrampfung rührt nicht so sehr vom Schmerz her als vielmehr von der Angst, ihm Ausdruck zu verleihen. Ich weiß, wir werden es mit den Ärzten schwer haben, weil sie auf Medikamente zurückgreifen, sobald geschrien wird. Also müssen wir alle umlernen, und zwar grundlegend.

Mit freundlichen Grüßen
Ihre Patti

Über gegenwärtige Forschungsergebnisse zum Geburtstrauma

1956 fand in Puerto Rico ein Kongreß über das Geburtstrauma statt. Die Ergebnisse dieses Kongresses, an dem Fachleute aus aller Welt teilnahmen, wurden unter dem Titel *Neurological and Psychological Deficits of Asphyxia Neonatorum* veröffentlicht.[13] Ausgewählte Untersuchungsergebnisse weisen darauf hin, daß eine normale Geburt eine Sache von Leben und Tod ist, sowohl unter dem Gesichtspunkt der ärztlichen Führung wie auch in bezug auf die Mittel, die die werdende Mutter so frei von Urschmerzen wie möglich halten sollen.[14]

1938 wurde von zwei Wissenschaftlern ein Bericht veröffentlicht, in dem sie darauf hinwiesen, daß »der Hauptanteil von Schädigungen des Nervensystems der Sauerstoffnot des Neugeborenen zugeschrie-

[13] W. F. Windle, E. H. Hinman und P. Bailey (Hrsg.), Springfield, Ill., Charles Thomas Co., 1958.
[14] Ich werde die Namen der einzelnen Forscher nicht angeben, aber in Klammern aufführen, auf welcher Seite der Veröffentlichung die Ergebnisse der jeweiligen Untersuchung zu finden sind. Wer an weiterer Vertiefung interessiert ist, mag das Buch selber zur Hand nehmen.

ben werden kann, die durch betäubende und schmerzstillende Mittel, die man der Mutter während der Wehen gegeben hatte, verursacht wurden, und daß geringere Grade von Hirnschädigungen, die zu leicht sind, um die Aufmerksamkeit der Neurologen auf sich zu ziehen, auf die gleiche Weise entstehen können« (16). Es gibt genügend Beweise dafür, daß Betäubungsmittel durch die Plazenta gelangen und den Foetus beeinflussen. Pethidin, welches der werdenden Mutter gegeben wurde, setzte den Sauerstoffgehalt des Blutes herab. Das hat zur Folge, daß das Neugeborene an Sauerstoffmangel leidet. Wenn der Mangel schwerwiegend genug ist, können Gehirnblutungen und -schäden auftreten. Eine Untersuchung ergab, daß »98% der Säuglinge, deren Mütter nicht unter Betäubungsmittel standen, spontan [bei der Geburt] zu atmen anfingen, wohingegen nur 65% derjenigen, deren Mütter die bestmögliche Drogenkombination erhielten, eine derartige spontane Reaktion zeigten« (16). In einer Überprüfung von 500 Fällen zerebraler Lähmungen fand man, daß Vererbung eine unwahrscheinliche Ursache war und daß die Sauerstoffnot oder der Sauerstoffmangel des Neugeborenen die zerebrale Lähmung mit athetotischen Bewegungen [ungeordnete, schraubenförmige Bewegungen der Finger, Hände und Beine] verursachte.

Eine andere Untersuchung läßt vermuten, daß nicht nur grobe Hirnschädigungen durch einen anormalen Geburtsverlauf entstehen, sondern daß auch nicht leicht erkennbare pathologische Bilder entstehen. »Verhaltensstörungen wie Ablenkbarkeit und Überaktivität sind das Ergebnis. Es besteht eine Korrelation zwischen abnormer Geburt bzw. Wehentätigkeit und Persönlichkeitsmerkmalen wie Abgeschlossenheit, Selbstgefälligkeit, Abhängigkeit und emotionale Instabilität« (21). Andere Merkmale, die mit einer abnormen Geburt in Zusammenhang stehen, sind »Stimmungsschwankungen, Überaktivität, Impulsivität, kurze Aufmerksamkeitsspanne, schwaches Gedächtnis und Schwierigkeiten hinsichtlich Arithmetik« (22).

Einer der Begleitumstände des Sauerstoffmangels ist, daß der Herzschlag gefährlich verlangsamt wird. Wenn das Neugeborene überleben soll, müssen sofort Anpassungsmaßnahmen eingeleitet werden. Eine Unterstützung, die vorgeschlagen wurde, ist, der Mutter mehr Sauerstoff zu geben, damit der Foetus eine höhere Sättigungsgrenze erreicht, um dem Streß zu begegnen. Eine schwierige Geburt bedeutet, daß das Neugeborene buchstäblich um sein Leben kämpft.

Einer der Faktoren in seinem Kampf ist die Veränderung im Hormongleichgewicht. »Die Ergebnisse verweisen auf die Schlußfolgerung, daß die Sauerstoffarmut eine typische Streß-Reaktion der Nebennierenrinde hervorruft« (126). »Sie vermindert auch die Jodaufnahme der Schilddrüse» (128). Gewebsuntersuchungen der Schilddrüse »zeigen Veränderungen, die auf verminderte Aktivität schließen lassen« (128). Es ist eine Behauptung der Primärtheorie, daß diese radikalen Veränderungen in der Hormonausschüttung prototypisch werden, so daß späterer Streß die gleiche Antwort hervorruft (beispielsweise eine geringere Schilddrüsenaktivität). Wenn früher Streß sich vergrößert und das Kind neurotisch wird, wird auch die veränderte hormonale Antwort chronisch. Ich gebrauche den Ausdruck »Antwort«, weil die Drüsen und Organe genauso wie jeder andere Teil von uns auf Streß antworten.

Weil sich die Hormonausschüttung in den meisten Fällen, wenn genügend Sauerstoff vorhanden ist, richtig einstellen wird, sind wir verleitet worden zu glauben, damit sei alles in Ordnung. Wir haben die Tatsache unberücksichtigt gelassen, daß wir eine Organempfindlichkeit etabliert haben – ein Zielgebiet, welches später leichter auf Streß reagieren wird.

Eine Untersuchung in Baltimore brachte folgende Ergebnisse: »Wenn man die ganzen Untersuchungsreihen, die 10 000 Mütter umfaßten, in solche unterteilt, die plazentagängige Medikamente erhielten und solche, die keine bekamen, so ergeben sich Unterschiede in der foetalen Befindlichkeit. Mit Betäubungsmitteln . . . gab es Verzögerungen im Zeitpunkt des Schreiens und Atmens, die bei Patienten ohne plazentagängige Medikamente nicht auftraten« (238). Was diese Statistiken sagen, ist, daß das Kind keine Luft holen kann und sich in einem verzweifelten Kampf ums Leben befindet.

Die Empfindlichkeit der Neugeborenen ist in einer Untersuchung über Schnittentbindungen hervorgehoben worden. Wenn das Gesicht des Kindes während der Geburt, bei Maßnahmen im unteren Bereich des Gebärmutterhalses, berührt wird, verengt sich die Nabelschnur. »Diese Veränderung in der Blutversorgung macht es schwierig, Blut zu bekommen und hält die Sauerstoffwerte niedrig« (242).

Wenn wir an die überwältigenden Ergebnisse einer schwierigen Geburt denken, die vom Tod bis zu geistigen Behinderungen, Lernschwierigkeiten, Überaktivität und schweren hormonalen Störungen reichen, dann sehen wir, daß die Notwendigkeit, eine angemessene Geburt zu ermöglichen, von überragender Bedeutung ist. In tausendfacher Weise agieren viele von uns für den Rest ihres Lebens ihre Geburtsprimals aus. Wir leiden an unerklärlichen Spannungen. Wie ein Patient es ausdrückte: »Ich konnte in der Schule nie stillsitzen. Wenn ich mich hinsetzte, hatte ich das verzweifelte Gefühl, »ich muß hier raus«. Jetzt nach meinem Geburtsprimal weiß ich, wo ich wirklich herauskommen mußte«. Wenn wir uns zumindest zum richtigen Start ins Leben verhelfen könnten, dann hätten wir mehr Reserven, um mit späteren Streßsituationen, die uns zu erdrücken drohen, fertig zu werden. Wenn wir bereits »gebeugt« anfangen, gibt es wenig Hoffnung.

IV.
Unterschiede zwischen physischen und psychophysischen Behandlungsmethoden

1. Einleitung

Ich habe dargestellt, wie Rückkoppelungsschleifen von Urerlebnissen unsere Denkvorgänge und Körperreaktionen in Mitleidenschaft ziehen. Ich habe darauf hingewiesen, daß sich die Psychotherapie mit jenen Denkvorgängen auseinandersetzt, die als Folgeerscheinungen von Urgefühlen anzusehen sind, während die Medizin die körperlichen, von den inneren Organen herrührenden Reaktionen auf eben jene verdrängten Urgefühle behandelt. Es gibt noch eine andere Therapieform, die unter verschiedenen Bezeichnungen bekannt wurde – die bioenergetische oder Orgonbehandlung. Im wesentlichen handelt es sich dabei um Methoden, die an Reich orientiert sind, und die sich mit dem Muskelsystem auseinandersetzen. Ihnen liegt die Überzeugung zugrunde, daß der Körper um die Gefühle eine Art Panzer bildet, und daß man einem Menschen wieder zum Empfinden verhelfen kann, indem man diesen sogenannten Muskelpanzer attackiert. Und demzufolge schlagen Patienten auf Kissen ein, werden ihre Muskeln beklopft und geknetet, werden sie zum Erbrechen gezwungen, damit sich ihre Spannung verringert, und so weiter. Die Primärtherapie ist aufgrund der mit ihr verbundenen physischen Aktion – im Gegensatz zur konventionellen Psychotherapie – gelegentlich mit diesen physischen Therapien gleichgesetzt worden. Die Unterschiede sind meines Erachtens jedoch wesentlich und sollten herausgearbeitet werden.

Den Hauptunterschied zwischen Reich'scher und primärtherapeutischer Methode sehe ich im Unterschied zwischen einer äußerlich-physischen (Reich'sche) und einer innerlich-psychophysischen (primärtherapeutischen) Methode. Unter primärtherapeutischem Gesichtspunkt ist der Muskelpanzer, von dem wir sprachen – die

Gespanntheit des Muskelsystems – ein *Ergebnis* dessen, was uns in unserem Leben widerfahren ist. Und das Verfahren, mit Hilfe dessen diese Panzerung beseitigt werden kann, besteht in angestrengter Suche nach solchen wichtigen Ereignissen; und nicht, sozusagen in umgekehrtem Vorgehen, in dem Bemühen, Gefühle durch ein Erweichen des Muskelpanzers zu befreien. Wenn ein Patient in der Primärtherapie auf ein Kissen einschlägt, dann geschieht dies im *Kontext* einer sehr realen Wut über eine Szene, derer er sich erinnert. Wenn er das gleiche in Reich'schen Behandlungen macht, dann richtet er sich damit gegen einen Therapeuten, der ihn aufzulockern versucht. In der Primärtherapie kommt dieses Schlagen aus dem Innern, von den Gefühlen. In den physischen Behandlungsformen hat es eine Tendenz zum Ausgedachten, Geplanten. Wenn man fühlt, dann wird die muskuläre Spannung in einer dauerhaften Art gelöst, da sie einen Teil des Apparats darstellt, der die Gefühle verdrängt.

In Vorstadien der Primärtherapie kann es eintreten, daß Patienten auf einem Kissen herumschlagen und doch ihre Muskelspannung behalten, da die Rückkoppelungsschleife der Erinnerung, die das betreffende Stück Spannung entwickelt hat, nicht wieder in einen Sinnzusammenhang gebracht und damit aufgelöst wurde. An Reich orientierte Behandlungsweisen versuchen neurotische Spannung zu *lösen;* die Primärtherapie wagt sich an den *Ursprung* dieser Spannung heran. Es gibt im Wesentlichen zwei Ursprünge für diese Spannung. Zum Ersten gibt es eine allgemeine Muskelspannung, die vom großen Sammelbecken der Urgefühle herrührt – also ein allgemeines sich Versteifen gegenüber Gefühlen. Zum Zweiten gibt es aber auch ein spezifisches Urgefühl, das eine spezifische Spannung in gewissen Muskelzügen hervorrufen kann. So hatte eine Patientin zum Beispiel jahrelang ein charakteristisches Leiden an Schultern und Armen. Während eines Urerlebnisses empfand sie, wo es herrührte – »Ich habe mich immer davor zurückgehalten, auf meine Mutter einzuschlagen«. Ein anderer Patient schrie im Urerlebnis: »Geh runter von meinem Rücken. Geh runter von meinem Rücken!« Er hatte jahrelang Rückenschmerzen gehabt, hatte sie aber niemals damit in Verbindung gebracht, daß er schon früh im Leben die Last schwieriger Aufgaben und Verantwortung hatte tragen müssen. Das Urerlebnis überkam ihn, als er davon sprach, daß er immer auf seine zwei jüngeren Brüder hatte aufpassen müssen, und jedesmal, wenn ihnen etwas zustieß, dafür getadelt wurde. Vor der Therapie empfand er nie das wirkliche Gefühl – daß er sich nämlich mit elf Jahren um niemanden hätte kümmern sollen. Ein anderer Patient wiederum fühlte den Ursprung seiner Nackenschmerzen, unter denen er ständig litt. Für gewöhnlich verwandelten sich diese Schmerzen in »drückende« Kopfschmerzen. Ihr Grund lag darin, daß man während der schwierigen Geburt seinen Kopf gewaltsam gedreht hatte. Dies war seine prototypische Reaktion auf späteren Streß.

Die an Reich orientierte Therapie würde versuchen, sich mit der sich darbietenden Spannung zu beschäftigen. Die Primärtherapie geht davon aus, daß bestimmte Erinnerungskreise am Werk sind, indem sie die Muskeln mit nervösen Impulsen versorgen und dadurch Spannung erzeugen; sie geht davon aus, daß ein Übermaß an Muskelspannung – also mehr, als wir brauchen, um unsere Lage zu verändern – *neurotisch ist* und daher auf dem Weg über Urerlebnisse abzuleiten ist. Es trifft zu, daß wir unsere Körper gebrauchen, um Gefühle einzuschließen. Und es stimmt auch, daß wir gelegentlich an diese frühen Gefühle herankommen, wenn wir den Muskelpanzer öffnen. Ich bin jedoch der Meinung, daß die Konzentration auf den Körper weder den Wert eines systematischen noch den eines voraussagefähigen Vorgehens hat (wie wir aus den Kapiteln ersehen werden, die von Patienten geschrieben wurden, die eine jahrelange an Reich orientierte Behandlung hinter sich hatten). Diese Arbeit am Körper bedeutet wieder den Versuch, Probleme von außen her zu lösen, obgleich sie im Innern existieren. Einer der Gründe, warum sowohl in der Psychotherapie wie in der körperlichen Behandlung versucht wird, Probleme von außen her zu lösen, ist der, daß Therapeuten denken, sie könnten die Probleme irgendeines anderen lösen, und daß die Menschen einen »Experten« brauchen, der an ihnen Magie und anderen Zauber vollbringt, obgleich alles, was diese Menschen brauchen, sie selber und die Erfahrung dieses Selbst sind. Wenn Probleme nicht von außen her gelöst werden können, bedarf es keiner Experten, und das beseitigt das Bedürfnis nach einer elitären Klasse, die besondere Kenntnisse über andere besitzt.

Körperliche Behandlungen stellen eine Parallele zu konditionierenden Therapien oder Verhaltenstherapien dar. Sie kommen mir beide mechanistisch vor. Beide versuchen sie, auf mechanische Weise ein Verhalten zu verändern, obgleich die körperlichen Methoden gewiß mehr Interesse an Gefühlen bezeugen als die Verhaltenstherapie.

Beide vernachlässigen sie Ursprünge im Sinne von vorrangigen Zielen. Nehmen wir beispielsweise ein Kind, dem ständig gesagt wird, es solle »still sein«. Ist ihm niemals eine freche Antwort gestattet, dann muß es seine Gefühle zurückhalten. Es muß sie zurückhalten, da sie existieren und nach außen drängen. Ganz gleich, was es sich selbst einredet, und wie es sich an seine Eltern anpaßt, wenn sie Bedingungen herstellen, die das Kind frustrieren und wütend machen, existieren diese Gefühle in seinem Innern dennoch. Weil diese Gefühle eine Kraft darstellen, muß es den Körper zur Hilfe heranziehen, um sie abzuwürgen; so wird sich automatisch seine Kehle zusammenziehen, um die Gefühle abzuwürgen, oder es wird sie binden, indem es seine Magenmuskeln zusammenzieht. Wenn man den Betreffenden zum Erbrechen zwingt, damit sich seine Kehle löst, so hat das keine anhaltende Wirkung, ebenso wie seine Bauchmuskeln zu bearbeiten auch nur vorübergehend ein paar Gefühle freisetzt. In Wirklichkeit muß der Betreffende jene frühen Szenen erforschen, in denen seine Eltern ihn zum Schweigen brachten; er muß sie wegen dieser Szenen im Behandlungszimmer anschreien dürfen. Seine Muskeln werden sich bis zu dem Maß lösen, wie er den aufsteigenden Schmerz ertragen kann. Sie werden sich wieder verschließen und anspannen, um mehr Schmerz, als verarbeitet werden kann, zurückzuhalten. Es kommt darauf an, daß Muskelspannung die Bedeutung eines *Schutzes* hat; sie sollte nicht auf mechanische Weise unterbrochen werden.

Das sogenannte Rolfing (nach seinem Erfinder Ida Rolfe benannt) stellt eine Erweiterung bioenergetischer Techniken dar. Es handelt sich dabei im wesentlichen um eine Methode der körperlichen Wiederherstellung, bei der die Körperhaltung durch energische Handgriffe an Muskelzügen verändert wird. Das Hauptziel des Rolfing besteht darin, die Muskulatur weich zu machen, damit gebundene Energie frei und eine beweglichere Verfassung des Körpers erreicht wird. Das ist normal ein sehr schmerzvoller Vorgang. Manchmal brechen während des Rolfing Urgefühle durch. Es ist normalerweise nicht das Ziel, solche Gefühle auszulösen, aber es ist offensichtlich, daß, sobald Gefühle bindende Muskeln entspannt werden, diese Gefühle frei werden. Ich setze das Rolfing der LSD-Erfahrung gleich; wir können sagen, daß das Rolfing einem LSD-Trip des Körpers gleichkommt. In diesem Sinne stellt es eine massive Verletzung des körperlichen Panzers dar, so, wie das LSD die psychischen Abwehrvorgänge sprengt. Aber beide sind, und das ist die Schwierigkeit, zuviel auf einmal. Damit meine ich nicht, daß die Lockerung körperlicher Abwehr keine Hilfe bedeutet. Sie ist es durchaus – wenn sie im Kontext der Primärtherapie stattfindet, wo wir auf die frühen nervalen Kreisprozesse abzielen und nicht die Muskelentspannung als ein Ziel in sich selbst anstreben. Ich bin sicher, daß bestimmte körperliche Manipulationen bei gewissen Patienten in der Primärtherapie – zum rechten Zeitpunkt angewandt – eine Hilfe bedeuten können. Ein Patient ist vielleicht bereit, in bestimmte frühe Erfahrungen einzutauchen, aber sein Körper ist so gefesselt, daß er nicht mitarbeiten kann. Ich denke dabei zum Beispiel an Menschen mit faßförmigem Brustkorb, deren Gefühle im wahrsten Sinne des Wortes umschlossen sind. Das Bearbeiten der Muskelhülle an Brust, Schultern und Nacken kann sehr wohl den Zugang zu Gefühlen erleichtern. Für den Primärtherapeuten ist die Kenntnis von den Schlüsselmuskeln innerhalb des Muskelsystems genauso wichtig wie die Kenntnis von den Arbeitsweisen der Abwehrmechanismen. Aber mit diesen psychischen oder körperlichen Mechanismen umzugehen, ist kein Selbstzweck – sondern ein Mittel, um an die darunter liegenden Urgefühle zu gelangen.

Ein Primärtherapeut würde an gewissen Muskelbündeln arbeiten, wenn der Patient entsprechend vorbereitet ist. Es würde *im Kontext* und nicht aufs Geratewohl geschehen. Wenn körperliche Manipulation nicht im Kontext geschieht, dann hat sie notgedrungen etwas Zufälliges – eine Art freie Assoziation des Körpers. Bei diesen Methoden erfährt man nicht, was bucklige oder hängende Schultern *bedeuten*. Sie können beispielsweise bedeuten: »Ich habe Angst, meine Brüste zu zeigen, weil Pappi keine Mädchen mag«, oder: »Ich will meine Brust nicht zeigen und nicht sexuell sein«, oder eine Vielzahl anderer Dinge. Die hängenden Schultern sind also ein Teil des geschichtlichen oder biographischen Abwehrsystems und werden sich ändern, wenn die zahlreichen Erfahrungen, die mit diesem Hauptgefühl verknüpft sind, wiedererlebt werden. Gewiß, man kann die Muskelhülle von Schultern und Brust bearbeiten und so eine aufrechte Haltung erzeugen; aber die Frage lautet doch: wird die Haltung so bleiben, und noch wichtiger, was ist mit den Ursachen dieser schlechten Haltung geschehen? Es gibt sie immer noch. Die betreffenden Erinnerungskreise rufen weiterhin ihre Spannungslast hervor, nun zwar umgeleitet, aber immer noch irgendwo im Organismus. Kurz gesagt: Körperhaltung ist auch eine Art der Erinnerung – sie ist ein Gegenstück zum nervalen Kreisprozeß. Sie ist ein

Teil des *gesamten* Abwehrsystems, und nicht eine in sich geschlossene Sache.

Ich glaube, daß jede Methode wie das Rolfing, die so schmerzvoll ist, unnatürlich sein muß. Für Neurotiker ist Abwehr natürlich. Die Muskeln stehen zu einer gespeicherten Geschichte von Schmerz in Beziehung. Diese *Geschichte* auflösen, ist das, was heilt; und nicht die Auflösung der *Ergebnisse* dieser Geschichte.

Es gibt keinen Zweifel darüber, daß ein Nachlassen von Spannung in körperlichen Behandlungsformen, vom Rolfing bis zur Tanztherapie, eintreten kann. Und wenn diese körperlichen Behandlungsverfahren sich so auswirken, daß Urgefühle aufsteigen, dann werden sich auch im Elektroenzephalogramm Veränderungen ergeben. Aber wir müssen uns vergegenwärtigen, daß unsere Bewegungen *als Erwachsener*, sagen wir in einer Tanzklasse, nicht dasselbe sind wie unsere Bewegungen *als kleines Kind* – als jenes kleine Kind, das daran gehindert wurde, sich frei zu bewegen. Wenn man sich bewegt und um sich schlägt, beim Wiedererleben einer Szene, in der man als Säugling in der Wiege durch Decken eng eingezwängt war, dann handelt es sich um ein *lösendes* Erlebnis; wenn man seinen Körper in der Tanztherapie herumwirbelt, dann ist das ein verbesserndes oder korrigierendes Erlebnis.

Man kann das Sammelbecken der Urgefühle als eine sprudelnde Quelle ansehen, die sich immerzu neue Abflußwege sucht. Wenn man jemandem die Abwehr nimmt, die in der Körperhaltung steckt, dann werden sich vielleicht seine Magengeschwüre verschlechtern. Oder der Organismus muß das Loch irgendwo anders wieder stopfen. Das ähnelt einigen Psychotherapieformen, bei denen der Patient dazu ermutigt wird, alle verbotenen Worte zu sagen, die er nie sagen konnte – um sozusagen seine Seele »auszuschütteln«. Aber die sexuellen Hemmungen, die früh im Leben gelegt werden, bestehen fort. Dementsprechend kann ein Mensch frei reden oder sich frei bewegen und trotzdem sehr mechanisch handeln – er dokumentiert die Freiheit, ohne jedoch ihr Wesen zu erfahren.

Die körperliche Therapie ist ihrem Wesen nach eine Methode der Konfrontation; ein Experte wird mit der körperlichen Fassade konfrontiert. In der Encounter- oder Begegnungstherapie begegnet er der persönlich-sozialen Fassade und versucht sie wieder aufzurichten. Aber die eigentliche Konfrontation kann nur sich selbst gegenüber stattfinden. Unser Schicksal muß sich von innen heraus gestalten, wenn wir uns natürlich entwickeln sollen. Die Neurose tritt genau deshalb auf, weil unser Schicksal von außen her geformt worden ist. Neurose bedeutet, daß man von anderen, körperlich und seelisch, in einen unnatürlichen Zustand gezwängt wurde. Da hilft es nichts, wenn man auf Entscheidung eines anderen Menschen in eine andere Form umgegossen wird. Dem Menschen muß sein eigenes Schicksal wieder ausgehändigt werden. Er muß sein natürliches Selbst leben können; darüber hinaus gibt es für ihn keinen Zustand.

Die folgenden Abschnitte, die von Patienten geschrieben wurden, die in einer Primärtherapie und vorher jahrelang in einer an Reich orientierten Therapie waren, erläutern einige der Unterschiede, die ich erörtert habe.

2. Ein persönlicher Vergleich zwischen Primärtherapie und Orgontherapien

Roger

Die Orgontherapie ist die Behandlungsform psychischer Störungen, die der Primärtherapie am ähnlichsten ist. Sie wurde von Wilhelm Reich hauptsächlich – obgleich nicht vollständig – während der dreißiger Jahre entwickelt. Die Orgontherapie ist, wie die Primärtherapie, ihrem Wesen nach radikal, und es erhebt sich natürlich die Frage, wie sie miteinander zu vergleichen sind. Da ich beide Behandlungsformen als Patient erlebt habe – ich ging sieben Jahre lang einmal wöchentlich zu einem Orgontherapeuten, und als ich dies hier schrieb, hatte ich einige Monate Primärtherapie hinter mir –, könnten meine Erfahrungen aus beiden Behandlungen für eine Vergleichsgrundlage vielleicht von Nutzen sein.

Die Ähnlichkeiten beider Behandlungsformen lassen sich leicht feststellen. Sie befassen sich beide mit den gesamten psychobiologischen Funktionsweisen des Individuums. Das grenzt sie gegenüber den meisten anderen Therapieformen ab, da sie nicht nur durch die intellektuelle und verbale Ebene hindurch zum Emotionalen vordringen, sondern sich auf der Ebene des Organismus mit Gefühlen beschäftigen, indem sie sämtliche Funktionsweisen des Individuums einbeziehen. Sie haben beide das gleiche Ziel: sie wollen das

Abwehrsystem so vollständig wie möglich beseitigen und dadurch das Individuum befähigen, natürlich zu funktionieren. Dieses Ziel erfordert, daß bislang verdrängte Gefühle freigegeben werden, damit sie frei zum Ausdruck gebracht und vom Individuum uneingeschränkt empfunden werden können. Dieses beiden gemeinsame Ziel beinhaltet auch das Vertrauen in die selbststeuernden Fähigkeiten des Individuums, sein eigenes Leben vollziehen zu können. Primärtherapie wie auch Orgontherapie setzen sich für eine radikale Befreiung des Individuums aus seinem Zustand emotionaler Unterdrückung ein.

Um die Unterschiede zwischen den beiden Behandlungsformen verstehen zu können, ist es zunächst erforderlich, die Orgontherapie kurz zu beschreiben (ich gehe davon aus, daß der Leser inzwischen mit der Primärtherapie vertraut ist), obgleich es unmöglich ist, hier mehr als einen kurzen Abriß zu geben.[1] Vielleicht geschieht dies am Sinnvollsten, wenn ich berichte, in welcher zeitlichen Abfolge Reich die Behandlungsmethode entwickelte.

Als Psychoanalytiker in den zwanziger Jahren beeindruckte es Reich, wie charakteristische Einstellungen oder Haltungen eines Menschen als Abwehr gegen verdrängte Gefühle und Empfindungen wirksam sind; er arbeitete technische Verfahrensweisen aus, mit denen diese charakterlichen Abwehrmaßnahmen analysiert werden konnten.[2] Ebenfalls während dieser Zeit war Reich davon überzeugt, daß der Schlüssel für die Heilung einer Neurose in einer befriedigenden sexuellen Beziehung des Patienten liege. Er war der Meinung, die Neurose werde durch die ungelösten sexuellen Emotionen energetisch unterstützt und die Abwehrstruktur breche aufgrund der fehlenden Unterstützung zusammen, wenn die sexuellen Triebkräfte völlig befreit würden.

In den dreißiger Jahren machte Reich die Feststellung, daß die charakterlichen Abwehrvorgänge, die das Individuum verteidigen – und damit seine sexuellen Emotionen von völliger Entspannung zurückhalten – chronische muskuläre Spannungen an verschiedenen

[1] Eine kurze Einführung findet sich in Ola Raknes Buch, *Wilhelm Reich und die Orgonomie*, Frankfurt/M., Fischer Taschenbuch Verlag, 1973 (Bd. 6225). Seine biophysische Neurosentheorie wird in *Die Funktion des Orgasmus*, Köln, Kiepenheuer u. Witsch, 1971, dargestellt; eine zeitgemäßere Darstellung der Behandlungsmethode gibt Elsworth F. Blakers *Man in the Trap*, New York, Macmillan, 1967.
[2] Sein Buch *Charakteranalyse* (Köln, Kiepenheuer u. Witsch, 1971), dessen erste Ausgabe noch ganz im analytischen Bezugsrahmen geschrieben war, ist in der psychoanalytischen Ausbildung umfangreich berücksichtigt worden.

Stellen des Körpers umfassen, die auf körperliche Weise Bewußtheit und Ausdruck von Gefühlen zurücknehmen. Wenn Teile dieses sogenannten Muskelpanzers aufgelöst werden, können sich die Gefühle, deren Leugnung ursprünglich die Muskelkontraktion veranlaßt haben, und die dann wiederum chronisch geworden ist, auf spontane Weise äußern. Die emotionale Störung ist im ganzen Körper verwurzelt; man kann durch biophysisches Arbeiten mit dem Organismus an sie herankommen und die gleichzeitige Lösung chronischer Muskelspannungen und der mit ihnen verknüpften, aufgestauten Gefühle erzielen. Sobald sich die Gefühle durch eine systematische Beseitigung des muskulären Panzers unbehindert innerhalb des Organismus bewegen können, ist der betreffende Mensch zu einer völligen orgastisch sexuellen Entspannung fähig. An diesem Punkt wird die Energie, welche die Neurose unterstützte, zurückgenommen; dieses Umleiten der emotionalen Energie, das durch die Beseitigung der muskulären und emotionalen Sperren möglich wurde, befähigt das Individuum, sich in einer »ungepanzerten«, natürlichen Weise zu verhalten. Die Menschen, die fähig sind, während des Geschlechtsverkehrs ihre bewußte Kontrolle völlig fahren zu lassen, und die ihre Gefühle unbehindert durch den Körper strömen lassen, wurden von Reich »orgastisch potent« genannt. Er sah es als *das* Kriterium der Heilung an, wenn dieser Zustand erreicht wurde – was in unserer kranken, das Sexuelle unterdrückenden Gesellschaft selten ist.

In denselben Jahren, in denen Reich seine biophysische Behandlungsmethode entwickelte, identifizierte er auch das Wesen der emotionalen Energie, deren Befreiung das Ziel seiner Therapie war. In den späten dreißiger Jahren fand er heraus, daß sich diese Energie von jeder anderen gegenwärtig bekannten Energieform unterscheidet und daß sie bei allen Lebensformen eine Rolle spielt; deshalb gab er ihr einen eigenen Namen: Orgonenergie. Reich entwickelte einen Orgonkasten, in den man sich hineinsetzt, um Orgonenergie zu sammeln oder zu konzentrieren (von der er annahm, daß sie den ganzen Weltraum erfüllt), wodurch die energetische Ladung erhöht wird. In späteren Jahren hat Reich eine Reihe von Entdeckungen in Bezug auf die Orgonenergie gemacht, von denen lediglich eine – zusätzlich zum Orgon-Akkumulator – für seine Behandlungsmethode relevant ist. Sie bestand in folgendem: wenn die Orgonenergie ruhig gestellt wird, indem sie entweder im muskulär gepanzerten Organismus eingeschlossen oder unter bestimmten Bedingungen anderen Energieformen wie Strahlung oder Elektrizität ausgesetzt wird, verliert sie ihre lebenserhaltende Qualität und schlägt in eine tödliche Qualität um. Diese immobilisierte Orgonenergie nannte Reich DOR – Deadly Orgone. Um diese Energie aus dem Organismus zu entfernen, entwickelte er einen Apparat, der aus einer Reihe von Kabeln besteht, die mit einem Orgon-Akkumulator verbunden sind, der seinerseits wiederum über ein weiteres Kabel mit einer Wasserquelle verbunden ist. Die DOR, vom Wasser angezogen, wird dem Organismus entzogen, wodurch es für die immobilisierte Orgonenergie möglich wird, freier zu strömen.

In meiner eigenen Orgontherapie arbeitete ich mit einem sehr erfahrenen Therapeuten, der über zwanzig Jahre die Ausbildung anderer Orgontherapeuten leitete. Bei der Beschreibung meiner Behandlung sollte betont werden, daß sie nicht typisch für die meisten Fälle dieses Behandlungsverfahrens war. Mein Therapeut diagnostizierte mich als »Neurotiker mit einem schizophrenen Kern«. Dieser »schizophrene Kern« machte mich zu einem schwierigeren Patienten – in der Tat, er vereitelte letztlich die ganze Therapie. Bevor ich mit der Orgontherapie anfing, war ich in einer eingehenden Psychoanalyse gewesen, die einige meiner neurotischen Verdrängungen beseitigt hatte, ohne die tieferen Ebenen meiner seelischen Störung wirklich zu erreichen. Beim Beginn der Orgontherapie hegte ich die Hoffnung, ihr nicht primär an das Sprachliche gebundene, biophysische Verfahren könne in Bereiche vordringen, die die Psychoanalyse nicht hatte erreichen können. Ich glaube, meine Behandlung war auch insofern atypisch, weil eine relativ geringe Lösung von Gefühlen eintrat, wenn man die dramatischen Fallgeschichten zum Vergleich heranzieht, die sich in den englischsprachigen Zeitschriften und Büchern über Orgonomie der letzten dreißig Jahre finden lassen.

Einen großen Teil meiner Zeit in der Orgontherapie verbrachte ich, indem ich in Unterhosen ausgestreckt auf einer Couch lag und tief atmete. Die spärliche Bekleidung soll es dem Therapeuten ermöglichen, die kontrahierten Muskeln über den ganzen Körper hinweg zu sehen und unmittelbar an ihnen zu arbeiten. Die tiefe Atmung soll den Organismus befähigen, zunehmend höhere Energieladungen, die den Körper durchströmen, zu tolerieren; und auf diese Weise soll sich die Notwendigkeit verringern, diese Energie durch chronische Muskelkontraktionen zurückzuhalten. Es ist für das Verstehen der Orgontherapie wichtig, daran zu denken, daß für Reich die Emotion im Grunde Lebensenergie ist, die den Organismus durchströmt und eine Vielfalt physiologischer Wirkungen hervorruft. Sobald Emotion und Lebensenergie als etwas funktionell Identisches angesehen werden, bedeutet eine Entspannung des einen auch eine Lösung des anderen. Die biophysische Arbeit, die einen unbehinderten Energiefluß wiederherzustellen sucht, versucht daher gleichzeitig, umfassenden emotionalen Ausdruck und Bewußtsein herzustellen. Allein das Atmen führte in meiner Behandlung zu einer gewissen Befreiung des Gefühls.

Zusätzlich zur vertieften Atmung wurde in jeder Sitzung eine gewisse Zeit im Gespräch mit dem Therapeuten verbracht. Sinn dieser Gespräche ist nicht, daß der Therapeut wie in der Analyse Deutungen gibt – obgleich ich es verstehe, wenn dies manchmal gemacht wird –, es soll dabei vielmehr die Situation des Patienten, einschließlich der Träume, Art der Neurose und der Behandlung und so weiter geklärt werden. Weitere Techniken, die ebenfalls zur Anwendung kamen, waren unter anderem: auf die Couch einschlagen, um aggressive Gefühle frei zu setzen, Bearbeitung der muskulären Panzerung seitens des Therapeuten oder allmorgendlich bei leerem Magen würgen, um so zu versuchen, die Muskeln der Kehle zu öffnen. Der Akkumulator wurde mir nicht verordnet.

Mit dem vertieften Atmen mußte man gleichzeitig die Augen hin- und herrollen, und sie auch entsprechend dem Ein- und Ausatmen öffnen und schließen. Das sollte die Toleranz des Gehirns dem Energiefluß gegenüber steigern, weil Gehirn und Sehnerv im wesentlichen ein und dasselbe Organ sind. Reich war zu der Überzeugung gekommen, bei Schizophrenie sei die Kontraktion des Gehirns einer der wichtigsten Wege, auf denen das Strömen emotionaler Energie behindert würde.

Demzufolge verwandte mein Therapeut viel Zeit auf den Versuch, meine Augen beweglich zu machen, um auf diese Weise auch mein Gehirn zu mobilisieren.

Auch eine andere, nach Reichs Tod entwickelte Methode, mit der man die Augen und das Gehirn mobilisiert, wurde angewandt. Sie bestand darin, daß der Lichtstrahl einer kleinen Taschenlampe in meinem Gesichtsfeld hin und her bewegt wurde. Ich hatte dem Licht mit meinen Augen zu folgen. Ich sehe ein, daß diese Methode einen starken Ausdruck von Gefühlen bewirken kann. Bei mir war das jedoch nicht der Fall. Es trat stattdessen eine leichte Blutung in der Netzhaut meines rechten Auges auf, die glücklicherweise bald von meinem Arzt festgestellt wurde. Obgleich ich nicht mit Sicherheit sagen kann, daß sie durch die Lichtreizung hervorgerufen wurde, kommt mir dies wahrscheinlich vor. Ich hatte zu dieser Zeit der Behandlung einen hohen Blutdruck, der wahrscheinlich durch die Ansammlung emotionaler Energie, für die es keine angemessene Entspannung gab, veranlaßt wurde. Gewarnt durch die Netzhautblutung wurde die Lichtreizung dann aufgegeben. Die Gründe meines emotionalen Zurückhaltens waren offensichtlich so hartnäckig, daß eher das Gewebe in die Brüche ging, als daß diese Gründe sich gezeigt und aufgelöst hätten.

Schließlich, nach sieben Jahren Orgontherapie, die ich mit der Überzeugung begonnen hatte, sie sei von allen mir bekannten die tiefste und wirksamste Behandlung, verlor ich die Geduld und beendete die Behandlung. Zu welchen Ergebnissen hatten diese sieben Jahre geführt? Auf der positiven Seite stand, daß sich meine Sehkraft merklich gebessert hatte, wie eine unabhängige Prüfung durch einen Augenarzt vor und nach der Therapie ergab. Meine Lungenkapazität hatte sich gesteigert, was sich durch meine größere Mühelosigkeit beim Atmen erwies, wenn ich Höhen erstieg. Meine Körpergröße hatte um zwei Zentimeter zugenommen, vermutlich durch die Entspannung gewisser Muskeln, die meinen Rücken beugten. Ich vermochte meinen Körper mehr als zuvor zu akzeptieren und mich auch mit ihm zu identifizieren. Und noch viel wichtiger als all das war, daß ich begann, zum ersten Mal in meinem Leben, mit Mädchen geschlechtlich zu verkehren.

Auf der negativen Seite stand, daß meine Angst in manchen Situationen zwar geringer war, in anderen jedoch nicht. Ich habe mich nie auch nur annähernd biophysisch oder emotional wirklich gehen lassen können. Am Ende meiner Orgontherapie konnte ich mir immer noch nicht viel von meiner Kindheit ins Gedächtnis zurückrufen. Dementsprechend blieben wichtige Gefühle aus dieser Zeit verdrängt. Und an meinem Verhalten war immer noch ein guter Teil neurotisches Ausagieren. Meine Beziehungen zu Menschen blieben schwierig; ich verbrachte zu viel Zeit mit mir selbst und nicht mit regelmäßiger Arbeit. Alle Schwierigkeiten, die mich zur Behandlung bewegt hatten – die Unfähigkeit zu empfinden, mich in befriedigender Weise auf andere zu beziehen, wirklich zu lieben, an etwas Sinnvollem zu arbeiten – blieben unaufgelöst. Der »schizophrene Kern« war noch nicht zerfallen und richtete weiterhin mein Leben zugrunde.

In den wenigen Monaten, die ich bisher in der Primärtherapie war, ist mir folgendes widerfahren: die Beschaffenheit der zugrunde liegenden hauptsächlichen Blockierung ist geklärt, und darüberhinaus ist für ein methodisches Verfahren gesorgt worden, das wirkliche Hoffnung dafür bietet, diese Blockierung lasse sich ganz aufheben.

Ich glaube, es ist zutreffend, wenn ich sage, daß ich in den ersten drei Wochen intensiver Einzeltherapie mehr emotionale Befreiung erfahren habe, als in der gesamten Zeit meiner Orgontherapie. Ich schrie durchdringender als zuvor, sowohl stimmlich wie auch organismisch. Ein Film, den ich mir zu dieser Zeit auf den Wunsch des Therapeuten hin ansah, war für mich emotional bedeutungsvoller als jeder Film, den ich bis dahin gesehen hatte, weil ich emotional wesentlich offener war.

Als die Primärtherapie mich weiter öffnete, zeigte sich, daß sich, immer wenn ich anfing, intensiv zu empfinden, die Gefühle nur bis zu einem bestimmten Punkt, an dem ich dann würgen mußte, entwickelten. Die Gefühle wurden durch eine Einschnürung oder Enge meines Halses blockiert. Mein voriger Therapeut hatte gegen Ende meiner Orgontherapie bemerkt, daß sich meine biophysische Enge in meinem Hals konzentrierte, und in geringerem Ausmaß in meiner Kehle und dem oberen Brustkorb, ebenso wie in meinem Gehirn; da diese Muskelkontraktionen aber nie wirklich nachließen, kam die damit verknüpfte Emotion niemals zum Vorschein, und es blieb ein Rätsel, um welche Emotion es ging und warum sie so hartnäckig zurückgehalten wurde.

Da es sich in der Primärtherapie herausgestellt hat, daß Geburtserlebnisse meistens von großem Einfluß auf seelische Störungen sind, fragte ich meine Mutter, woran sie sich bezüglich meiner Geburt erinnern könne. Ihre Antwort hatte großen Aufklärungswert. Es scheint, daß sich mir als Foetus in der Gebärmutter die Nabelschnur um den Hals geschlungen hatte, und daß mich dies in meiner Steißlage am Geborenwerden hinderte. Der diensthabende Geburtshelfer mußte mich im Uterus herumdrehen, wozu er Instrumente benutzte. Ein Arzt, der ihm assistierte, stellte später fest, daß ich mein Leben nur der Geschicklichkeit dieses Geburtshelfers verdankte. Es war jedenfalls eine lange und schwierige Entbindung, und als ich zur Welt kam, hatte ich Schrammen im Gesicht und eine Beule am Kopf, die aber bald verschwanden.

Doch die emotionalen Folgen dieser traumatischen Erfahrung

verschwanden nicht. Dr. Arthur Janov hatte herausgefunden, daß es Strangulationsangst war, die meine starken Gefühle blockierte, indem sie meine Kehle zuschnürte; und als ich ihm von dem Strangulationstrauma in der Gebärmutter erzählte, meinte er, daß dabei die Urtrennung von meinen Gefühlen aufgetreten sei. Für mich, als noch ungeborenes Kind, war das Entsetzen dieses Erlebnisses mehr als ich ertragen konnte, und ich schaltete meine Gefühle aus, indem sich meine Halsmuskeln zusammenzogen. Die Furcht, dieses Entsetzen noch einmal zu erleben, ließ sie seither zusammengezogen bleiben und so das normale emotionale Funktionieren wirksam verhindern. Die eigentliche Natur der wichtigsten zugrunde liegenden Blockierung, die ich viele Jahre ohne Erfolg herauszubekommen versucht hatte, war in der Primärtherapie somit ziemlich rasch erlebt und erkannt worden.

Die Primärtherapie bietet auch Möglichkeiten, die Blockierung aufzulösen: man geht zu den Gefühlen dieser kritischen Zeit zurück und empfindet sie Stück um Stück noch einmal. Das ist sehr schwer zu vollziehen, da das Entsetzen zum Zeitpunkt des auslösenden Ereignisses sehr groß ist. Als ein noch ungeborenes Kind war ich einer so überwältigenden Erfahrung gegenüber außergewöhnlich abwehrlos und verletzbar. In der Behandlung war mein Körper jedesmal schweißgebadet, sobald ich mich diesen Gefühlen näherte. Es kommt mir jedoch so vor, als ob ich die Entwicklung von Strangulationsgefühlen inzwischen leichter zulassen kann als zu Beginn der Behandlung, und daß es eine reale Hoffnung gibt, diese Blockierung für immer zu überwinden.[3]

Da mein eigener Fall ziemlich extrem und untypisch ist, möchte ich einen anderen Fall erwähnen, anhand dessen ein anderer Aspekt der Verschiedenheiten zwischen Primärtherapie und Orgontherapie ver-

[3] Es hat nicht den Anschein, als seien sich Geburtshelfer der emotionalen Folgen einer Nabelschnurumschlingung bewußt. Sie wird von M. F. Montagu in seinem Buch *Prenatal Influences*, Springfield, Ill., Charles Thomas Co., 1962, einem umfassenden Überblick der Folgen praenataler Entwicklung auf das spätere Leben, nicht erwähnt, obgleich er auf die Bedeutung der Sauerstoffnot für manche Fälle von Schizophrenie, verzögerter geistiger Entwicklung, Epilepsie und Gehirnlähmung hinweist. Wären sich die Ärzte der Folgen einer Nabelschnurumschlingung voll bewußt, bliebe immer noch verwunderlich, warum sie nicht routinemäßig, entweder durch Palpation oder irgendeine andere Methode, prüfen, ob sich die Nabelschnur um den Hals des Kindes gelegt hat und warum sie nicht in solchen Fällen, wie auch in den folgenden, wenn nämlich dieses Vorkommnis von einer Steißlage des Kindes begleitet wird, wodurch diese Lage der Nabelschnur zu einer ganz besonders großen Gefahr wird, eine Schnittentbindung (Kaiserschnitt) vornehmen.

anschaulicht wird. Er betrifft die Frage: wie gründlich ist die Orgontherapie, wenn ihr Ergebnis vorteilhafter aussieht, als es bei mir der Fall war? Dr. Theodore P. Wolfe, Reichs erster amerikanischer Mitarbeiter, war derjenige, der Reich 1939 die Auswanderung nach Amerika erleichtert hat. Nach einer Therapie mit Reich arbeitete er als Orgontherapeut, übersetzte verschiedene von Reichs Büchern aus dem Deutschen ins Englische und war in den vierziger Jahren einer der Hauptvertreter der Orgonomie. Einem biographischen Aufsatz seiner Frau, Gladys Meyer-Wolfe zufolge, hatte Wolfe beträchtliche Vorteile durch die Orgontherapie gewinnen können, und Reich muß recht zufrieden gewesen sein, ihm Pflichten abtreten zu können. Als Reich in den frühen fünfziger Jahren Wolfe verstieß, wurde bei diesem eine alte Praedisposition zur Tuberkulose aktiviert, und vier Jahre später starb Wolfe. Vom primärtheoretischen und -therapeutischen Gesichtspunkt aus ist die Folgerung unumgänglich, daß Reich für Wolfe ein Vaterersatz war, und daß der unaufgelöste Schmerz über Wolfes echten Vater (einen kühlen, zurückhaltenden Deutschen) wiederbelebt wurde, als der Ersatzvater ihn zurückwies. Dieser Schmerz war so groß, daß Wolfe daran starb. Die Orgonbehandlung hatte Wolfe in biophysischer Hinsicht beträchtlich befreit, aber sie hatte ihn nie zu einer angemessenen Lösung seiner Urschmerzen befähigt. Wenn einem beim Lesen von Fallgeschichten aus der Orgonbehandlung klar wird, daß bei diesem Behandlungsverfahren, wenn sich die Muskelblockaden auflösen, oft Urschmerzen wiedererlebt werden, dann fragt man sich, ob alle Urschmerzen eines Menschen jemals gründlich in einen Zusammenhang gebracht werden können, da doch das Hauptinteresse dieser Behandlung in etwas anderem liegt. Die wirklich vorhandenen Veränderungen, die sich an vielen Menschen während einer Orgontherapie vollziehen, sind wahrscheinlich das Ergebnis eines beachtlichen Wiedererlebens von Urschmerz, das meistens mit der Auflösung des biophysischen Panzers auftaucht. Da aber das Wiedererleben vergangener Ereignisse in der Orgontherapie lediglich als eine Begleiterscheinung des biophysischen Vorgangs der Befreiung und der Lösung betrachtet wird, auf den diese Behandlungsmethode hauptsächlich hinarbeitet, wird nicht der Versuch unternommen, den betreffenden Menschen alle Urschmerzen, die von Bedeutung sind, gründlich und tief erleben zu lassen. In Wolfes Fall war es wahrscheinlich so, daß einige sehr bedeutsame Schmerzen nicht tief

[4] *The Journal of Orgonomy*, Band 4, 1970.

genug erlebt wurden, um in einen Zusammenhang gebracht und daher auch entschärft werden zu können.

Der grundlegende Unterschied zwischen Orgontherapie und Primärtherapie scheint im folgenden zu liegen: die Orgontherapie ist offenbar eine *biophysische* Behandlungsmethode, in der vor allem versucht wird, Muskelkontraktionen zu lösen, um auf diesem Weg ein freies Strömen der emotionalen Energie zu erreichen; dagegen ist die Primärtherapie vor allem eine *erlebnisbezogene* Behandlung, mit der versucht wird, den Menschen mit seinen verdrängten Gefühlen in Zusammenhang zu bringen und auf diesem Weg chronische muskuläre Kontraktionen zu lösen. Die beiden Behandlungsformen bearbeiten dasselbe psychobiologische Problem, sozusagen mit ähnlichen Objektiveinstellungen, aber von entgegengesetzten Seiten her. Trotz großer Übereinstimmung gibt es wichtige Unterschiede. Der erlebnisbezogene Brennpunkt der Primärtherapie liegt unmittelbarer im Bereich der Ursachen einer seelischen Störung, die ihrerseits emotionale Erfahrungen sind, die nicht akzeptiert werden können und daher verdrängt werden müssen; bei der Orgontherapie hingegen liegen die physiologischen Mechanismen dieser Verdrängung mehr im Zentrum des biophysischen Verfahrens. In der Orgontherapie will man die emotionale Energie an sich befreien, in der Überzeugung, daß ein biophysisch freier Organismus notwendigerweise einem emotional gesunden Organismus entspricht. In der Primärtherapie versucht man, den Menschen mit allen bedeutsamen verdrängten Gefühlen wieder zu verbinden, weil man davon überzeugt ist, daß Abwehrvorgänge nur dann völlig aufgegeben und durch ein natürliches Funktionieren ersetzt werden können, wenn alle hauptsächlichen Urschmerzen erlebt worden sind. Die Orgontherapie betont die völlige sexuelle Befreiung als Hauptproblem für biophysisches Freisein und natürliches Verhalten, während die Primärtherapie sich in gleicher Weise mit allen verdrängten Gefühlen beschäftigt.

Die Zentrierung der Primärtherapie auf den Bereich des Erlebens ermöglicht es ihr, tiefliegende Traumen in Fällen festzustellen, bei denen die Orgontherapie die biophysische Abwehr nicht lockern kann – wie durch meinen eigenen Fall deutlich wird. Und sie ermöglicht eine weitaus tiefere Lösung von Urschmerzen, wie man in negativer Weise am Fall von Dr. Wolfe sehen kann. Weil sich das Interesse der Primärtherapie auf das Erleben konzentriert und damit den eigentlichen Ursachen näherkommt, ermöglicht sie den meisten

Patienten eine schnellere und gründlichere Heilung. Weiterhin ist zu ihrer praktischen Ausübung, im Gegensatz zur Orgontherapie, keine ärztliche Ausbildung erforderlich. Zusammenfassend kann man sagen, daß die Primärtherapie von den beiden besprochenen radikalen Behandlungsmethoden diejenige ist, die wirksamere Mittel anbietet, um die Menschen fürs Leben zu befreien.

3. Meine Erfahrungen mit der Orgontherapie

Sally

Als ich in die Orgontherapie kam, befand ich mich in einem nahezu panischen Zustand; ich war völlig verwirrt und hysterisch. Meine Gedanken und Gefühle lagen miteinander im Kampf, und das war qualvoll. Der Arzt meinte, es sei lohnender, wenn wir beide, mein Mann und ich, in Behandlung kämen. Die erste Zeit der Behandlung verging in dem Bemühen, mich aus der Panik, in der ich war, herauszuholen; deshalb ist auch meine Erinnerung an jene ersten Wochen oder Monate ziemlich undeutlich. Die Sitzungen spielten sich jedenfalls normalerweise so ab, daß ich, wenn ich den Raum betrat, mich zu entkleiden hatte; bis auf meine Unterhosen mußte ich alles ausziehen. Ich legte mich auf eine Couch, und der Therapeut saß auf einem Stuhl daneben. Im Liegen mußte ich meine Knie bei geschlossenen Füßen anziehen; so konnte der Therapeut jede Spannung oder Veränderung an meinen Beinen bemerken. Mir wurde untersagt, Kleidungsstücke zu tragen, die so eng saßen, daß sie am Körper Druckstellen hinterließen. Jeden Morgen sollte ich mich, indem ich mir den Finger in den Hals steckte, zum Brechen reizen; ferner mußte ich jeden Tag ein Gläschen Schnaps zu mir nehmen.
Dieser Ablauf war in jeder Sitzung nahezu der gleiche; er diente dazu, meine muskuläre Panzerung und die zugehörigen Abwehrvorgänge einzureißen. Der Arzt reizte meine Augenmuskeln, indem er seinen Finger über ihnen hin und her bewegte und kreisende Bewegungen ausführte. Gewisse Muskelgruppen wurden durch Stöße überreizt. Ein anderes Mal wurde der Zwölffingerdarm übermäßig durch einen Druck mit dem Daumen oder einem anderen Finger gereizt. Erklärungen, warum das alles gemacht wurde, erhielt ich

erst viel später, nachdem Veränderungen eintraten. Alles zusammen trug dazu bei, daß meine Angst nachließ. Zuerst ging ich zweimal wöchentlich zur Behandlung; später wurde es auf einmal in der Woche herabgesetzt. Ich sollte über mein früheres und jetziges Leben reden und sagen, was ich dabei empfinde. Wir sprachen über Mutter, Vater, Kindererziehung, Alltagsleben und Gott.

Wenn wir auf vergangene und gegenwärtige Ereignisse kamen, die mich beunruhigten, half man mir, diese Angst zu überwinden. Da gab es zum Beispiel ein besonderes Ereignis in meinem Leben – ich muß damals sechs oder sieben Jahre alt gewesen sein. Mein Onkel war der Hausmeister an der Grundschule, auf die ich ging. Er bot mir Kaugummi oder andere Süßigkeiten an und wollte mich damit in seinen Lagerraum locken. Zu dieser Zeit gelang es ihm, mich festzuhalten, zu küssen und sexuell zu streicheln. Mein Therapeut meinte, dieses Ereignis sei für meine Frigidität verantwortlich; daher wurde diese Szene wiederholt, wobei er meinen Onkel spielte. Das wurde in der Zeit, die ich zu ihm ging, oft wiederholt. Diese Behandlung muß mir geholfen haben, denn ich verlor tatsächlich einen Teil meiner Sexualangst, aber ich habe zu keinem Zeitpunkt meine ganze Angst verloren. Ich war immer noch zu ängstlich, um Zuneigung zu erbitten oder das Verlangen danach auszudrücken. Seit ich in die Primärtherapie gehe, habe ich das Gefühl, daß meine Frigidität weit vor dem Ereignis mit meinem Onkel begann.

Wenn der Therapeut spürte, daß ich vor irgendetwas, worüber ich sprach, Furcht hatte oder wütend war, versuchte er, meine Gefühle aus mir herauszuholen, indem wir die Szene wiederholten. Ging es um Furcht oder Frustration, sprachen wir darüber, und das endete normalerweise mit Weinen. Alles, was ich während der Behandlung besprochen und erlebt habe, brachte mein Therapeut heraus. Meist erschienen diese Erfahrungen verrückt, rätselhaft und auch peinlich.

Obgleich ich das Gefühl hatte, daß mir durch diese Behandlung geholfen wurde, spürte ich aber auch, daß ich von ihr abhängig wurde und ständig dabei bleiben müßte, wenn ich mich halbwegs wohlfühlen wollte. Dieses Gefühl beunruhigte mich, aber es erwies sich als richtig, denn ich war innerhalb eines Zeitraums von weniger als fünf Jahren noch immer ganz schön weit zurück bei meinen alten Gefühlen und Schwierigkeiten.

Für mich bestand der Hauptunterschied zwischen Primärtherapie und Orgontherapie darin, daß meine Abwehrtechniken dadurch,

190

daß ich meinen Primärtherapeuten in den ersten drei Wochen täglich sah, völlig zerstört wurden. Vielleicht ist die wichtigste Sache die, daß ich meinen eigenen Schmerz empfand, wenn und falls ich dazu fähig war. Ich glaube jetzt, daß der Wiederholung eines Ereignisses keine Bedeutung zukommt, wenn ich mich nicht wirklich in dem Gefühl, das zu diesem Ereignis gehört, befinde. Andernfalls wird es zur Schauspielerei, und jeder Patient kann auf diese Weise vermeiden, seinen Schmerz jemals wirklich zu empfinden. Als ich den Orgontherapeuten lediglich einmal in der Woche sah, hatte ich bald heraus, wie ich ihn und mich hereinlegen konnte. In der Primärtherapie bin ich mehr mir selber überlassen und empfinde meinen eigenen Schmerz nur, sofern ich dazu bereit bin. Mein Kontakt zum Therapeuten ist eng, deshalb gibt es weniger Gelegenheit für Spiele. Ich möchte zu meinem eigenen Guten Fortschritte machen, und nicht, weil es dem Therapeuten gefällt.

Die Gruppensitzungen sind äußerst wertvoll, denn ich lerne in ihnen, mich auf andere Menschen zu beziehen. Sie helfen mir, Einsicht sowohl in meine eigenen Schwierigkeiten wie auch in die der anderen zu gewinnen. Ich weiß inzwischen, daß ich in meinem Kampf nicht allein bin, obgleich ich in einem gewissen Sinne immer allein sein werde. Mein Ringen aufzugeben ist nicht leicht, zumal ich mich oft ganz wohl darin fühle; es war der einzige Weg, den ich kannte. Jetzt ermutigt es mich, andere Menschen zu hören und zu sehen.

Schon nach wenigen Wochen Primärtherapie habe ich mehr Selbstbewußtsein. Ich fühle mich mit meinen Gefühlen sicher, ich fühle, daß sie wirklich und echt sind. Zum ersten Mal weiß ich, was mit mir geschieht und warum es geschieht. Die Veränderungen, die ich wahrnehme, kommen mir nicht wie in der Orgontherapie rätselhaft und mysteriös vor. Ich verstehe viel mehr von dem, was ich auf mich zukommen spüre.

Die ständige, von außen kommende Reizung der Muskelgruppen in der Orgontherapie diente dazu, meinen Muskelpanzer oder die Spannung zu verringern, aber sie half mir nicht, eine Verknüpfung zu meinem Bedürfnis nach Abwehr oder Panzerung herzustellen. Die Spannung kehrte immer wieder, weil keine wirkliche oder echte Verknüpfung hergestellt wurde. Und deshalb traten auch keine grundlegenden Veränderungen in meinem Verhalten ein. Oder anders gesagt: die alten Ängste und Verletzungen waren immer noch vorhanden.

Die körperlichen Veränderungen, die sich in der Orgontherapie ergaben, waren erschreckend, da sie nicht von wirklichem Verständnis begleitet wurden. Mir scheint es, daß diese Behandlungsmethode auf die Dauer versagt und auf eine totale Abhängigkeit vom Therapeuten hinausläuft.

V.
Forschung

1. Einleitung

Es gibt im wesentlichen zwei Wege, den Fortschritt einer Psychotherapie zu validieren: man prüft, was der Geist sagt, und man prüft, was der Körper sagt. Prüfungen der geistigen Vorgänge werden psychologische Tests genannt – wie beispielsweise der Rorschach-Test, die Satzergänzung und der thematische Apperzeptionstest (TAT). Bei der Prüfung von körperlichen Vorgängen spricht man von physiologischen Messungen – wie Herzschlagfrequenz, Pulsfrequenz und Körpertemperatur. Ich bin der Ansicht, daß es keine psychologische Validität ohne eine begleitende physiologische Validität gibt. Wenn der Körper ungeachtet dessen, was der Geist sagt, weiterhin Spannung registriert, dann ist der betreffende Mensch nicht in Ordnung. Und er ist ebenfalls nicht in Ordnung, wenn das umgekehrte Verhältnis vorliegt, das heißt, wenn der Körper ein niedriges Spannungsniveau zeigt, und der Betreffende sich dennoch schlecht fühlt. Ich wiederhole ein altes Thema, wenn ich sage, daß wir eine *Einheit* sind; obgleich wir diese Einheit zu Untersuchungszwecken (psychologisch-physiologisch) zerlegen können, müssen wir darauf achten, daß wir unsere Abstraktionen nicht vergegenständlichen.

Gegenwärtig glauben Tausende von Menschen, die mit Psychotherapie im weitesten Sinne in Berührung kamen, sie fühlten sich nun besser. Nähme man an ihnen mit sehr verfeinerten Instrumenten Messungen vor, um das tatsächliche Spannungsniveau festzulegen, so würde man herausfinden, daß Geist und körperliche Verfassung keineswegs miteinander harmonieren. Geht es jemandem wirklich gut, wenn er denkt, es gehe ihm gut? Nein. Es geht einem nur dann gut, wenn der ganze Organismus dies ausdrückt.

Im Hinblick auf diesen Sachverhalt hat das Primärinstitut jetzt ein Forschungslaboratorium eingerichtet, in dem mit den vorhandenen elektronischen Meßinstrumenten viele Einzelheiten der physiologischen Arbeitsweise des Organismus gemessen werden können. Ferner werten wir dort Hirnstromkurven mit Hilfe von Computern aus, so daß wir in der Lage sind, feine Veränderungen der Hirnströme zu messen und festzuhalten. Auf der Grundlage einer zufälligen Auswahl führen wir Interviews mit solchen Patienten, die sich mindestens fünf Monate lang der Primärtherapie unterzogen haben. Dabei handelt es sich um tiefenpsychologische Interviews von mindestens einer Stunde, die das Ziel verfolgen, die subjektiven Gefühle der Patienten zu erhellen; wir sind besonders an Symptomveränderungen interessiert, die der Patient selber beobachtet. Die Tatsache, daß Symptome verschwinden, ist von besonderer Bedeutung, auch wenn sie nur einen Teil der Fragestellung betrifft, da es in der Behandlung meistens möglich ist, genug Spannung abzubauen, damit Symptome weichen. Uns liegt daran herauszufinden, ob nach dem Verschwinden eines Symptoms ein hohes Niveau von Spannung übrigbleibt. Ist dies der Fall, so wird das Symptom unter Streßbedingungen wieder auftreten. Wenn das Spannungsniveau dagegen auf Dauer niedrig liegt, können wir mit größerer Sicherheit sagen, das Symptom sei mit Erfolg verschwunden, es sei geheilt.

Subjektive Berichte sind etwas sehr Entscheidendes; sie sollten keineswegs als »nicht-objektive Aussagen« abgetan werden. Die Tatsache, daß ein Epileptiker keine Anfälle mehr bekommt, ist ein wichtiges statistisches Faktum – ein objektives Faktum, wie man sagt. Wenn er aber auch noch sagt: »Ich weiß, was es mit meiner Epilepsie auf sich hat und weiß auch genau, wie ich meine Anfälle verhindern kann«, dann ist das ebenfalls eine bedeutsame Aussage; ganz besonders, wenn er tatsächlich Anfälle kontrollieren und verhindern kann. Eine Aussage wird doch nicht nur dadurch objektiv, daß ein Außenstehender einen anderen Menschen beurteilt und Zahlenwerte über ihn notiert. Ein Psychoanalytiker, der ein Buch über Primärtherapie beurteilt, ist nicht notwendigerweise objektiv, denn er hat sich in subjektiver Hinsicht nicht auf die Primärtherapie eingelassen; seine Betrachtungsweise wird durch seinen subjektiven Zustand beeinflußt, durch seine Zugehörigkeit zu einer bestimmten Schule und durch andere Umstände. Distanz und Objektivität entsprechen einander nicht. *Objektivität* ist die Fähigkeit, etwas klar sehen und die Realität einschätzen zu können. Ich behaupte, daß derjenige wirklich objektiv ist, dessen subjektive Schmerzen gelöst sind und der dadurch die Realität als das ansehen kann, was sie ist. Ein solcher Mensch wird objektiv sein. Ein Patient nach der Primärtherapie ist wahrscheinlich der objektivste Beobachter seines eigenen Fortschritts. Wie könnte ein Außenstehender beurteilen, wie tief die Depressionen dieses Patienten vor der Behandlung waren, wie grausam seine früheren Kopfschmerzen und wie massiv der Kummer über den Verlust von Frau und Kindern war?

In antithetischer Formulierungsweise heißt das, daß ein Mensch, der höchstgradig subjektiv ist – nämlich derjenige, der am meisten von sich selbst erfahren hat –, objektiv wird; dagegen wird der Mensch, der (von sich selbst) distanziert ist, zum Objekt oder Opfer seines verborgenen Selbst, d. h. er wird »subjektiv«. Diese subjektive Kraft beeinflußt ihn in der Wahl seines Forschungsgebietes, der Daten oder Meßwerte, die er für relevant hält und auch darin, wie er die gewonnenen Informationen interpretiert. Derselbe subjektive Einfluß kann auch bewirken, daß ein Mensch (aus unbewußter Furcht heraus) keine Interpretationen gibt, weil ihn das in das Gebiet von Vorstellungen und Meinungen bringen würde. Das führt dann dazu, daß die einzelnen Untersuchungsergebnisse, wie es oft geschieht, für sich alleine stehen. Daher gibt es alljährlich Tausende von Forschungsprojekten, zwischen denen kein Zusammenhang besteht und die auch nicht mit einer festgefügten Theorie verbunden sind, die sie aufnehmen und in einen Sinnzusammenhang stellen könnte.

Solange bedeutsame unbewußte Einflüsse vor dem Bewußtsein abgeschirmt sind, gibt es keine Möglichkeit für Objektivität. Wir sind objektiv, wenn das Selbst zu gleicher Zeit Subjekt und Objekt ist – wenn nichts von uns selber ein von der subjektiven Erfahrung losgelöstes Objekt ist; die Erfahrungen, über die ein objektives Selbst berichtet, *sind* gültig und objektiv.

Wir bemerken diese Umwandlung von Subjektivität in Objektivität an den Eltern, die in einer Primärtherapie waren; vor der Behandlung waren sie so auf sich selbst bezogen und so abgelöst von ihren Kindern, daß sie deren Leiden nicht objektiv einschätzen konnten. Nach der Behandlung konnten sie ihre Kinder klar und objektiv sehen. Die Sozialwissenschaftler vergessen manchmal, daß sie sich selbst in die Daten ihrer Forschung einbringen. Besonders auf dem Gebiet ihrer Psychotherapie beeinflussen sie die Ergebnisse und wählen aus. Sie werden selbst zu einer Variablen, die man in Rechnung stellen muß. Ich möchte betonen, daß emotionales Unbeteiligtsein nicht für Objektivität spricht; im Gegenteil, es spricht für neurotisches Verhalten. Wir werden, soweit unsere Forschung fortschreitet, Objektivität quantitativ ausdrücken können. Wir sind dabei, Hirnströme als einen Teil der Abwehrstruktur zu identifizieren. Wenn bei Neurotikern die Frequenz der Hirnstromwellen auf künstliche Weise, etwa durch Meditation, verringert wird, stellt sich ein ausgleichendes Ansteigen der Wellenamplitude ein. Das heißt, je weniger die Steuerungsfunktionen des Gehirns arbeiten, desto offener ist es für Erinnerungsschleifen von Urgefühlen und umso größer ist auch der Reizzuwachs durch solche Gefühle – und das treibt die Amplitude der Hirnströme in die Höhe. In unserem Begriffsrahmen sprechen wir von einem stärker unterdrückten Organismus und einem stärker verteidigten Gehirn. Die Amplitude der Hirnstromkurve ist im wesentlichen eine Funktion des Betrags impulsgebender Neuronen. Je mehr Schmerz im Zustand der Verdrängung gehalten wird, um so größer ist die Zahl der dazu erforderlichen aktivierten Neuronen. Neurotiker haben ein erheblich tätigeres Gehirn, und das heißt gleichzeitig, ein Gehirn, das leichter zu verwirren ist, weniger konzentrationsfähig ist und sich schwerer in den Schlafzustand bringen läßt. In unseren ersten repräsentativen Erhebungen finden wir, daß die Wellenamplitude ein Hauptzeichen für die Verdrängung ist – und damit für die Neurose.

Ein sich stark verteidigendes Gehirn besitzt nicht die Eigenschaft der Objektivität. Daher sollten wir annehmen, wenn sowohl Frequenz wie auch Amplitude abfallen, wie es bei Primärpatienten der Fall ist, daß dann der Betreffende objektiver wird; das jedenfalls berichten die Patienten. Sie können »ihre« Angelegenheit von der anderer unterscheiden; sie wissen, wann ein anderer seine Neurose auf sie projiziert und werden nicht mehr mit hineinverwickelt. Wenn sie mit sich eins werden, können sie die Außenwelt von ihrem Inneren trennen. Ungeachtet dessen, was jemand über sein Befinden sagt, vermag uns das elektroenzephalographische Hirnstromwellenmuster in dieser Hinsicht eine genauere Auskunft zu geben. Wir haben die Hypothese, daß ein empfindender Mensch in seinem Hirnstromniveau »niedrig und langsam« ist.

Welche Bedeutung hat die Forschung für unsere Therapie? Wir müssen herausfinden, ob wir nicht Selbsttäuschungen unterliegen; wir müssen herausfinden, ob sich die Veränderungen, wenn Menschen sich besser fühlen und ihre Symptome verlieren, wirklich in ihrer körperlichen Verfassung widerspiegeln. Wir beobachten den Behandlungsfortschritt bei einem Epileptiker (auch bei Nichtepileptikern) und sehen, wie die Hirnstromwellen sich in voraussagbarer

Richtung verändern, zusammen mit einem Absinken des Blutdrucks, der Herzschlagfrequenz und so weiter.

Mich verwundert es sehr, daß tagtäglich an allen Orten der Welt Therapeuten Patienten behandeln und überhaupt keine Vorstellung davon haben, was mit ihren Patienten physiologisch gesehen vor sich geht. Therapeuten können für Jahrzehnte praktisch tätig sein und nicht ein einziges Mal mit Sicherheit wissen, ob sie für ihre Patienten irgendetwas Gutes tun.

Das gleiche Problem gilt auch für psychiatrische Beurteilungen. Was wird denn beurteilt, wenn sich ein Mensch für eine Untersuchung zu einem Psychiater begibt? Seine Abwehr, nicht sein körperlicher Zustand. Es kann sein, daß jemand mit einer guten, sozial erprobten, intellektuellen Abwehr eine gute Beurteilung erhält, während jemand, dessen Abwehr nicht gut arbeitet, im Bericht des Psychiaters auch nicht gut wegkommt. Aber wer ist kranker?

Wir haben unser Vertrauen mehr in Fachleute als in uns selber gesetzt; die Fachleute wiederum haben ihr Vertrauen auf Zahlen und Kategorien gesetzt. Wieviel fachliche Kenntnis ist denn überhaupt nötig, um zu wissen, daß man schreiende Säuglinge auf den Arm nehmen muß? Etwa ebenso viel, wie man braucht, um zu erkennen, daß Krieg etwas Schlechtes ist. Welche Art von Statistik erweist, daß man schreiende Säuglinge aufnehmen muß und daß Krieg eine schlechte Sache ist? Empfindungsfähige Menschen wissen die Antwort, da sie ihr Erleben empfinden und etwas daraus lernen. Neurotiker können aus ihren Erfahrungen nichts lernen, weil sie sie nicht erleben; sie sammeln Daten – um das, was sie nicht empfinden können, zu *erweisen*.

Warum haben uns die vielen sozialwissenschaftlichen statistischen Untersuchungen des vergangenen halben Jahrhunderts kein Heilungsverfahren für die Neurose beschert oder uns wenigstens einem solchen Verfahren näher gebracht? Schuld daran ist meiner Ansicht nach das sachliche Mißverständnis, demzufolge die Wahrheit etwas Statistisches statt etwas Biologisches ist. Wir haben auf Verallgemeinerungen gebaut. Mittlerweile sind die Hauptfortschritte, die auf diesem Gebiet stattfanden, von Denkern und Theoretikern gemacht worden, die sich nicht mit Quantitätsbestimmungen zufrieden gegeben haben. Noch immer ist es nahezu unmöglich, einen Aufsatz spekulativer Art (im Gegensatz zu statistischen Arbeiten) in Fachzeitschriften zu veröffentlichen. Es gibt wenig Platz für Vorstellungen und Ideen auf einem Gebiet, das schon mit statistischen Untersuchungen überfüllt ist.

Die Wissenschaftler verlangen über die Wirksamkeit der Primärtherapie hinaus weiteres Beweismaterial; darin haben sie recht. Aber die Frage ist: wie ist Evidenz oder eine beweisende Aussage beschaffen? Besteht Evidenz nur in objektiven Zahlenangaben auf graphischen Darstellungen oder können auch Gefühle so etwas wie evident sein? Für denjenigen, der sie erlebt, sind Gefühle gewiß Tatsachen. Diese Gefühle bilden einen Teil der Validierung oder des Gültigkeitsnachweises. Einige Wissenschaftler, die eine Primärtherapie machen wollten, haben *vor* dem Behandlungsbeginn nach genaueren Forschungsergebnissen gefragt. *Nach* einem Urerlebnis waren sie an »objektiven« Angaben nicht mehr interessiert, da die intensive innere Erfahrung sie mit der einzig bedeutsamen Angabe versorgte, derer sie bedurften.

Warum ist man gerade auf diesem Gebiet so abgeneigt gewesen, Gefühle als einen angemessenen und ausreichenden Beweis anzusehen? Unter psychologischem Gesichtspunkt kann man den Grund angeben, daß wir auf die Überzeugung hin erzogen wurden, (unsere) Gefühle zählten nicht. Es reicht nicht hin, wenn wir zu unseren Eltern sagen: »Ich werde das und das machen, weil mein *Gefühl* danach ist«. Für gewöhnlich müssen wir uns rechtfertigen, Gründe anbieten und genaue Angaben machen, warum wir etwas tun wollen. Auf diese Weise fahren wir uns in einem Begründungsbedürfnis fest.

Besteht Evidenz in dem, worin eine Gruppe von »Fachleuten« übereinstimmt? Kann eine Sache durch den Konsens neurotischer Sozialwissenschaftler validiert werden? Hierfür ist die Psychoanalyse ein einschlägiger Fall. Tausende von Analytikern stimmen hinsichtlich der Validität der psychoanalytischen Therapie überein; wenn es anders wäre, würden sie sie nicht ausüben, nehme ich an. Jahrzehnte »objektiver« analytischer Forschung haben die Theorie und die therapeutische Praxis wenig verändert. Warum? Weil die gewonnenen Informationen psychoanalytisch interpretiert wurden – ein Im-Kreise-Gehen. Nach der analytischen Theorie ist es beispielsweise ein Zeichen von Reife, wenn man fähig ist, Befriedigung aufzuschieben. Wenn ein Patient also berichtet, das könne er, so wird der analytische Forscher auf der Reife-Skala einen Pluspunkt verzeichnen. Ich käme nicht auf den Gedanken, die Verzögerung eines Genusses könne Reife bedeuten; ich rechne das zur Neurose.

In der analytischen Forschung aber stellt der Aufschub von Befriedigung, in einem Zirkelschluß, einen objektiven Wert dar und dient dazu, die Theorie zu validieren.

Die verhaltenstherapeutische Forschung bringt meistens ausgeklügelte Statistiken hervor. Aber auf welche Angaben werden die Statistiken angewandt? Auf das Verhalten. Nicht auf Angaben, die mit Gefühlen und inneren Zuständen zu tun haben. Diese verhaltensorientierten Daten beweisen die Richtigkeit und Gültigkeit der verhaltenswissenschaftlichen Theorie. Man nennt diese Wissenschaftler »Verhaltenswissenschaftler«, was schon darauf hinweist, welcher Anteil der Daten unter dem Aspekt von Wichtigkeit und Relevanz erforscht wird.

Wie kann man veranschaulichen, daß die Daten, die von diesen verschiedenen, auseinandergehenden theoretischen Forschungsgruppen gesucht werden, falsch sind? Wenn das Verhalten allein die conditio sine qua non darstellt, wird damit wenig gewonnen, da die Angaben, die sich nicht auf das Verhalten beziehen, als irrelevant erachtet werden. Demzufolge wird in der verhaltenstherapeutischen Forschung gemessen, wie sich jemand nach der Behandlung *verhält,* und die Statistiken dienen wieder dazu, die Theorie zu validieren. Verhaltenstherapeuten haben das Verhalten im Auge, und das Beste, was ihre Patienten tun können, ist, *sich zu verhalten.* Analytiker achten vorzugsweise auf das, was ihre Patienten sagen, und diese Patienten sagen gelegentlich das, was der Analytiker (und der Patient) hören will. Im Grunde sind beide Verfahrensweisen überholt, da sie den Menschen zerlegen, um selbstbestätigende Voraussagen zu erhalten.

Wissenschaftliche Evidenz ist etwas, was man reproduzieren und wiederholen kann. Daher sollten die Ergebnisse einer Therapie – wenn sie eine wissenschaftliche Grundlage hat – immer wieder zu erzielen sein. Unglücklicherweise hängt das meiste, was heute als Therapie praktiziert wird, von der Persönlichkeit des Therapeuten ab. Die Therapie ist zu einer Kunst geworden, *weil sie keine Wissenschaft gewesen ist.* Die Primärtherapie reproduziert sich tagtäglich in identischer Weise. Wir erzielen unabhängig davon, welcher Therapeut sie durchführt (er muß nur ausgebildet und fähig sein), die gleichen Ergebnisse; und diese Ergebnisse werden für jeden Patienten in Meßwerten festgehalten.

Seit kurzem stützen wir uns für unsere Untersuchungsergebnisse sehr auf »Kontrollgruppen« – indem wir einer Gruppe (mit Therapie) eine ähnliche (ohne Therapie) gegenüberstellen –, um unsere Befunde zu erheben. Das Problem der Kontrollgruppen liegt darin, daß es von Menschen keine Kopien gibt. Ebensowenig kann ihre Geschichte vervielfältigt werden. Die einzige reale Kontrolle, die man bei der Erlangung von Untersuchungsdaten und Befunden einsetzen kann, ist der Patient selbst, vor und nach der Behandlung. Diese Kontrolle ist individuell und spezifisch zugleich.

Es stellt sich die Frage, ob wir nicht die neurotischen Tugenden der Skepsis, Vorsicht und Objektivität zu einem wissenschaftlichen Prinzip erhoben haben, so daß die Sozialwissenschaft in mancher Hinsicht unsere Neurosen widerspiegelt. Weil wir auf der Suche nach objektiver Wahrheit unsere Körper weit hinter uns zurückgelassen haben, vergaßen wir, daß etwas als wahr empfinden gleichbedeutend damit ist, daß es wahr *ist*.

Wir haben uns auf Zahlen und Statistiken verlassen, weil wir nicht empfinden – weil wir nicht richtig subjektiv sein können –, und es wird nie genügend Statistiken geben, um einem empfindungsunfähigen Menschen zu beweisen, was es mit Gefühlen auf sich hat.

Wissenschaftliche Skepsis ist meistens eine lohnende Tugend; sie schützt davor, sich unberechtigten Schlußfolgerungen zu überlassen. Unglücklicherweise ist jedoch diese Skepsis – wenn sie sich in der Art äußert: »Wir können nicht wirklich sicher sein« (in bezug auf jede Sache) – oft ein Deckmantel unserer Unfähigkeit, unserer selbst in irgendeiner Sache sicher zu sein. So gibt sich ein unsicherer Mensch damit zufrieden, ständig Informationen zum Selbstzweck zu sammeln, um dadurch jede Notwendigkeit zu verhindern, auch Schlüsse aus diesen Informationen zu ziehen.

Die gleiche Skepsis führt den übervorsichtigen Wissenschaftler auch dazu, ständig mehr Zeit zu fordern. Er möchte sehen, wie sich etwas über eine lange Zeitstrecke hinweg verhält, bevor er ein abschließendes Urteil fällt; eigentlich eine bewundernswerte Eigenschaft. Nur leider wird »Zeit« in diesem Sinne zu oft verherrlicht, als hätte sie etwas Magisches an sich. Langzeit-Untersuchungen brauchen keineswegs etwas zu beweisen, wenn die Forschungsgrundlage falsch ist. Ein Verhaltenstherapeut kann beispielsweise jemanden, der an Freßsucht leidet, abschrecken und ihm gleichzeitig über mehrere Monate hinweg schmackhafte Leckerbissen vorsetzen. Dieser Konditionierungsvorgang läuft so lange, bis der Betroffene nicht mehr essen »mag«. Er kann abnehmen und zwei Jahre lang schlank bleiben. Und eine Langzeit-Untersuchung über die Wirksamkeit der

Verhaltenstherapie bei Freßsucht kann diese Methode als gültig erweisen. Was aber bedeutet die Zahl »zwei« (Jahre)? Ziemlich wenig, wenn sie nicht mit biologischen Angaben verknüpft ist. Der Patient mag nun schlanker sein, aber auf längere Sicht auch empfänglicher für Herzanfälle, die mit der erhöhten Spannung zusammenhängen.

In einer autoritären Gesellschaft werden Forschungsergebnisse zum *Summum bonum*, weil neurotisches Verhalten bedeutet, daß man nicht seinem Körper und seinen Gefühlen vertraut, sondern geistigen Abstraktionen. In der autoritären Gesellschaft lernen wir, Experten zu vertrauen – der Elite, der politischen wie der psychologischen. Nur »qualifizierte« Personen dürfen über den Zustand unserer geistigen Gesundheit ein Urteil abgeben. Und wodurch sind diese Fachleute qualifiziert? Viel zu oft durch ein Studium von Philosophie, Theorie und Statistik. Nach einem jahrelangen Studium überholter Theorien soll der geprüfte oder gar promovierte Therapeut sich plötzlich darüber äußern, wer gesund und wer krank ist.

Die folgenden Forschungsberichte sind weder wichtiger noch objektiver als die an anderer Stelle erwähnten Fallgeschichten. In ihnen wird lediglich anderes Beweismaterial für die Wirksamkeit der Primärtherapie vorgelegt.

Die folgenden beiden Abschnitte untersuchen den primärtherapeutisch behandelten Patienten, sowohl psychologisch wie auch physiologisch. Die Ergebnisse sollten zusammenlaufen und miteinander in Übereinstimmung stehen. Wir können nicht zu sogenannten gültigen psychologischen Befunden kommen, wenn die zugehörigen physiologischen Befunde davon abweichen. Obgleich wir den Patienten wegen unserer Untersuchungsabsichten einmal psychologisch und einmal physiologisch betrachten, müssen wir stets berücksichtigen, daß er eigentlich ein einheitliches Wesen ist. Nur kreuzvalidierte Angaben können wirklich gültig sein. In der Wirklichkeit gibt es kein psychisches Verhalten; es kann nur ein psychobiologisches Verhalten geben.

2. Nachuntersuchungen an primärtherapeutisch behandelten Patienten

Unlängst haben wir ein Forschungsprogramm begonnen, das systematische Nachuntersuchungen von primärtherapeutischen Patienten betrifft. Im folgenden stellen wir die Ergebnisse vor, die in einer ausgewählten Untersuchung von fünfundzwanzig primärtherapeutischen Patienten gewonnen wurden, die fünf Monate oder länger in Primärtherapie waren. Wir untersuchten sowohl Patienten, die noch in Behandlung sind, wie auch solche, deren Behandlung bis zu drei Jahre zurückliegt. Sie hatten Fragebogen auszufüllen und sich einstündigen, mit dem Tonband festgehaltenen Interviews mit dem Untersucher zu unterziehen. Im Anhang finden sich ausgewählte Nachschriften dieser Interviews. Der Fragebogen enthielt folgende Fragen:

1. Wie lang waren Sie in Behandlung?
   Wie oft nahmen Sie nach den ersten drei Wochen an Gruppensitzungen teil?
2. Betrachten Sie sich als geheilt oder teilweise geheilt? Geht es Ihnen jetzt besser, genauso oder schlechter als vor Beginn der Therapie?
3. Welche besonderen Beschwerden sind zurückgeblieben, welche wurden geheilt?
4. In welcher Behandlung waren Sie vorher?
5. Würden Sie sich je einer anderen Art von Behandlung unterziehen?
6. Was an der Primärtherapie hat Ihnen besonders geholfen?
7. Was haben Sie an der Primärtherapie auszusetzen? Wie würden Sie sie verbessern?
8. Würden Sie die Primärtherapie anderen empfehlen?
9. Wie haben sich Ihr Verhalten und Ihr Lebensstil verändert?
10. Haben Sie noch Urerlebnisse? Wie oft?
11. Rauchen Sie? Trinken Sie? Nehmen Sie regelmäßig Medikamente ein? Überessen Sie sich gelegentlich?
12. Haben Sie nach oben Genanntem das Bedürfnis?
13. Beschreiben Sie Ihr Sexualleben.
14. Beschreiben Sie Ihr alltägliches Leben (Beruf, Familie, Kinder etc.).

Weil »Heilung« immer eine sehr individuelle Angelegenheit ist, war es schwierig, die Antworten auf einige unserer Fragen in einer einfachen Aufstellung zusammenzutragen. In solchen Fällen werde ich jeweils eine Auswahl der verschiedenen Antworten wiedergeben. Bei zwei Fragen gab es eine hundertprozentige Übereinstimmung. Bei Frage 5: »Würden Sie sich je einer anderen Art von Behandlung unterziehen?« war die Antwort einstimmig: »Nein«, und bei Frage 8: »Würden Sie die Primärtherapie anderen empfehlen?« war die Antwort einstimmig: »Ja«. Dabei wurde jedoch eine Einschränkung gemacht; nahezu alle der Befragten sagten, sie würden nicht kämpfen, um jemanden von der Therapie zu überzeugen; sie würden sie anderen lediglich empfehlen.

Das Alter dieser Patienten lag zwischen vierundzwanzig und vierundfünfzig Jahren. Davon waren sieben in den Zwanzigern, zwölf in den Dreißigern und die restlichen, bis auf einen Patienten, der über fünfzig war, in den Vierzigern. Sechs der Patienten waren kurz zuvor geschieden worden, dreizehn waren verheiratet und sechs alleinstehend. Dreizehn der Patienten waren Frauen und zwölf Männer.

Wie lang waren Sie in Behandlung? Wie oft nahmen Sie nach den ersten drei Wochen an Gruppensitzungen teil?

Bei fünfzig Prozent der Befragten lag die Dauer der Behandlung zwischen fünf und acht Monaten, bei fünfzehn Prozent zwischen acht Monaten bis zu einem Jahr; bei dreißig Prozent zwischen einem und eineinhalb Jahren und bei fünf Prozent bei zwei Jahren und länger. Viele der Befragten glaubten noch, sie wären weiterhin in Behandlung, obgleich sie nur gelegentlich kamen, wenn sie ein Urerlebnis haben mußten. Sie sagen, einer der Vorteile der Primärtherapie sei, daß man fast jederzeit kommen und in einer Gruppe ein Urerlebnis haben könne. Deshalb kann man schwer sagen, wer noch Patient ist und wer nicht mehr. Am Anfang kommen die Patienten normalerweise für die ersten vier oder fünf Monate dreimal wöchentlich zu einer Gruppensitzung; später häufig nur alle drei Monate einmal. Ich habe beobachtet, daß sich zwischen dem sechsten und dem achten Monat der Behandlung ein allgemeiner Wendepunkt zeigt. Es ist der Punkt, an dem »keine Rückkehr« mehr möglich ist, das heißt, der Punkt, da der Patient sehr offen ist und nicht mehr zurückgehen und wieder neurotisch werden kann, selbst wenn er das wollte. Von da an geht es mehr um die Frage, ob sich die Urerlebnisse entweder zu Hause oder in einer Gruppe, oder auch an beiden Orten abspielen. Ich würde sagen, daß die Hauptarbeit in Bezug auf das Niederbrechen der Abwehr in den ersten sechs Behandlungsmonaten stattfindet. Es gibt jedoch auch Fälle, bei denen dieser Prozeß bis zu achtzehn Monaten beanspruchen kann.

Demgemäß beantworteten fast alle unserer Patienten Frage 10: »Haben Sie noch Urerlebnisse?« mit: »Ja.« Bei den Patienten, die mit der Therapie anfangen, finden Urerlebnisse mehrere Male in der Woche statt, bei Patienten, die die Achtmonatsmarke überschritten haben, etwa einmal pro Woche und bei den restlichen etwa ein bis zwei Mal pro Monat. Um den achten Monat herum pflegen die meisten Patienten zu sagen: »Ich weiß, wann ich etwas empfinde, wann ich etwas blockiere und auch, wie ich unverzüglich an diese Gefühle herankommen kann. Ich verschließe mich nicht mehr vor meinem Schmerz.«

Betrachten Sie sich als geheilt oder teilweise geheilt? Geht es Ihnen jetzt besser, genauso oder schlechter als vor Beginn der Therapie?
»Geheilt« bedeutet, daß man entweder keine Urerlebnisse mehr hat oder nur noch äußerst selten. Das weist auf geringen oder keinen restlichen Schmerz hin. Drei der untersuchten Patienten betrachteten sich als geheilt. Es waren zugleich auch die, die am längsten aus der Behandlung heraus waren – seit zwei oder drei Jahren.

»Teilweise geheilt« ist als überwiegend spannungsfreier Zustand definiert, der periodisch, immer wenn Spannung entsteht, durch Urerlebnisse unterbrochen wird. »Besser gehen« heißt, daß der Patient zu bestimmten Gelegenheiten immer noch ausagiert, anstatt zu empfinden. Mit Ausnahme einer Patientin, die angab, es ginge ihr besser, betrachteten sich alle untersuchten Patienten als teilweise geheilt. Niemand meinte, es ginge ihm genauso oder gar schlechter als vor Beginn der Behandlung.

Eine häufig gemachte Aussage war, daß die Patienten zwar ein Ende der Behandlung, nicht aber ein Ende des Schmerzes sehen. Sie glauben, daß Urerlebnisse zum Leben gehören, eine Art Lebensstil darstellen, und daß sie nach Möglichkeit in den kommenden Jahren noch Urerlebnisse haben werden. Unsere zukünftigen Nachuntersuchungen werden das überprüfen. Alle gaben der Überzeugung Ausdruck, daß dies *die* Therapie schlechthin sei und daß sie die einzig richtige Behandlungsweise seelischer Störungen darstelle; aber sie fragen, wann, wenn überhaupt, eine vollkommene Heilung eintreten wird.

*Welche spezifischen Beschwerden sind zurückgeblieben, welche
wurden geheilt?*

In Übereinstimmung mit den Äußerungen der fünfundzwanzig
Patienten werde ich genau die Beschwerden aufzählen, die beseitigt
wurden: hoher Blutdruck, hohe Pulsfrequenz, Arthritis, Schilddrüsenunterfunktion, chronische Verstopfung, Kopfschmerzen, Allergien, Rückenschmerzen, Dickdarmentzündung, Magengeschwüre,
Schwindel, Alkoholismus, Schmerzkrämpfe bei der Menstruation,
Hautstörungen, Hämorrhoiden, Bauchschmerzen, Brechreiz und
Zähneknirschen. Ich zögere bei einer solchen Aufstellung, weil sie
der Primärtherapie den Anschein einer Panacéa oder eines Allheil-
mittels gibt. Wir müssen verstehen, daß Spannung, die sich während
unserer frühen Entwicklung bildet, auf unsere biologischen Systeme
einen erhöhten Druck ausübt, so daß der jeweils schwächste Punkt
angegriffen wird. Wenn die Spannung nachläßt, ist zu erwarten, daß
die Symptome – welche auch immer infolge des vorausgegangenen
inneren Druckes entstanden waren – verschwinden; allerdings gilt
das selbstverständlich nur, sofern kein irreversibler Organschaden
aufgetreten ist. Geschädigtes Gewebe können wir nicht erneuern.
Der Blutdruck kann bis auf gelegentliche Situationen nicht unverzüglich gesenkt werden; hier ist ein längerer Zeitraum erforderlich,
so daß die Senkung erst nach einigen Behandlungsmonaten eintreten wird. Das gleiche trifft für die Schilddrüsenunterfunktion zu. Die
Heilung besteht hier nicht allein in einem subjektiven Befinden,
nämlich darauf bezogen, daß der Patient auch nach Abbruch der
medikamentösen Behandlung keines seiner gewohnten Symptome
mehr zeigt, sondern ebenso in ärztlichen Laboruntersuchungen, die
eine Veränderung der Schilddrüsenfunktion anzeigen.
Frauen berichten zu Beginn der Behandlung häufig über Schmerzkrämpfe bei der Menstruation; während der ersten Behandlungsmo-
nate geben sie an, daß sie nicht mehr, wie noch kurz zuvor, Medikamente brauchen, um ihre Menstruationsbeschwerden zu lindern.
Die interessanteste Veränderung zeigt sich bei Arthritis. Die Patientin, die unter Arthritis litt, sagte, so lange sie sich ihres Handelns
nicht bewußt war, habe sie sich gegen den Schmerz versteift; in
einem Urerlebnis habe sie dann empfunden, wie sie sich gegen den
anstürmenden Schmerz versteifte und arthritische Symptome entwickelte. Sie sagte anschließend, ihre Glieder hätten sich seit Jahren
zum ersten Mal wieder wie »geölt« angefühlt.
Meine ganz allgemeine klinische Beobachtung ist, daß die Sym-

ptome umso tiefer im Körper liegen, je stärker die Verdrängung bei dem betreffenden Menschen ist. Ich habe festgestellt, daß Menschen, die mit Magenbeschwerden in die Behandlung kommen, dazu neigen, einen Hautausschlag zu entwickeln, sobald der Schmerz »an die Oberfläche kommt«. Bei Patienten mit Dickdarmentzündung ist die Verdrängung normalerweise am stärksten.

In welcher Behandlung waren Sie vorher?
Wieder nenne ich nur die verschiedenen Behandlungsarten, denen diese fünfundzwanzig Patienten sich zuvor unterzogen hatten: transaktionale Analyse*, Psychoanalyse, Begegnungsgruppen, verschiedene bioenergetische Verfahren, an Reich orientierte Therapie, gestaltpsychologisch orientierte Verfahren, Rolfing, Eheberatung, Synanon-Therapie und eklektische, auf Einsicht abzielende Verfahren. Viele waren analysiert worden; an zweiter Stelle stand die Gruppen-Begegnungstherapie und an dritter Stelle die eklektischen, auf Einsicht abzielenden Methoden.
Die Dauer früherer Behandlungen reichte bei diesen Patienten von drei Monaten bis zu dreizehn Jahren. Die größten Zeitspannen fielen dabei auf Psychoanalysen und bioenergetische Verfahren. Die durchschnittliche Behandlungsdauer lag bei dreieinhalb Jahren. Der Gesamtbetrag vorausgegangener Behandlungszeiten belief sich bei diesen fünfundzwanzig Patienten auf sechsundsiebzig Jahre. Nur drei dieser Patienten waren vorher noch nicht in Behandlung.
Viele Patienten, die vorher analysiert worden waren, glaubten aufrichtig, ihnen sei geholfen worden. Das gleiche gilt auch für die anderen Behandlungsformen. Sie hatten sich erst nach der Wiederkehr eines Symptoms oder einer spezifischen Lebenskrise für die Primärtherapie entschlossen; erst nach einigen Urerlebnissen konnten sie die gründlichen Unterschiede zwischen Primärtherapie und anderen Behandlungsformen sehen. Und deshalb sagen sie alle sehr nachdrücklich, daß sie nie mehr eine andere Therapieform in Erwägung ziehen würden.

Was an der Primärtherapie hat Ihnen besonders geholfen?
Zu dieser Frage gab es drei Gruppen von Antworten: 1. Ich bin mit meinen eigenen Gefühlen in Berührung gekommen. 2. Ich habe die Vergangenheit nachempfunden, und jetzt behindert sie die Gegen-

* Siehe Roy R. Grinker, *Psychiatry and Social Work; a Transactional Case Book*, New York, Basic Books, 1961, [Anm. d. Übers.].

wart nicht mehr. 3. Mir half es besonders, daß alles, was ich machte, in der Therapie akzeptiert wurde. Jammern, Zornesausbrüche, kindlich sein, alles wurde akzeptiert und verstanden. Jeder der Befragten sagte auf die eine oder andere Weise, er habe zu seinem »eingemauerten« Selbst gefunden. Sie betonten den Wert der Tatsache, daß jemand um sie war, der ihnen dazu verhalf, sich sicher zu fühlen.

Was haben Sie an der Primärtherapie auszusetzen? Wie würden Sie sie verbessern?
Es hat uns gefreut, daß die Kritik an unserer Behandlungsmethode meistens Kleinigkeiten betraf. Natürlich haben wir diejenigen, die von unserer Behandlung ausgeschlossen wurden (etwa zwei Prozent) und die anderer Meinung sein mögen, nicht befragt. Die Gründe, die zum Ausschluß führten, bestanden übrigens für gewöhnlich in der Verletzung unserer Regeln, wenn nämlich Drogen eingenommen wurden, geraucht oder das Vertrauen der Gruppe mißbraucht wurde etc. Diese Patientengruppe mag für später eine eigene interessante Untersuchung abgeben. Die meisten kritischen Einwände bezogen sich auf den Raummangel bei den Gruppensitzungen und den dort herrschenden Lärm. Einige meinten, wir sollten jüngere Menschen zur Behandlung annehmen. Andere Beschwerden waren der Reihenfolge ihrer Wichtigkeit nach: 1. Mehr Einrichtungen und Therapeuten seien vonnöten. 2. Man solle sich auch später mehr über die Patienten auf dem laufenden halten. 3. Wir sollten beim Aussuchen der Patienten mehr auswählen. 4. Die Behandlung sei zu teuer. 5. Man müsse eine Gemeinschaft der Primärtherapierten mit eigenem Haus gründen, so daß auch stationäre Behandlungen durchgeführt werden können und die Patienten nach einer Primärtherapie nicht isoliert in einer irrealen Welt leben müssen.
Wir bemühen uns sehr, die kritischen Einwände zu beseitigen. Zum Beispiel nehmen wir einmal alle sechs Monate eine Woche lang keine neuen Patienten auf und geben in dieser Zeit unseren früheren Patienten die Möglichkeit für eine einwöchige individuelle Behandlung; und das hat sich als sehr hilfreich erwiesen. Wir gründen ferner ständig zusätzlich neue Gruppen und bilden neue Therapeuten aus, aber die Ausbildung erfordert eine lange Zeit, ganz gleich wie erfahren der Therapeut vorher war, und deshalb sind wir im Rückstand. Die Einwände, die sich auf den Lärm beziehen, haben uns dazu bewogen, unsere Behandlungsräume mit allem, was sich die

moderne Wissenschaft über Schalldämpfung ausgedacht hat, ausstatten zu lassen. Auch der Mangel an weiblichen Therapeuten wurde beklagt. Wir versuchen ihn zu beheben. Aber es gibt einfach weitaus weniger weibliche praktizierende Psychologen und Psychiater. Ich meine auch, daß wir eine Primärgemeinschaft gründen sollten, doch wir können das nicht alles auf einmal machen. Die Patienten müssen ihren Weg in einer Welt gehen, die ich nicht geschaffen habe und über die ich auch nicht gebieten kann. Wir alle müssen unter der bestehenden Ordnung leben, so gut, wie wir es können, solange es nicht genügend Menschen gibt, die sie verändern.

Wie haben sich Ihr Verhalten und Ihr Lebensstil verändert?
Das ist eine der Fragen, deren Antworten sich nur schwer zusammenfassen ließen. Die Veränderungen hängen jeweils vom Verhalten vor der Primärtherapie ab. Es gibt jedoch auch hier übereinstimmende oder zusammenfaßbare Antworten. Die bedeutsamste Veränderung, darin stimmten alle überein, ergab sich durch das Fehlen von Spannung. Ohne Spannung war es nicht mehr nötig, sich in Entlastungsgewohnheiten wie Rauchen, Trinken, Masturbation und so weiter auszuagieren. Ohne Spannung gab es nur selten irgendwelche psychosomatischen Symptome.
Nahezu alle Befragten wiesen darauf hin, daß sie nicht mehr in Streitereien oder Auseinandersetzungen irgendwelcher Art verwickelt sind. Das wirkt sich auf verschiedene Weise aus. Die Aktivitäten derer beispielsweise, die politisch tätig waren, sind geringer geworden. Sie stellen fest, daß sie nicht mehr »darauf brennen, die Welt zu verändern«. Diejenigen, die früher alle Mühen in Kauf genommen haben, um sich kein Fußballspiel entgehen zu lassen, haben davon Abstand genommen. Es gibt generell weniger Auseinandersetzungen mit den Eltern, weil der Kontakt zu den Eltern lockerer geworden ist. In einigen Fällen allerdings berichten die Patienten, sie seien ihren Eltern näher gekommen, weil sie nicht mehr versuchen, die Eltern entsprechend ihren eigenen Bedürfnissen zu verändern. Sie können ihre Anspannung ablegen und sind den Eltern gegenüber weniger fordernd.
Der dritte Komplex von Antworten bezieht sich auf die Einnahme von Medikamenten. Nahezu alle Patienten haben vor der Behandlung reichlich Medikamente verordnet bekommen. Einige nahmen täglich bis zu acht Tabletten eines schweren Schlafmittels ein. (Ich

bin sicher, diese Dosis wäre für sie jetzt nahezu tödlich.) Andere nahmen täglich sechs bis zehn Aspirin oder Beruhigungsmittel oder Schlaftabletten, Muskelrelaxantien und Antidepressiva. Alle sind sie völlig von den Tabletten abgekommen und haben auch kein Bedürfnis mehr danach.

Der vierte Komplex betrifft Ehe und Kinder. Alle behaupten, in gutem ehelichem Einverständnis zu leben und gelöste, wenig nervöse Eltern zu sein. Eheliches Einverständnis oder Anpassung bedeutet dabei seltene Streitereien, wenig gegenseitige Forderungen und gute Zusammenarbeit hinsichtlich aller Dinge, die Haushalt und Kinder betreffen; und zwar weil keiner der Ehepartner sich dem anderen gegenüber als Vater oder Mutter gebärdet, sondern den anderen als gleichberechtigten Partner behandelt. Frauen finden an den einfachsten Freuden wie zum Beispiel am Kochen neues Vergnügen. Wer vorher eine zwanghafte »Mutter« war und in zwanghafter Weise kochte und putzte, wird dieses Verhalten nach der Therapie voraussichtlich aufgeben. »Geheilt« sein bedeutet weder eine tüchtige noch eine miserable Hausfrau zu sein; es bedeutet nur etwas in Bezug auf den früheren Lebensstil des Betreffenden. Folglich kann Heilung einzig und allein hinsichtlich der Spannungsbeseitigung verallgemeinert werden.

Frauen fühlen sich nicht mehr als »Mütter«. Sie sind einfach Menschen, die anderen Menschen wie zum Beispiel ihren Kindern helfen. In ihrem Leben gibt es keine andere Rolle außer der, einfach zu leben. Offensichtlich ist es entspannend, einfach ein Mensch zu sein, statt eine Abstraktion wie »Mutter«. Diese Neuorientierung befähigt sie, an ihre Kinder weitaus weniger Forderungen zu stellen. Weil das Rollenspiel wegfällt, können beide – Mann wie Frau – arbeiten gehen und den Lebensunterhalt verdienen. Es gibt keinen »Ernährer« mehr, der das Geld verdient und es seiner zum Kind gemachten Frau zuteilt.

Den Rest der Äußerungen werde ich nach der Häufigkeit der Antworten aufzählen (was man in der Psychologie als Q-Technik – innerhalb der Faktorenanalyse – bezeichnet):

1. Ich fühle mich lebendig, jedoch ruhig und zufrieden.
2. Mein Leben ist einfacher. Alles ist gemäßigter, wie ich etwas mache, wie ich gehe, was ich wünsche und rede.
3. Ich vertraue eher meinen Gefühlen als den Meinungen anderer.

4. Keiner kann mich herumschubsen.
5. Ich bin geduldiger und toleranter und beginne mit verkork-
   sten Menschen keinen Krach, weil ich weiß, daß sie nur Opfer
   und Leidtragende sind.
6. Ich bin nie niedergeschlagen oder launenhaft.
7. Ich stehe bei keiner Sache mehr unter einem Zwang.
8. Ich kann endlich eine Beziehung aufrecht erhalten. Die Angst
   treibt mich nicht mehr von einem Menschen zum anderen.
9. Ich kann in Menschen hineinsehen, kann ihre Bedürfnisse
   und ihren Schmerz sehen.
10. Ich bin weniger unflexibel oder rigid.
11. Ich kann mehr allein sein.
12. Ich werde nicht in die Auseinandersetzungen anderer Men-
    schen hineingezogen.
13. Mein Gesichtsausdruck hat sich verändert. Ich gehe und
    stehe anders.
14. Ich bin nicht mehr heftig.
15. Ich kann wirkliche Probleme von geringfügigen unterschei-
    den, und ich nehme keine unmöglichen Vorhaben in Angriff;
    was ich anfange, beende ich auch.
16. Ich kann mich jetzt konzentrieren.
17. Ich kann Komplimente annehmen, aber ich brauche sie nicht.
18. Ich kann besser singen und besser Schach spielen.
19. Ich erlebe keine Halluzinationen mehr.
20. Ich nehme keine Tiere auf, die herumstreunen.
21. Ich esse nur natürliche Nahrungsmittel.

Diese Aufstellung zeigt, wie groß der Bereich der Antworten ist. Für
den einen bedeutet »weniger rigid«, daß seine Handschrift weniger
verkrampft ist; für den anderen, daß er nicht mehr grundsätzlich zu
einer ganz bestimmten Uhrzeit essen muß; für wieder einen anderen,
daß er geistig flexibler ist.
Wir weisen hier darauf hin, daß die Antwort »weniger rigid« für
jeden Menschen etwas völlig Verschiedenes bedeuten kann. Folglich
sind die üblichen tabellarischen Aufstellungen über Flexibilität,
Rigidität und so weiter von geringer Bedeutung, solange sie nicht
durch die individuelle Betrachtungsweise ergänzt werden. Wird aber
der individuelle Aspekt berücksichtigt, so zeigt sich sofort; daß
»rigid« keine allgemein gültige, fest umrissene Bedeutung hat, und
daß sich in der Tat jede einzelne rigide Reaktion von allen anderen

rigiden Reaktionen unterscheidet; folglich kann es keine sinnvolle Kategorie »Rigidität« geben.

Die Antwort »Ich kann mich konzentrieren« hat ebenfalls eine Unzahl von Bedeutungen (auch hier besteht die wirkliche Antwort in der *Bedeutung,* die ihr zukommt). Einer der Befragten sagte, er könne jetzt besser Schach spielen, da er sich mehr auf das Spiel und weniger auf das »Gewinnen« konzentriere. Ein anderer sagte, er sei nicht mehr fahrig und abgelenkt, da keine Spannung mehr bestehe, die seine Aufmerksamkeit in verschiedene Richtungen auseinandertreibe.

Eine der häufig entstehenden Veränderungen ist die Hinwendung zu natürlichen Nahrungsmitteln. Nach der Primärtherapie können viele Patienten keine chemisch haltbar gemachten Nahrungsmittel mehr zu sich nehmen. Ihre Körper würden sie nicht annehmen. Es scheint, daß ein natürlicher Organismus alles Unnatürliche buchstäblich zurückweist. Diese Patienten entwickeln im Hinblick auf ihre diätetischen Gewohnheiten keine Erlösungsvorstellungen; sie suchen sich nur sorgfältig aus, was sie essen.

Insgesamt bekommt man von diesen Menschen den Eindruck, sie tun, wenn irgend möglich, immer genau das, was sie tun wollen. Sie sind tatsächlich gesünder und ihr Leben verläuft einfacher. Das führt dazu, daß sie auch ihren Kindern keinen Leistungszwang mehr auferlegen.

Rauchen Sie? Trinken Sie? Nehmen Sie regelmäßig Medikamente ein? Überessen Sie sich gelegentlich?
Drei der Befragten rauchen noch gelegentlich. Als Begründung führen sie an, sie hätten einen wirklichkeitsfremden Beruf, der ihnen das Leben unerträglich macht und Spannung erzeugt. Vom Rest unserer Auswahlgruppe raucht und trinkt keiner, obgleich 90 Prozent angaben, vor der Therapie (und nach früheren Therapien) zwischen eineinhalb bis drei Packungen geraucht zu haben. Sie haben kein Bedürfnis mehr zu rauchen. Diejenigen, die tranken, hatten bis zu einem Liter täglich zu sich genommen. Ungefähr zwanzig Prozent waren Trinker. Keiner von ihnen trinkt jetzt oder zeigt das Bedürfnis nach Alkohol.

Beim übermäßigen Essen liegen die Dinge etwas anders. Vier der Befragten sagten, sie würden immer noch zu viel essen. Sie erklären, dies sei die letzte Sache, die sie aufgeben würden. Einer rationalisierte und meinte, er äße gar nicht zu viel, doch leider habe der moderne Mensch nicht genug körperliche Bewegung, um alles, was er ißt, im Stoffwechsel zu verbrennen. Welche Erklärungen sie auch abgeben, Tatsache ist, daß einige Patienten weiterhin eine ganze Menge essen. Keiner von ihnen ist schrecklich übergewichtig oder korpulent, aber sie essen gern. Eine Erklärung liegt in der für fast alle zutreffenden Tatsache, daß sie als Kinder nach einem Zeitplan ernährt wurden und »hungern« mußten. Es ist auch möglich, daß bei unseren Patienten die Gefühle »unkontrolliert« aufsteigen, weil sie sich durch die Behandlung so weit öffnen; wenn sie dann versuchen, diese Gefühle mit Nahrung zu hemmen, wird das Essen fast buchstäblich zum »Aufessen ihrer Gefühle«.

Keiner der Patienten berichtet, daß er irgendwelche Medikamente braucht – Aspirintabletten eingeschlossen. Vier jedoch nehmen gelegentlich Marihuana zu sich; sie nehmen es hauptsächlich, wenn sie an ein Gefühl herankommen wollen, mit dem sie Schwierigkeiten haben. Oder sie nehmen es nach einer Woche anhaltender Urerlebnisse, wenn sie dem Schmerz eine Zeitlang entkommen wollen. Offensichtlich können diese Patienten ihre Trips recht gut steuern; sie können das Rauschgift benutzen, um sich besser oder schlechter zu fühlen.

Beschreiben Sie Ihr Sexualleben

Nahezu alle der Befragten sagen, ihre sexuelle Aktivität hätte im Vergleich zur Zeit vor der Therapie abgenommen. Sie fügen hinzu, daß ihre jetzige Sexualität viel tiefer und befriedigender sei. Frauen berichten von tieferem und länger anhaltendem Orgasmus, während Männer das Verschwinden vorzeitiger Ejakulation angeben. Diejenigen, die noch in Behandlung sind, sind sexuell weniger aktiv als die, die mit der Therapie fertig sind. Dies scheint so zu sein, weil sich die Patienten immer noch in ihrer frühen, vorsexuellen Kindheit befinden. Später nimmt die sexuelle Aktivität wieder zu, aber nicht viel. Die durchschnittliche Häufigkeit sexuellen Verkehrs liegt für diejenigen, die nicht mehr in Behandlung sind, bei einmal pro Woche; für die anderen, die noch behandelt werden, jede zweite Woche. Keiner sagte, er vermisse Sexualität. Frauen hatten den Eindruck, wirkliches sexuelles Bedürfnis trete nicht häufiger als zweimal im Monat auf; das bedeutet, das sexuelle Bedürfnis folgt in Bezug zum Menstruationszyklus dem steuernden zyklischen hormonellen Geschehen. Das größte Bedürfnis zeigte sich gerade vor dem Einsetzen der Periode. Wenn die Spannung aus dem Organismus entfernt ist und die sexuellen Bedürfnisse nicht mehr beeinflußt, so gibt es kaum Zweifel, daß die sexuellen Bedürfnisse nachlassen.

Wir haben festgestellt, daß Frigidität eines der schwierigsten Behandlungsprobleme darstellt. Sie ist normalerweise das letzte Symptom, das bei einer Primärtherapie beseitigt wird. Der Grund dafür scheint zu sein, daß *jedes* restliche Sichverschließen des Körpers – hervorgerufen durch Schmerz (einerlei welcher Art) – sich vaginal niederschlägt oder widerspiegelt, indem es Frigidität hervorruft. Sind sie von diesem körperlichen Sichverschließen erst einmal befreit, dann berichten die Patienten über Orgasmen, die sie mit ihrem »ganzen Körper« erleben. Wenn restlicher Schmerz vorhanden ist, kommen sie, wie uns eine Reihe von Patienten erzählt, unmittelbar nach dem Orgasmus in ein Urerlebnis hinein. Das findet seine Erklärung darin, daß alles, was in tiefer Weise empfunden wird, Schmerz hochkommen läßt. Die übliche Antwort, die wir auf unsere Frage nach dem Sexualleben erhalten, ist, daß die Patienten früher nie wußten, was Sexualität wirklich ist, weil Sexualität für sie nahezu in jeder Hinsicht mit Spannungsentlastung verbunden war. Und sie vermerken eine bedeutsame Veränderung, daß sie nämlich nach dem Orgasmus nicht mehr wie früher ein Gefühl der Enttäuschung hatten. Diese Veränderung läßt sich vielleicht damit erklären, daß sie der Sexualität gegenüber keine falschen Erwartungen mehr haben.

Zwei Homosexuelle aus der Untersuchungsgruppe gaben an, sie seien nicht mehr homosexuell.

Beschreiben Sie Ihr alltägliches Leben (Beruf, Familie, Kinder und so weiter)

Diese Frage ist mit der nach dem veränderten Lebensstil verbunden. Im großen und ganzen sehen sich die primärtherapeutisch behandelten Patienten eine Menge Filme an, hören Musik und machen Spaziergänge.

Eine Promotionskandidatin im Fach Englische Literatur liest jetzt nur Märchen und hat Gefallen daran. Sich mit »schweren« Werken der Literatur auseinanderzusetzen, interessiert sie nicht mehr.

Das gesellschaftliche Leben geht auf ein Minimum zurück – es bleiben bestenfalls gelegentliche abendliche Einladungen zum Essen oder gelegentliche Besuche in Nachtclubs und so weiter. Jüngere Leute hören viele Rockkonzerte. Sie lehnen es ab, schmerzliche Dinge zu tun; daher haben sie alle unrealen Beziehungen aufgegeben. Bis auf einen Patienten, der noch in Behandlung ist, sagen alle, sie hätten kein Bedürfnis nach Religion. Der allgemeine Lebensstil gestaltet sich nicht entsprechend kulturellen Erwartungen, sondern einem »Aus-den-Gefühlen-heraus-Leben«. Was den Beruf anbetrifft, so läuft die Entscheidung normalerweise darauf hinaus, daß es ihnen gleich ist, was sie machen, solange sie es für sich selber tun und dabei mit sich im Einklang sind; daher sehen sie im Beruf keine Lebensaufgabe. In jeder anderen Therapie würde dies wohl kaum als ein Zeichen von Normalität oder Anpassung erachtet werden. Beschäftigungsdauer wird normalerweise als »Stabilität« eingestuft und gilt als Pluspunkt. Unter dem Gesichtspunkt der Primärtherapie ist sie weder ein Plus- noch ein Minuspunkt. Für die meisten der Befragten ist die Beschäftigung oder der Job lediglich ein Weg, Geld zu verdienen, der es ihnen ermöglicht, das zu tun, was sie wirklich wollen.

Die meisten unserer befragten Patienten meinten, die Veränderungen seien vor allem »innerlicher Art« und könnten von einem Außenstehenden nicht »gesehen« oder gemessen werden. In der Tat könnte die Tatsache, daß diese Patienten häufig müßig »herumlungern«, von anderen Forschern als etwas Pathologisches angesehen werden. Es scheint, daß ein natürlicher Mensch nicht ständig tätig, nicht zwang- und triebhaft ist, sondern »ehrgeizlos« im neurotischen Sinne und einfach. Diesen inneren Zustand, den man nicht in »objektiver Weise« sehen kann, bezeichnet man auch als »zufrieden«. Jedenfalls ist »ruhig« sein ein irreführender Zustand, da viele der Menschen, die wir untersuchten, vor der Behandlung ruhig erschienen; lediglich in ihrem Inneren wütete ein Tornado.

Im großen und ganzen kommt die Spannung, von der diese Menschen berichten, von ihren Arbeitssituationen oder -verhältnissen. Für viele gibt es keine andere Möglichkeit oder Zuflucht, als unnatürlichen Beschäftigungen nachzugehen, damit sie ihre Familien unterhalten können; das ruft *aktuelle* Spannung hervor. Daß sie sich jedoch in ihren Gefühlen gegen die Neurosen der anderen absetzen können, befähigt sie, sich an der Unausgeglichenheit und den Schimpfkanonaden ihrer Chefs nicht aufzureiben. Die Lehrer werden von den Schulverwaltern nicht mehr eingeschüchtert, Eltern leben nicht mehr durch oder in ihren Kindern. Es gibt keine falsche Hoffnung in Bezug auf einen Job, auf die Kinder, oder auf die Schule und ihre höheren Würden oder Verdienste.

Die meisten verheirateten Paare wollen keine Kinder. Da sie früher nie in der Lage waren, für sich selber zu leben, sind sie darauf bedacht, es jetzt zu tun. Es gibt jedoch auch Ausnahmen. Die allgemeine Haltung ist: »Ich bin froh, daß ich sein kann, wer und was ich bin; das ist alles, was zählt.«

Der primärtherapeutisch behandelte Patient, wie er sich aus der Statistik ergibt, hat folgende Eigenschaften: er ist Anfang dreißig, verheiratet und hat dreieinhalb Jahre vorausgegangener Behandlung hinter sich. Zu Beginn der Therapie rauchte er täglich zwei Packungen Zigaretten, nahm Beruhigungs- und Schlaftabletten und litt, zusätzlich zu seinen seelischen Qualen, unter Magenbeschwerden und Kopfschmerzen. Seine durchschnittliche Behandlungszeit in der Primärtherapie beträgt acht Monate; danach fühlt er sich praktisch geheilt. Er würde es niemals in Erwägung ziehen, sich in eine andere Therapie zu begeben, und er glaubt, das, was Spannung und ihre Folgeerscheinungen beseitigt und heilt, besteht darin, daß man Zugang zu seinen eingemauerten Gefühlen bekommt. Die Primärtherapie ruft in ihm Ruhe und Zufriedenheit hervor; sie beseitigt seine Symptome und sein Bedürfnis nach Entlastungsgewohnheiten wie Trinken, Rauchen, Tabletten- oder Drogeneinnahme. Sein Sexualleben intensiviert sich qualitativ, es wird viel tiefer und erfüllender und verringert sich quantitativ. Er ist ein besserer Ehemann und Vater, ganz einfach deshalb, weil er ein besserer, weniger fordernder Mensch ist. Er tut weniger, als er zuvor tat, produziert weniger, ist weniger gesellig und genießt mehr das Alleinsein. Er fühlt sich lebendiger, und er wird sich nicht wegen irgendeiner Sache oder mit irgend jemandem streiten. Er ist gesund und schädigt seinen Körper nicht. Er hat keine großen Ambitionen, ißt gern und macht Spaziergänge. Er ist ein einfacher Mensch.

3. Neurophysiologische Messungen an primärtherapeutisch behandelten Patienten

Von Richard Corriere und Werner Karle[1]

Einführung in die neurophysiologische Forschung

Die folgende Forschungsarbeit läßt erkennen, daß der primärtherapeutisch behandelte Mensch tatsächlich eine neue Art Mensch auf dieser Erde ist. Sein gesamter Organismus ist weniger verteidigt, offener und natürlicher. Das hat viele Auswirkungen. Seine Körpertemperatur ist beispielsweise konstant niedriger. Temperaturanstiege weisen eindeutiger auf den monatlichen Zyklus der Frau hin, weil dessen Temperaturschwankungen nicht zusätzlich durch Einflüsse verändert werden, die von verschiedenen Spannungsniveaus herrühren. Dadurch haben wir die Möglichkeit für eine voll und ganz natürliche Geburtenkontrolle. Wir haben schon vorläufige Untersuchungsergebnisse, die dafür sprechen, daß primärtherapeutisch behandelte Frauen auf Grund von Thermometerablesungen genau den Zeitpunkt ihrer Ovulation vorhersagen können. Nur wenn Frauen unnatürlich, neurotisch sind, können sie sich nicht auf den natürlichen körperlichen Rhythmus im Hinblick auf innere Anzeichen verlassen.

Offensichtlich ist das körperliche System, wenn die Körpertemperatur, um primären Stress abzuwehren, ständig leicht erhöht ist, einem anhaltenden inneren Angriff ausgesetzt, und es wird Krankheit und Tod viel früher zum Opfer fallen, als es unter evolutionsgemäßen Bedingungen normal wäre. Der primärtherapeutisch behandelte Mensch sollte länger überleben, weil er seine Jugend in einer sehr wahrhaftigen Weise wiederentdeckt hat. Und seine Hirnstromkurven verändern sich nach seiner Behandlung meistens so, daß sie denen eines jungen Menschen gleichen.

Von der Forschung her ist deutlich, daß die Neurose nicht eine »Einstellung« oder eine bestimmte Zusammensetzung von Verhaltensweisen ist. Sie ist eine körperliche, neurophysiologische Tatsache. Wenn bei einem primärtherapeutischen Patienten die Körper-

[1] Diese Forschung wurde zum Teil zur Erlangung des Doktorgrades für Psychologie an der kalifornischen Universität in Irvine ausgeführt. Zu einem anderen Teil wurde sie durch einen Forschungszuschuß des National Institute of Mental Health unterstützt.

216

temperatur während eines Zeitraums von zwei Stunden (nämlich vom Beginn bis zum Ende des Urerlebnisses) bis zu 0,3 Grad absinkt, haben wir es ganz eindeutig mit einem aufsehenerregenden inneren Ereignis zu tun.

Die Absichten, mit denen diese Forschungen unternommen wurden, lassen sich am besten durch die folgenden beiden Gesichtspunkte erläutern: erstens sind wir Menschen psychophysiologische Wesen; das bedeutet, daß unser Verstand und unser Körper nicht zwei völlig voneinander getrennte Dinge sind – sie arbeiten im Sinne einer Einheit. Was im einen auftritt, spiegelt sich im anderen wider. Zweitens berichten primärtherapeutische Patienten über niedrigere Spannungspegel nach der Behandlung. Dementsprechend würden wir erwarten, daß sich diese Veränderungen auch körperlich niederschlagen. In den Voruntersuchungen, über die hier berichtet wird, überwachten wir vier einfache Parameter dieser Veränderung: Blutdruck, Puls, rektale Temperatur und Hirnstromkurven. In Zukunft werden wir auch noch Hormonspiegel mitbewerten.

Die anfänglichen Ergebnisse dieser Voruntersuchungen sollten lediglich im Sinne einer signifikanten Tendenz verstanden werden, die uns die Richtung für die Planung neuer und detaillierterer Forschungsprojekte angibt. Wir halten diese Tendenz oder Entwicklung jedoch für spannend genug, um schon zum gegenwärtigen Zeitpunkt über sie zu berichten.

Untersuchungsplan

Es liefen gleichzeitig drei Gruppen von Versuchspersonen: eine eigentliche Versuchs- oder experimentelle Gruppe mit 29 Teilnehmern, eine aktive Kontrollgruppe und eine inaktive Kontrollgruppe mit je 10 Teilnehmern. Die experimentelle Gruppe bestand aus primärtherapeutischen Patienten, die sich in den ersten drei Wochen der intensiven Behandlung befanden. Die aktive Kontrollgruppe wurde aus freiwilligen Versuchspersonen zusammengestellt, die für den Zeitraum von eineinhalb Stunden ein körperliches Übungsprogramm absolvieren mußten. Dieses Programm berücksichtigte einen sich selbststeuernden Zyklus von Entspannung und Anstrengung. Die inaktive Kontrollgruppe setzte sich ebenfalls aus freiwilligen Versuchspersonen zusammen, die zwei Stunden in körperlicher Ruhe verbrachten, lesend, sich unterhaltend oder schlafend. Unser

Grund, mit einer aktiven Kontrollgruppe zu arbeiten, bestand darin, von vornherein auszuschließen, daß die Ergebnisse der experimentellen Gruppe lediglich der körperlichen Übung zugeschrieben werden. Andererseits diente uns die inaktive Kontrollgruppe dazu, die Möglichkeit zu eliminieren, daß Hinlegen und Entspannen dieselbe Wirkung wie eine primärtherapeutische Sitzung hervorbringen könnten.

Methode

Es wurden von allen Gruppen vor und nach jeder Sitzung folgende Messungen vorgenommen: Blutdruck, Pulsfrequenz und Rektaltemperatur. Wir achteten darauf, daß jeder dieser Parameter bei jeder einzelnen Versuchsperson zur gleichen Tageszeit und mit hochentwickelten elektronischen Geräten gemessen wurde.

Ergebnisse und Diskussion

Bevor wir die Ergebnisse diskutieren, wollen wir erklären, was die Eintragungen in den Abbildungen und Tabellen bedeuten; dazu werden wir die statistischen Verfahren erläutern, mit denen wir zu unseren Signifikanzmessungen gekommen sind. Es wurde der Wilcoxon-Test, ein nichtparametrisches Prüfverfahren benutzt, weil er der einfachste und tauglichste Test ist, den man verwenden kann, um einer allgemeinen Öffentlichkeit Ergebnisse vorzulegen. Dieser Test sagt nichts über die Größenordnung der täglichen, individuellen Veränderungen aus; er gibt lediglich an, ob die Anzahl der Veränderungen pro Untersuchungsperson während eines Zeitraums von drei Wochen signifikant ist oder nicht, und er zeigt die Richtung der Signifikanz auf, das heißt, ob es mehr negative oder mehr positive Veränderungen gab, und ob die Anzahl der positiven wie der negativen Veränderungen signifikant ist. (Tabelle 1 zeigt zum Beispiel, daß bei 13,8% der Patienten signifikante Werte des systolischen Blutdruckanstiegs vorlagen.)
Wir werden als erste Variable den Blutdruck diskutieren. (Siehe Tabelle 1)
Wir fanden, daß der Blutdruck in den meisten Fällen eine nichtsignifikante Variable ist. Betrachten wir zunächst den systolischen Blut-

druck. Es ist zu sehen, daß es keine signifikanten Abnahmewerte gibt, nur eine kleine Zahl signifikanter Anstiegswerte, im wesentlichen stellen die Ergebnisse Werte ohne signifikante Veränderung dar.

Die Ergebnisse für den diastolischen Blutdruckwert sind jenen des systolischen Wertes sehr ähnlich. Der diastolische Blutdruckwert unterscheidet sich vom systolischen dadurch, daß er mehr die Vasokonstriktion widerspiegelt, das heißt, den Grad der Verengung der Blutgefäße. Auch bei diesem Test kommt die mögliche Signifikanz von Blutdruckänderungen nicht heraus. Der Blutdruck kann, wenn er wie bei den meisten unserer Patienten im Normalbereich liegt, eine Variable sein, die sich (wenn überhaupt) nur sehr langsam ändert; signifikante Unterschiede werden demnach erst nach etwa sechs Behandlungsmonaten beobachtet.

Tabelle 1: Blutdruckveränderungen

Diese Tabelle gibt den Prozentsatz der Versuchspersonen innerhalb der einzelnen Gruppen an, deren *Anzahl* täglicher, individueller Veränderungen während der ersten drei Wochen signifikant war.

A. Systolischer Blutdruck	Gruppen		
	primärtherapeutische Patienten	aktive Kontrollgruppe	inaktive Kontrollgruppe
signifikante Anzahl von Abnahmen	0%	0%	0%
signifikante Anzahl von Anstiegen	13,8%	0%	11,2%
Keine signifikanten Veränderungen	86,2%	100%	88,8%

B. Diastolischer Blutdruck

signifikante Anzahl von Abnahmen	0%	0%	3,7%
signifikante Anzahl von Anstiegen	37,9%	0%	22,2%
Keine signifikanten Veränderungen	62,1%	100%	74,1%

Diese Hypothese wird durch die Auswertung von Blutdruckwerten bei einzelnen Versuchspersonen bewiesen. Dabei entdeckten wir, daß Patienten mit chronischem Hochdruck über den Zeitraum der ersten drei Wochen und der folgenden drei Monate ein erstaunliches Absinken der Druckwerte zeigten. Bei drei Fällen von hohem Blutdruck haben wir ein anhaltendes Absinken des systolischen Drucks um 38, 28 und 36 mm Hg ermittelt. Dieses Absinken der Meßwerte trat erst nach der dritten Behandlungswoche auf (siehe dazu die untere Hälfte von Abbildung 9, die eine Stichprobenuntersuchung bei einem dieser Patienten darstellt).

Sowie der Blutdruck zum ersten Mal erheblich abgesunken war, begann er zwischen der Grundlinie und einem etwas niedrigeren Wert zu schwanken, bis die Abwehr völlig zerbrochen war. Nachdem die Abwehrstruktur dieser drei Patienten durchbrochen war, schwankte ihr Blutdruck auch weiterhin in seinen Werten – nun aber in einem viel niedrigeren Bereich; er kehrte nie mehr zu den anfänglich hohen Werten zurück.

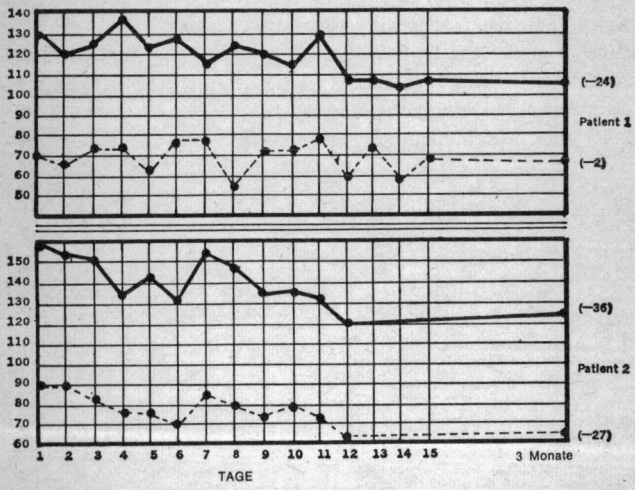

Abbildung 9: Tägliche Blutdruckveränderungen bei zwei primärtherapeutischen Patienten

Tabelle 2: Änderungen der Pulsfrequenz
Diese Tabelle gibt Werte in der gleichen Weise wie Tabelle 1 wieder.

	Gruppen		
	primärtherapeutische Patienten	aktive Kontrollgruppe	inaktive Kontrollgruppe
signifikante Anzahl von Abnahmen	58,6%	0%	44,5%
signifikante Anzahl von Anstiegen	0%	30%	0%
Keine signifikanten Veränderungen	41,4%	70%	55,5%

Zusammenfassend können wir sagen, daß die auffälligsten Veränderungen bei Menschen mit einer leichten Form der essentiellen Hypertonie auftreten. Bei Menschen mit normalem Blutdruck tritt eine Wirkung, wenn überhaupt, langsam ein. In keiner unserer Kontrollgruppen fanden wir vergleichbare Ergebnisse.

Ergebnisse der Pulsfrequenzmessungen werden in Tabelle 2 und Abbildung 10 wiedergegeben. Wie aus unserer Erörterung der Pulsveränderungen hervorgehen wird, stellt diese Variable einen viel früher auftretenden Indikator für das Nachlassen von Spannung dar als der Blutdruck.

Es fällt auf, daß die Anzahl der Pulsfrequenzverminderungen bei primärtherapeutischen Patienten diejenige bei der aktiven oder inaktiven Kontrollgruppe überschreitet. Die Bedeutung dieses Ergebnisses wird aber unterbewertet, wenn man es für sich allein nimmt. Man muß bedenken, daß die meisten Urerlebnisse sehr aktive Geschehnisse sind. Wenn wir dies angesichts der aktiven Kontrollgruppe betrachten, bei der keine Verminderungen, sondern nur Anstiege der Pulsfrequenz gemessen wurden, erkennen wir, daß es sich bei einem Urerlebnis um ein psychophysiologisches Phänomen besonderer Art handelt. Es ist nämlich ein aktives Ereignis, bei dem die Pulsfrequenz niedriger wird! Weiterhin gibt es bei primärtherapeutischen Patienten keinen signifikanten Wert für den Anstieg der Pulsfrequenz. Dies gilt ebenso für die inaktive Kontrollgruppe, was aber auch zu erwarten ist.

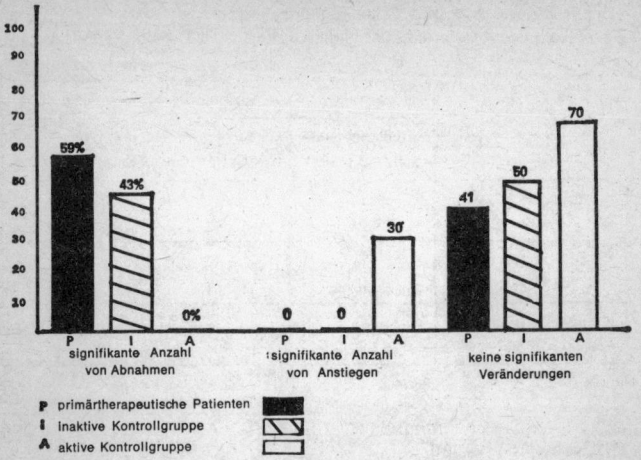

Abbildung 10: Veränderungen der Pulsfrequenz

Die Werte, die bei den Messungen der Rektaltemperatur herauska-
men, sind von Interesse. In der Rektaltemperatur haben wir ein sehr
gleichbleibendes Maß für Spannung. Es ist nicht besonders
schwer, vorübergehende Veränderungen der Pulsfrequenz und des
Blutdrucks hervorzurufen, da diese Variablen sehr rasch auf eine
äußere Reizung hin ansprechen; Änderungen der Rektaltemperatur
treten dagegen lediglich in Übereinstimmung mit dem Tagesrhyth-
mus (zirkadianer Rhythmus) und, zu einem geringeren Grad, mit
körperlicher Aktivität auf. Wie Tabelle 3 und Abbildung 11
zeigen, reagierte die aktive Kontrollgruppe in voraussagbarer Weise.
Die körperliche Anstrengung rief keine signifikanten Abnahmewerte
hervor; 50% der Versuchspersonen zeigten keinerlei signifikante
Änderungen. Die inaktive Kontrollgruppe reagierte ebenfalls in
einer sehr gut vorhersagbaren Weise; bei 18% fiel die Rektaltemperatur um signifikante Werte (wohl wegen derjenigen Versuchspersonen, die während ihrer zweistündigen Sitzung schliefen), es gab
keine signifikanten Anstiegswerte, und 81,5% wiesen überhaupt
keine signifikanten Veränderungen auf.

Es ist erstaunlich, daß sich bei 82,8% der primärtherapeutischen
Patienten signifikante Werte der Temperaturabnahme fanden (und

Tabelle 3: Änderungen der Rektaltemperatur
Diese Tabelle gibt die Werte in der gleichen Weise wie Tabelle 1 wieder.

	Gruppen		
	primärtherapeutische Patienten	aktive Kontrollgruppe	inaktive Kontrollgruppe
signifikante Anzahl von Abnahmen	82,2%	0%	18,5%
signifikante Anzahl von Anstiegen	3,4%	50%	0%
Keine signifikanten Veränderungen	13,8%	50%	81,5%

wir erinnern noch einmal daran, daß die meisten Urerlebnisse aktive Geschehnisse darstellen und daher eigentlich zu einem Temperaturanstieg führen sollten, wie ihn die aktive Kontrollgruppe zeigt); nur 3,4% zeigten signifikante Werte für einen Temperaturanstieg und bei 13,8% ergaben sich keine signifikanten Veränderungen.

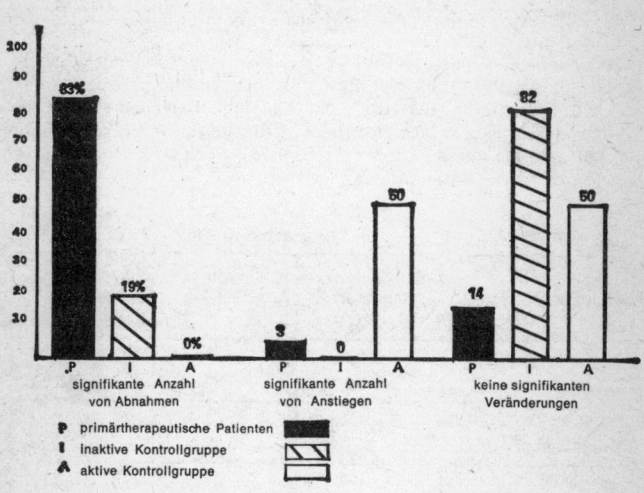

Abbildung 11: Temperaturveränderungen

Der Abfall der Körpertemperatur durch ein aktives Geschehnis legt Erklärungen nahe, die nur möglich werden, wenn man Psychologie und Physiologie zusammenfügt.

Da der Wilcoxon-Test uns nichts über die Größe der von uns gefundenen Temperaturänderungen aussagt, haben wir Forscher von der Irvine Medical School an der Universität von Kalifornien zu Rate gezogen, um eine Beurteilung darüber zu erhalten, was ihrer Meinung nach eine signifikante Temperaturänderung darstellt. Die gegenwärtigen Untersuchungen wiesen darauf hin, daß eine Änderung um 0,3 Grad Celsius oder mehr innerhalb von zwei Stunden als signifikant angesehen werden könnte. Wir haben diese Auskunft unseren Untersuchungen zugrunde gelegt und für jede Versuchsperson in jeder Gruppe die signifikanten Werte der Temperaturzunahme und -abnahme berechnet. Tabelle 4 zeigt diese Ergebnisse in Prozentangaben.

Die dritte Reihe in dieser Tabelle soll eine Vorstellung von der Bedeutung der *gesamten* signifikanten Temperaturänderungen geben. Es wurden die Durchschnittswerte der signifikanten Zunahmen und Abnahmen bei jedem einzelnen Patienten ermittelt; wir wollten damit bezeichnen und herausfinden, ob die zusammengesetzte Temperaturänderung dieses Patienten positiv oder negativ oder keins von beidem war, und ob diese zusammengesetzte Verän-

Tabelle 4: Signifikante (Größen-) Veränderungen der Rektaltemperatur
Diese Tabelle gibt den Prozentsatz der Versuchspersonen in jeder Gruppe an, die, in bezug auf die Größe der Änderung, signifikante Werte für Temperaturanstieg, -abfall und beides zusammengesetzt aufwiesen. (Die Richtung des zusammengesetzten Wertes wird durch ein Plus- oder Minuszeichen neben den Prozentzahlen angegeben.)

Gruppen	Richtungen signifikanter Änderungen		
	signifikante Abnahmewerte	signifikante Anstiegs- werte	signifikante zusammenge- setzte Werte
primärtherapeutische Patienten	65,5%	20%	44,8% (−)
aktive Kontrollgruppe	0%	33,3%	33,3% (+)
inaktive Kontrollgruppe	70%	50%	20% (−)

derung an sich signifikant (0,3 Grad Celsius oder mehr) oder nicht signifikant war. Die Zeichen, die neben den Prozentangaben stehen, weisen auf die Richtung der signifikanten Änderungen hin.

Ein zusammengesetzter Wert von Null würde zeigen, daß es keine mittlere Temperaturänderung gab. Der zusammengesetzte Wert von 20 Prozent Temperaturabfall bei der inaktiven Kontrollgruppe ist bedeutungslos. Und die aktive Kontrollgruppe zeigte sogar einen Anstieg des zusammengesetzten Wertes um 33 Prozent; dieser Wert steht auffallend neben den negativen 45 Prozent Temperaturänderung bei primärtherapeutischen Patienten, da die experimentelle (Primär-)Gruppe der aktiven Kontrollgruppe am nächsten vergleichbar ist. Es gab also im einen Fall eine Zunahme um 30% und bei den primärtherapeutischen Patienten ein Absinken um 45%. Diese Versuchswerte ergänzen und bestätigen nochmals die Ergebnisse, die durch den nichtparametrischen Signifikanz-Test gewonnen wurden. Das heißt, daß nicht allein die *Zahl,* sondern auch die *Größe* der negativen Änderungen in der experimentellen Gruppe mit primärtherapeutischen Patienten signifikanter als bei den Kontrollgruppen ist.

Es ist also, wie die Untersuchungsergebnisse zeigen, in den primärtherapeutischen Sitzungen etwas Besonderes eingetreten. Die Säulendarstellungen oder Histogramme der Abbildungen 9, 10 und 11 veranschaulichen dies.

Diese Ergebnisse wurden in einer drei Monate andauernden Verlaufsstudie durch die Tatsache verstärkt, daß 80 Prozent der Patienten, die überwacht wurden, die niedrigen Temperaturwerte und Pulsfrequenzen behielten, die während ihrer intensiven Behandlung hervorgerufen wurden. Auch die Werte der beiden Kontrollgruppen wurden überprüft; sie blieben am Ende der drei Monate die gleichen wie zu Beginn der Untersuchung.

Daraus ergibt sich, daß das, was man gemeinhin eine normale Pulsfrequenz, einen normalen Blutdruck und normale Temperatur nennt, eigentlich eine neurotische Norm darstellt. Und die Konsequenz davon ist, daß wir die Normwerte des menschlichen Gesamtstoffwechsels neu überdenken müssen, da die ärztliche Krankheitslehre auf neurotischen Normen errichtet worden ist.

Jetzt haben wir noch unsere letzte Variable – die Hirnstromkurven – zu erörtern. Die Hirnstromkurven wurden einmal vor der Therapie, am Ende der dreiwöchigen intensiven Behandlung und drei Monate nach Beginn der Therapie aufgezeichnet.

Die von uns gesammelten Meßwerte lassen ebenfalls einige interessante Tendenzen erkennen. Fünf primärtherapeutische Patienten wiesen eine beträchtliche Reduktion der Hirnaktivität auf, wie sie sich in Änderungen der Frequenz, der Amplitude und der Synchronisation widerspiegeln; dagegen fanden sich bei keiner der beiden Kontrollgruppen irgendwelche EEG-Veränderungen.

Alle Aufzeichnungen wurden mit vier Elektroden vorgenommen – je zwei im Bereich der Stirn und des Hinterhaupts; diese Verfahrensweise führte zu insgesamt 10 Informationskanälen, die wir für unsere Analyse verwendeten: (RF, LF, RO, LO, RF-RO, RF-LO, LF-LO, LF-RO, RF-LF und RO-LO*). Die beobachteten Veränderungen gingen über jeden dieser Kanäle ein; dementsprechend können die Untersuchungswerte für alle diese Bereiche verallgemeinert werden.

Der durchschnittliche Frequenzbereich für primärtherapeutische Patienten vor der Behandlung lag bei 10,3–14,8 Schwingungen pro Sekunde (Hertz). Nach drei Wochen betrug er 6,3–11 Hertz. (Eine Abnahme von 3,8–4); nach drei Monaten lag dieser Bereich bei 7,5–11,5 Hertz. (Etwas höher als bei der Ablesung nach den ersten drei Wochen, aber immer noch eine Abnahme von 2,8–3,3 gegenüber der Grundlinie.) Die Grundlinie für die durchschnittliche Frequenz bei diesen Patienten lag bei 12,5 Hertz, nach drei Wochen bei 8,9 (ein Abfall von 3,6) und nach drei Monaten bei 9,9 (ein Abfall um 2,6) Hertz. Die mittlere Abnahme der Schwingungsamplitude betrug 15 Prozent, das heißt, die mittlere Amplitudenhöhe betrug bei diesen Patienten nur noch 85 Prozent ihrer Ausgangshöhe. Wir beobachteten bei den EEG-Veränderungen eine weitere wichtige Einzelheit. Wir stellten fest, daß diejenigen Patienten, deren EEG allgemein desynchronisiert war, allmählich ein gut synchronisiertes Hirnstromwellenmuster bekamen. Aber wir hatten auch, sozusagen entgegengesetzt, einen Patienten, dessen Hirnstromwellen stark synchronisiert waren, mit einer schnellen Frequenz und von hoher Amplitude; nach der Behandlung waren sie weniger synchronisiert, die Frequenz geringer und die Amplitude niedriger. Es gibt also keine absoluten Ergebnisse und Tendenzen.

Es wird ersichtlich, daß das neue EEG-Muster von Patienten nach der Primärtherapie sehr demjenigen eines Menschen in ausgeruhtem Zustand ähnelt; das heißt, es zeigt einen entspannten physiologi-

* R = Rechts, L = Links, F = Frontal-Stirnregion, O = Occipital-Hinterhauptsregion [Anmerkung d. Übers.].

schen Zustand an. Der wichtigste Unterschied liegt aber darin, daß die Patienten zugleich auch in einer sehr wachen und klar erkennenden Verfassung sind, wenn sie die primären ruhigen [Primal-] Hirnstromwellen hervorbringen.

Wir möchten betonen, daß diese Aufzeichnungen immer zur gleichen Tageszeit vorgenommen wurden, jeweils zum selben Zeitpunkt und unter den gleichen Bedingungen, wodurch der Zustand normalwacher Aktivität am besten wiedergegeben wurde. Dementsprechend versuchten wir, alle irgendwie möglichen Schwankungen zu kontrollieren, die durch Unterschiede der Aktivierung und der biologischen Rhythmen hervorgerufen wurden.

Der Grund dafür, daß die Hirnaktivität nach der Behandlung so herabgesetzt ist, liegt möglicherweise darin, daß alle Abwehrvorgänge beseitigt sind oder jedenfalls eine geringere Hirnrindenaktivität nötig ist, um die Abwehrvorgänge aufrecht zu erhalten, wodurch es dem betreffenden Menschen möglich wird, sein natürliches Selbst zu empfinden und zu leben. Die langsamere, wirksamere Hirntätigkeit stellt sich nicht allein durch die kürzlich gefundene Synchronisation der Schwingungen dar, sondern auch in einem vergleichsweise starken Abfall der Frequenz und, was vielleicht noch wichtiger ist, in einer verringerten Amplitude.

Wir halten es für wichtig festzustellen, daß die Primärtherapie anhaltende Veränderungen der Hirnstromaktivität hervorrief, während die Veränderungen in den Kontrollgruppen nur vorübergehender Art waren.

In unserer vorausgegangenen Forschung über Meditation, Selbstkontrolle der Hirnstromkurven (sogenanntes Bio-Feedback), Antrieb von Hirnstromschwingungen (Alpha-Training und Theta-Training) und über Hypnotisierbarkeit fanden wir, daß die EEG-Muster, die mit diesen Zuständen verknüpft waren, eine schnelle Frequenz, eine hohe Schwingungsamplitude und synchronisierte Alpha-Schwingungen aufwiesen. Sie stehen im Gegensatz zu den EEG-Mustern, die wir bei primärtherapeutischen Patienten feststellten. Obgleich wir aus den aufgeführten früheren Forschungen geschlossen hatten, daß die gefundenen Hirnstrommuster gesundes Funktionieren anzeigten, sind wir jetzt der Meinung, daß sie auf Verdrängung und Integrationsmangel hinweisen. Die noch kürzlich als »ruhig« bezeichneten Gefühle in Zuständen wie Meditation und bei hohen Alphaamplituden waren das Ergebnis davon, daß *nichts* empfunden wurde. Tatsächlich waren diese Zustände irreführend, denn das, was einer ruhigen Hirntätigkeit ähnelte, war eigentlich ein hypnotisierter Hirnzustand.

Bei unseren früheren Untersuchungen in meditativ-hypnotischen Verfassungen konnten wir die Frequenz der Schwingungen verlangsamen, aber die Amplitude nahm zu – als ob dadurch die schnellere Frequenz ausgeglichen würde. Wir meinen, daß wir das charakteristische Abwehrmuster des Gehirns, indem wir die Frequenz herunterdrückten, derart veränderten, daß Urgefühle aufsteigen konnten. Darauf antwortet das Gehirn mit einem Schutzreflex – die Ausbreitung und Synchronisation seiner Entladungen erhöhen sich.

Hirnstromschwingungen müssen als Teil der Abwehrstruktur gesehen werden. Ihre Synchronisation, Amplitude und Frequenz sind ein integrierender Bestandteil für die Homöostase des Organismus. In diese natürlichen Hirnfunktionen auf künstliche Weise einzugreifen, bedeutet, daß man den Organismus noch weiter aus dem Gleichgewicht bringt. Es läuft auf das Gleiche heraus wie Beeinflussung der Herz- und Pulsfrequenz durch Medikamente. Dadurch wird im Sinne eines einheitlichen neurophysiologischen Vorgehens nichts geändert. Alpha-Training, Meditation und Selbsthypnose sind sich darin ähnlich, daß sie dem betreffenden Menschen eine neue Schmerzabwehr zur Verfügung stellen. Diese Menschen fühlen sich subjektiv besser, in Wirklichkeit aber ist ihre Hirntätigkeit gesteigert – und zeigt damit die Lüge auf, die in dieser subjektiven Selbsttäuschung liegt.

Diskussion und Schlußfolgerungen

Auch wenn jedes einzelne unserer hier vorgetragenen Ergebnisse von Interesse ist, so werden sie doch noch bedeutungsvoller, wenn man sie im ganzen betrachtet. Die Abnahmen von Temperatur, Pulsfrequenz und Hirnstromschwingungen weisen darauf hin, daß es sich bei dem Phänomen der Spannung um ein umfassendes physiologisches Geschehen handelt, und daß dieses Geschehen bezüglich seiner Wirkung auf das Gehirn die Denkvorgänge unweigerlich beeinträchtigen muß. Wenn die Spannung verringert wird, ändern sich die genannten Parameter. Letztlich hat sich damit der Organismus selbst verlangsamt und beruhigt, so daß er seine Energie mit geringerer Geschwindigkeit verbrennt oder aufzehrt (durchaus vergleichbar einer gut eingestellten Maschine, die, wenn sie wirkungsvoll arbeitet, weniger Treibstoff verbraucht, weniger Verschleiß und Hitze erzeugt und länger hält).

Ein natürlicher Mensch entwickelt sich auf natürliche Weise; er ist offen oder kann sich öffnen und ist nicht durch Schmerz verschlossen. Ein solcher offener Mensch hat eine niedrigere Wahrnehmungsschwelle für das, was sein Leben gefährdet. Beim Neurotiker liegt auf Grund seiner konstanten Streßverfassung diese Wahrnehmungsschwelle höher. Auf diesem hohen Spannungsniveau unterscheidet sein Körper nicht zwischen wirklichen und unwirklichen Bedrohungen. Er reagiert in neurophysiologischer Weise eher auf vergangene primäre oder Urbedrohungen, als daß er sich zur alltäglichen Realität verhält. Daher ist er seinen gegenwärtigen Umweltbedingungen gegenüber weniger anpassungsfähig. Was tritt ein, wenn weniger primärer Streß vorhanden ist? Man hat eine Gruppe von Menschen vor sich mit niedrigerem Stoffwechsel, wodurch das gesamte Maß von Forderungen an die äußere wie die innere Umwelt zur Aufrechterhaltung des Lebens geringer ist. Wollte der Neurotiker dieser Verfassung gleichkommen, dann müßte er sich im Schlafzustand befinden. Er müßte sich in einem verteidigungslosen Zustand befinden, wie ihn nur der Schlaf bietet.

Da Puls, Temperatur und Hirnströme Bestandteile der Abwehrstruktur sind, kann beispielsweise hohe Temperatur – 36,6° Celsius oder mehr – nicht als eigentlicher oder richtiger Wert für einen normalen Menschen gesehen werden, sondern als Teil einer *neurotischen* Entwicklung. Bestimmte Stoffwechselmuster oder -abläufe stellen Endpunkte einer einzelnen persönlichen Entwicklung dar; sie können und sollten nicht vorübergehend mit künstlichen, äußerlichen Mitteln verändert werden.

Im Falle einer konkreten physischen Verletzung des Körpers wie bei einer Operation steigt die Körpertemperatur an. Dies führt zu einer gesteigerten Durchblutung, wodurch Nährstoffe und weiße Blutkörperchen, die zur Krankheitsbekämpfung vonnöten sind, eher und vermehrt zu allen Stellen des Organismus gelangen. Wenn der Streß gewisse Grenzen überschreitet, dann steigt die der Abwehr dienende Temperatur so hoch an, daß sie den Organismus umbringt. In diesem Sinn können Abwehrvorgänge tödlich wirken und stehen dann nicht mehr im Dienste des Organismus, noch sind sie dann gesundheitsfördernd. Das stimmt mit dem, was Laborit sagt, überein: »Abwehrvorgänge, die so weit über die Verteidigung unserer Existenz hinausgehen, stellen sehr häufig die mehr oder weniger unmittelbare Todesursache dar«.

Bei übermäßig hoher Temperatur kann der Erwachsene zeitweise psychotisch werden und halluzinieren. Dementsprechend weisen niedrigere Temperaturen auf geringeres neurotisches Erleben und Verhalten hin. Oder in Worten der Primärtheorie: die Körpertemperatur entspricht dem Betrag notwendiger körperlicher Abwehr. Sie ist eine der Hauptveränderungen, die unter Streßbedingungen auftreten, und Temperaturmessungen werden bei Krankheitsfällen routinemäßig vorgenommen.

Ein Mensch ohne Abwehr hat eine relativ niedrige Körpertemperatur; sie ist ein Hinweis dafür, daß sein Körper nicht unter Streß steht. Er ist kein sich selbstverwirklichender Neurotiker, der (sozial) gesellschaftlich akzeptierte Verhaltensweisen herausgefunden hat, um seine neurotische Aktivierung nutzbar zu machen, sondern er ist ein sich natürlich entwickelnder Organismus.

In Wolfs Arbeit können wir die praktische Anwendung unserer Hypothesen sehen. Er behandelte ein Kind, das ständig epileptische Anfälle hatte, dadurch, daß er die Körpertemperatur des Kindes reduzierte. Solange sie unter 36,6° Celsius lag, konnte nur ein geringer Betrag an elektrischer Hirnaktivität festgestellt werden. Sobald die Temperatur aber wieder bis auf 36,6 anstieg, war das Anfallsverhalten das gleiche wie zuvor. Auch hier gewinnen wir wieder Hinweise, welche integrierte Einheit der menschliche Organismus darstellt; und weiterhin, daß Körpertemperatur und Hirntätigkeit in signifikanter Weise miteinander verbunden sind.

Allgemeine Anmerkungen und Betrachtungen von Dr. Janov

Wir haben am Primärinstitut kürzlich eine Wiederholung der Ergebnisse der Karle-Corriere-Untersuchung beendet. Die Veränderungen, die durch die ursprüngliche Forschung bezüglich der Elektroenzephalographie, des Blutdrucks, der Puls – und Herzfrequenz und der Temperatur aufgezeigt wurden, konnten erneut bestätigt werden. Eine Kontrollgruppe von Universitätsstudenten, die zu nachgeahmten Urerlebnissen angewiesen wurden (sie berichteten in eingehender Weise über bedeutsame Gefühlserlebnisse in ihrem Leben, aber sie durchlebten sie nicht noch einmal), wies keine der genannten Veränderungen auf. Es wurden jeweils vor und nach einer körperlichen Anstrengung, die der Art körperlicher Tätigkeit bei einem Urerlebnis ähnelt, Körpermessungen vorgenommen; wiederum traten keine der Veränderungen auf, wie man sie bei wirklichen Urerlebnissen findet. Offensichtlich vermag ein Urerlebnis, das Wiedererleben von Schmerz, tatsächlich Spannung aufzulösen.

Wir haben gegenwärtig mit einer gründlichen Untersuchung einer Patientin begonnen, die uns von einer staatlichen psychiatrischen Klinik überwiesen wurde. Die vorläufige Analyse ihrer Tages- wie auch ihrer Schlafelektroenzephalogramme zeigt, daß bei diesen beiden, täglich vorgenommenen Aufzeichnungen Veränderungen auftreten, die davon abhängen, was während des Tages in der Primärtherapie geschieht. Die zur Tageszeit festgehaltenen Veränderungen sind nicht so aufregend wie die zur Schlafenszeit vorgenommenen Aufzeichnungen. Wenn sie einen guten Behandlungstag mit einem vollständigen Urerlebnis hinter sich hatte, fielen die meisten Meßwerte ab. Darüber hinaus brauchte sie eine geringere D-Zeit oder weniger REM-Schlaf. Nach einem schlechten Behandlungstag mit einem unvollständigen Urerlebnis benötigte sie mehr REM-Schlaf. Nach einem guten Tag brauchte sie weniger als ein Viertel vom Betrag der REM-Zeit eines schlechten Tages. Natürlich bedarf es noch eingehenderer Forschung in bezug auf tägliche Messungen mit dieser Patientin und anderen. Die vollständige Analyse der oben erwähnten Zusammenhänge ist noch nicht abgeschlossen. Bis dahin müssen wir uns mit Vermutungen über die Bedeutung der vorläufigen Ergebnisse zufrieden geben. In den Sozialwissenschaften findet man wenig Vermutungen. Fakten werden verherrlicht, während man Gedanken oder Vermutungen verunglimpft. Das mag zum Teil mit der Tatsache zusammenhängen, daß es in den Sozialwissenschaften ziemlich wenig »Wissenschaft«, jedenfalls solche, die die Qualität der Voraussage besitzt, gegeben hat. Das Ergebnis ist eine Art Überkompensation, wodurch wir uns auf die sogenannten harten Fakten konzentrieren und zwar auf Kosten von Begriffen oder Konzepten, die die Fakten miteinander verknüpfen und zu allgemeingültigen Gesetzen über die menschliche Psyche führen könnten. Dabei denke ich weniger an so etwas wie ein massives »Brainstorming«, sondern mehr an eine allgemeine Bereitschaft, das, was wir sehen und wissen, im Bereich des Möglichen zu extrapolieren, und das beinhaltet auch eine gewisse Bereitschaft zum Irrtum. Ich halte es für nötig, daß unsere Vorstellungskraft beweglich ist, da es gerade die Vorstellungskraft ist, die uns von wissenschaftlichen Automaten zu kreativen Wesen verwandeln kann. Natürlich sollten wir Vermutungen und Tatsachen sorgfältig voneinander unterscheiden, aber wir sollten auch keine Angst davor haben, das zu sein, was Abraham Maslow die »Stoßtruppen« der Wissenschaft nennt.

Forschungen an unseren einzelnen Patienten weisen darauf hin, daß Träume offenbar die Niederschläge von Schmerz und Spannung in sich aufnehmen. Je mehr Schmerz vom Tage übrig bleibt, desto mehr müssen wir träumen. Das bedeutet, daß das Ausmaß, in dem wir träumen müssen, zu der Menge restlicher Spannung in unseren Körpern in Beziehung steht. Und umgekehrt haben wir umso erholsamere Nächte, je mehr Spannungen gelöst wurden. Dementsprechend müssen wir in Träumen neurotische (Spannungs-)Ventile sehen, die der Aufrechterhaltung unseres seelischen Gleichgewichts dienlich sind.

Wir haben kürzlich mit einer Reihe von Forschungsprojekten angefangen, die ich sogleich erörtern möchte. Eine der interessantesten Neuerungen besteht in der Anwendung des Stroboskoplichts. Mit Hilfe eines impulsweise strahlenden Lichts können wir, was eine wohlerwiesene Tatsache ist, Hirnstromfrequenzen ändern. Bis jetzt wurde das Stroboskoplicht klinisch hauptsächlich für das Alpha-Training verwendet, ein Verfahren, durch das die Versuchspersonen auf eine bestimmte Wellenfrequenz konditioniert werden und diese Frequenz dann auf Befehl schließlich selber hervorbringen können, indem sie ihre Gedanken umordnen. Die Alpha-Frequenz ist ein Zeichen für Verdrängung, für ein Gehirn, das Gefühle aktiv unterdrückt. Man kann Alpha-Training verwenden, um die Schmerzerfahrung zu unterdrücken, und es wurde auch eingesetzt, um die Sekretion von Magensäure zu verringern. Für gewöhnlich zeigen Neurotiker, die am Anfang der Primärtherapie stehen, hohe und stabilisierte Alphawellen. Wir haben herausgefunden, daß dieser Zustand abnimmt, je weiter die Behandlung fortschreitet.

Wir haben noch eine andere Entdeckung gemacht; es gibt eine »Primär-Frequenz« – dabei handelt es sich um eine gewisse Hirnstromfrequenz, die wir erzeugen, wenn wir durch die Anwendung des Stroboskoplichts die Hirntätigkeit verlangsamen – und gerade bei dieser Frequenz werden die Menschen empfindungsfähig. Primärtherapeutische Versuchspersonen können den Moment, an dem wir ihre Hirnstromfrequenz herunterdrücken, spüren. Sie fangen plötzlich an zu schreien oder sich zu krümmen, zu husten oder von einer

Art der Abwehr zu einer anderen überzugehen. Die Primärfrequenz liegt nahe, aber doch einige Stellen unter der stabilisierten Alphafrequenz. Hat beispielsweise ein neuer Patient eine stabilisierte Alphafrequenz von 12 Hertz, so wird seine Primär-Frequenz etwa bei 10 Hertz liegen. Beträgt seine Alphafrequenz etwa 10, dann liegt seine Primär-Frequenz etwa bei 8. Das besagt nichts anderes, als daß seine Gefühle leicht unterhalb der kortikalen Abwehrvorgänge liegen. Zwingen wir dem Gehirn eine Frequenz auf, die höher als die Primär-Frequenz ist, dann werden die Gefühle unverzüglich zurückgenommen, und der Betreffende geht in einen Zustand der Abwehr über. Bringen wir das Gehirn mit Hilfe der Stroboskopimpulse auf eine niedrigere als die Primär-Frequenz, dann erhalten wir Schläfrigkeit, Schlaf oder Entspannung.

Diese Zusammenhänge haben vor allem die Bedeutung, daß, genauso wie wir einen Schlaf-und-Traum-Rhythmus oder einen Menstruationsrhythmus kennen, es auch einen »natürlichen« Hirnstromrhythmus gibt.

Bei Neurotikern ist der natürliche Rhythmus verändert. In der Regel ist er beschleunigt, so daß unsere Gehirne mit einem zu schnellen Impulstempo arbeiten. Und daher verlangsamen sich unsere Hirnstromkurven auch beträchtlich, sobald wir zu natürlicheren Wesen werden. Man selbst zu sein oder sich selbst zu leben heißt dann in dieser Hinsicht, daß unser Gehirn auf eine natürliche Weise Impulse gibt. Damit zeigt sich, daß empfindende Menschen eine viel niedrigere Hirntätigkeit als nichtempfindende haben, da es eine große Menge kortikaler Abwehrmaßnahmen erfordert, Gefühle niederzuhalten. Und nicht nur das; auch die Wellenamplitude ist bei den verdrängenden Neurotikern höher, weil es so viel nervale Aktivität erfordert, Urschmerzen im Zustand der Verdrängung zu halten. Bei Neurotikern steht das Gehirn unter einem großen Druck. Die Manifestationsweise dieses Druckes ist mehr ein Untersuchungsgegenstand für Neurologen. Jedenfalls scheint die Annahme vernünftig, daß dieser Druck alles, von den Denkvorgängen bis zu gewissen Hirnfunktionsstörungen, in Mitleidenschaft zieht.

Eine unmittelbare Konsequenz aus unserer Arbeit mit dem Stroboskoplicht ist, daß wir damit eine schnelle und wirksame Verfahrensweise in der Hand haben, um Menschen zu beruhigen. Das heißt, wir können die Effekte der Elektroanalgesie (siehe Kapitel I) dadurch reproduzieren, daß wir das Gehirn mit so vielen Impulsen überfluten, daß es, um sich zu verteidigen, *alle* Gefühle gleichsam abschalten muß. Weit wichtiger jedoch ist die Konsequenz, daß wir mit dem genannten Verfahren eine Art Primär-Maschine für therapierefraktäre Fälle, also für Fälle, die der Behandlung widerstehen, zur Verfügung haben. Wenn jemand wirklich verschlossen und gleichsam verbarrikadiert ist und dadurch große Schwierigkeiten in der Primärtherapie hat, wird es mit Hilfe einer Primär-Maschine möglich, seine Hirnstromwellen auf das Niveau der Gefühle und damit auch auf das der Urerlebnisse herunterzudrücken. Macht man das mit nichtprimärtherapeutischen Patienten, gerät der betreffende Mensch buchstäblich »aus den Fugen«. Er empfindet nicht mehr – oder er erscheint gespannt, sonderbar, verkrampft, größenwahnsinnig und so weiter. Die Amplitude seiner Hirnstromwellen steigt bis zum Punkt seines Empfindens und Fühlens an, um die Abwehr zu unterstützen, und ruft dadurch das außergewöhnliche Erleben anstelle eines Urerlebnisses hervor. Vermindert man die Hirnströme bei primärtherapeutischen Patienten, so führt das normalerweise zur Empfindungsfähigkeit, zum Zustand des Fühlens. Es entsteht jedoch keineswegs immer ein zusammenhängendes, eine Spaltung aufhebendes Gefühl. Wir haben Patienten angewiesen, sobald wir die Primär-Frequenz erreichen, einen Summton auszulösen. Wenn dies geschieht, kann der Patient sagen: »Mein Körper empfindet etwas, aber mein Kopf kann nicht herausbringen, worum es geht.« Oder er sagt vielleicht: »Meine Kehle ist plötzlich wie zugeschnürt; mir ist, als müsse ich ersticken. Ich habe ein Gefühl, als ob ein Schrei in mir hochkommen will.« Wenn wir den Patienten ermutigen, darüber zu sprechen (nur mit einigen wenigen Worten), wird der Inhalt des Gefühls deutlich, und es folgt ein Urerlebnis. Oder er wird, wenn wir ihn sehr schnell atmen lassen (Hyperventilation), anfangen zu jammern und zu schreien.

Es hängt von der Primär-Frequenz ab, ob das Urerlebnis verbal oder averbal ist, ob es sich auf ein früheres oder späteres Ereignis im Leben bezieht. Liegt die Primär-Frequenz sehr tief, etwa bei 2 Hertz, also nahe der für ein kleines Kind charakteristischen stabilisierten Frequenz, dann ist das Urerlebnis wahrscheinlich averbal und von sehr früher Art. Hat der Patient die Behandlung erst kürzlich begonnen und liegt seine Primärfrequenz etwa bei 8 Hertz, dann bezieht sich sein Urerlebnis möglicherweise auf einen späteren Abschnitt seines Lebens. Parallel zum therapeutischen Fortschritt des Patienten fällt sowohl seine Alphafrequenz wie auch die Primärfrequenz ab.

Ebenso wie wir unsere Normwerte von Hirnströmen neu überdenken müssen, sollten wir uns auch nochmals mit den Normalwerten der Körpertemperatur befassen. Es kann sein, daß wir unseren Normalwerten das Verhalten von Neurotikern zugrunde gelegt haben, so daß also die Normwerte bei realen und natürlichen Menschen von dem, was wir uns vorstellen, sehr verschieden sind. Wir wissen, daß die Hirnstromfrequenz bei Kindern sehr niedrig ist und daß sich, wenn wir älter werden und unser Gehirn sich entwikkelt und die Nervenfasern mit Markscheiden umgeben werden, die Wellenfrequenz erhöht, bis sich Alpha- und Beta-Wellenfrequenzen herausbilden. Daß dies so eintritt, muß mit dem zunehmenden Aufwand kortikaler Abwehr zu tun haben, den die Kinder aufbringen müssen, um mit ihrer Umwelt zurechtzukommen – einer Umwelt, die es nicht zuläßt, daß die Kinder empfinden und fühlen. Wie sonst ließe sich, wenn dem nicht so wäre, die Beobachtung erklären, daß die stabilisierten Hirnströme von fortgeschrittenen primärtherapeutischen Patienten denjenigen von Kindern so ähnlich sind?

Vielleicht sollten wir noch ein Wort zu den Hirnstromwellen bei Kindern sagen. Normalerweise werden die Theta-Wellen mit den Gefühlen in Zusammenhang gebracht (mit Freude wie mit Schmerz). Dieser Wellentypus ist bis zum Alter von fünf oder sechs Jahren vorherrschend; dann treten zu gleichen Teilen Alpha- und Theta-Wellen auf. Nach dem sechsten Lebensjahr dominieren die Alpha-Wellen. Dies kann bedeuten, daß bis zum fünften oder sechsten Lebensjahr vor allem die Gefühle unser Erleben ausfüllen, dann aber die Abwehrvorgänge mit ihren Einwirkungen einsetzen. Mit anderen Worten: die entscheidende Spaltung, die meiner Meinung nach in diesem Alter eintritt, zeigt sich in einer tatsächlichen Spaltung des Hirnstromwellenmusters in Alpha- und Theta-Wellen – in einer Spaltung in Fühlen und Verdrängung. Tritt ein Kind in das zweite Lebensjahrzehnt ein, dann stabilisiert sich zusammen mit den Alpha-Wellen die Verdrängung. Meistens kehren die Hirnströme primärtherapeutischer Patienten nach der Behandlung in den Bereich der Theta-Wellen zurück. Da Kleinkinder und jüngere Kinder keine hohe Alpha-Wellenfrequenz haben und keine große Anzahl aktiver kortikaler nervaler Elemente besitzen, die den Vorgang der Verdrängung fördern, sind sie leicht zu überlasten. Nehmen wir nur beispielsweise die Redeweise der Mutter. Wenn sie dem Gehirn ihres jungen Kindes eine Funktionsgeschwindigkeit abverlangt, die ihm nicht in natürlicher Weise entspricht (falls sie zu schnell redet), muß das Kind den eigenen Funktionsrhythmus seines Gehirns verleugnen und versuchen, auf dem Niveau oder der Leistungsebene der Mutter sowohl zu verstehen wie auch zu sprechen. Es muß die »schnellen Antworten«, die sie fordert, bereit haben. Ist eine Mutter einfühlsam, wird sie den Hirnfunktionsrhythmus ihres Kindes spüren und in diesem Rhythmus mit einer Lautstärke sprechen, die ebenfalls gut verarbeitet werden kann. Zu schnelles und zu lautes Sprechen können an sich schon eine primäre Überlastung hervorrufen. Ein unempfindsamer Therapeut kann mit einem Patienten »auf der falschen Wellenlänge« reden, und ein empfindsamer Patient wird dadurch unverzüglich abgestoßen. Vielleicht trifft die Redeweise nicht den Tonfall des Patienten, oder sie ist zu weich oder zu laut.

Das alles mag für viele Menschen merkwürdig klingen. Ziehen wir aber in Betracht, wie frei und offen ein Kind in seinem Verhalten ist und wie groß die Schwierigkeiten sind, die ihm die Anpassung an seine Eltern mit dem Ziel des Überlebens bereiten, dann sehen wir, daß wir in der Abstimmung auf die Eltern einen automatischen Mechanismus zum Überleben vor uns haben. Wenn auch bei Neurotikern die Erinnerung an ihre spezifische Weise der Anpassung meistens verloren gegangen ist, ist das, was wir später sehen, ungewöhnlicher Unwille oder Wut, wenn jemand zu viel oder zu schnell redet oder zu viele Befehle auf einmal gibt. Kurz gesagt: der betreffende Mensch reagiert auf diese sehr frühe Verleugnung seines Selbst, obgleich er keine bewußte Wahrnehmung davon hat.

Ich sollte unbedingt noch hinzufügen, daß die Vorstellung oder Idee einer Primärmaschine mit einer natürlichen Behandlungsweise wie der Primärtherapie eigentlich unvereinbar ist. Es sind aber schon zu viele Menschen zu Maschinen gemacht worden, so daß wir alles erkunden sollten, was wir tun können, um solchen Menschen zu helfen. Für die weitaus größte Zahl unserer Patienten bedarf es keiner Maschine. Alles, was sie brauchen, ist ein Ort, an dem sie empfinden können.

Unter dem Gesichtspunkt von Hirnvorgängen ähnelt der Patient nach abgeschlossener Primärtherapie sehr dem jungen Kind. In dem Maße, wie die Frequenz und die Amplitude der Hirnstromkurven abnehmen, erhöht sich die Möglichkeit für Überlastung. Wir stellen dies empirisch bei Patienten fest, die uns davon berichten, daß das geringste Geräusch sie belästigt. Sie können es in lauten Restaurants nicht mehr aushalten, während sie früher viele ihrer Nächte in lauten Bars und Discotheken verbracht haben mögen. Wenn man ein verteidigungsloses Gehirn hat, so bedeutet das, daß man im wahrsten Sinne des Wortes empfindlich ist. Oft sagen wir, wir könnten in unempfindsame Menschen nicht »eindringen«; diese Tatsache trifft in bezug auf das neurotische Gehirn tatsächlich zu. Ein aktives neurotisches Gehirn schirmt sich gegen vieles ab. Daher muß man Neurotikern eine bestimmte Sache meistens buchstäblich einhämmern, damit sie sie verstehen können. Und daher können sie auch enorme Geräuschquantitäten aushalten (etwa überlaute Musik).

Die Schlafforschung sagt uns, daß der D-Zustand oder REM-Bereich, obgleich er nicht die tiefste Phase des Schlafes darstellt, die schwierigste Zeit ist, um einen Menschen zu wecken. Ich möchte annehmen, daß das Gehirn während dieser Phase so mit der Gefühlsabwehr beschäftigt ist, daß es für ein Eindringen und Aufwecken größerer Reizmengen bedarf.

Ein Gehirn im Zustand der Abwehr erfordert, wenn es zur Ruhe gebracht werden soll, auch eine größere Menge von Medikamenten; demgegenüber nehmen Patienten nach der Primärtherapie den kleinsten Reiz – eine Tasse Kaffee etwa – seelisch unmittelbar wahr. Es ist wahrscheinlich kein Zufall, daß wir bei unseren Jugendlichen hohe und schnelle Alpha-Wellen stabilisieren, also zu einer Zeit, in der viele ernste Beschwerden, die von der Epilepsie bis zur Schizophrenie reichen, ihren Anfang nehmen.

Die Primärtherapie bedarf in großem Ausmaß der Erforschung. Es ist notwendig, daß wir Patienten über einen Zeitraum von Jahren weiter verfolgen, um zu sehen, wie gut unsere Ergebnisse anhalten. Es sind biochemische Untersuchungen vor und nach der Behandlung vonnöten, damit wir genau sehen, welche Veränderungen auf der Ebene der chemischen Vorgänge stattfinden. Wir brauchen dazu die Hilfe von Wissenschaftlern aus anderen Fachrichtungen, die uns dabei helfen können, neue Parameter für unsere Untersuchungen aufzustellen. Bis jetzt sind die Ergebnisse aufsehenerregend und haben die Tendenz, die Primärtheorie zu validieren. Aber wir müssen noch viel mehr wissen, und solche Kenntnis kann nur durch ein multidisziplinäres Vorgehen zustandekommen. Diejenigen, die sich mit der Primärtherapie eingelassen haben und sich persönlich beteiligt fühlen, wissen, daß sie etwas leistet; jetzt stehen wir vor der Aufgabe, diese Leistungen zu beweisen.

Anhang:
Beispiele postprimärtherapeutischer Interviews

Interview 1*

I: Wie alt sind Sie?

P: 51.

I: Familienstand?

P: Geschieden.

I: Wie lange sind Sie geschieden?

P: 18 oder 19 Jahre.

I: Was wurde aus Ihrer ersten Frau? Sehen Sie sie manchmal?

P: Sie hat wieder geheiratet. Ich habe sie vor ein paar Jahren gesehen. Sie war zu Besuch in Los Angeles und rief mich an.

I: Und aus Ihrer Ehe sind keine Kinder hervorgegangen?

P: Nein.

I: Wie lange waren Sie in der Therapie?

P: Ungefähr fünf Monate – etwas mehr als fünf Monate.

I: Und wie oft kamen Sie nach den ersten drei Wochen?

P: Drei Mal in der Woche.

I: Wenn Sie beschreiben sollten, wie Sie sich fühlen, was würden Sie sagen? – geheilt, zum Teil geheilt, besser, derselbe Zustand oder schlechter?

P: Hm!

I: Oder geben Sie Ihre eigene Beschreibung.

P: Nun, ich habe das Gefühl, man hat mir unendlich geholfen. Ich weiß einfach nicht, was geheilt bedeuten soll. Ich sehe die Therapie nicht als etwas, das heilen kann in dem Sinne, daß man nie mehr irgendein Problem haben wird. Ich sehe ihr Ziel mehr darin, daß man lernt, mit Schwierigkeiten fertig zu werden, obgleich sie viele meiner Probleme gelöst hat. Aber das tägliche Leben wirft neue Probleme auf, und ich finde, daß ich jetzt fähig bin, mit ihnen fertig zu werden.

* I = Interviewer, P = Patient.

I: Waren Sie vorher in irgendeiner therapeutischen Behandlung – und wenn ja, in welcher?

P: Ich war über 8 Jahre in einer Analyse und 2 Jahre in einer Psychotherapie.

I: Hatten Sie zu der Zeit, als Sie in diesen Therapien waren, das Gefühl, daß Ihnen geholfen wird?

P: Insofern, als daß man jemanden hatte, mit dem man reden konnte, war es schon eine Hilfe. Es hielt mich irgendwie am Leben, schon allein die Regelmäßigkeit, zu wissen, daß eine Sitzung bevorstand, und ich glaube, solange man eine Sitzung vor sich weiß, hat man noch einen bestimmten Grad an Hoffnung. Aber zur selben Zeit, als ich in der Analyse war, wurde ich Alkoholiker.

I: Brachen Sie freiwillig ab? Was war früher, die Analyse oder die Therapie?

P: Ich war ein Jahr beim Psychiater, als ich ungefähr 21 Jahre alt war; mit vierzig war ich acht Jahre in der Analyse, – und dann, nun dann, wurde ich als Alkoholiker ins Krankenhaus eingewiesen, und als ich aus dem Krankenhaus entlassen wurde, teilte mir mein Analytiker mit, daß er nichts mehr für mich tun könne. Trotzdem empfahl er eine Behandlung und riet mir, gemeinsam mit meinem Arzt, wieder zu meinem früheren Psychiater zu gehen.

I: Hatten Sie irgendwelche besonderen Beschwerden, ehe Sie in diese Therapie, die Primärtherapie, kamen?

P: Körperliche Beschwerden?

I: Ich meine mich zu erinnern, daß Sie zu hohen Blutdruck hatten. Hatten Sie das immer schon?

P: Nun, das ist eine ziemlich komplizierte Geschichte. Lassen Sie mich darüber etwas ausführlicher berichten.

I: Bitte.

P: Ursprünglich ging ich in die Analyse, weil – nein, lassen Sie mich noch weiter zurückgehen. Kurz nachdem sich meine Frau von mir scheiden ließ, kam mir der Verdacht, daß mit meinem Herzen etwas nicht in Ordnung sei. Mein Herz schlug unregelmäßig – mal schnell, mal langsam –, und ich richtete mich darauf ein, bald zu sterben. Das traf mich in keinster Weise, doch ich starb nicht. Und mit der Zeit begann ich als Schriftsteller erfolgreich zu sein, und ich dachte mir, etwas länger leben, wäre vielleicht doch nicht so schlecht. Also ging ich zu einem Arzt und

sagte, daß ich Herzbeschwerden hätte und was ich dagegen tun
könne. Er untersuchte mich, konnte aber nichts Krankhaftes an
meinem Herzen feststellen; deshalb nahm er an, ich müßte
emotionale Probleme haben. Daraufhin ging ich in die Analyse.
Zu dieser Zeit war mein Puls auf 125–130.

I: In welchem Alter?

P: Über vierzig. Ich lag nachts im Bett und wartete darauf, daß
mein Herz jeden Moment stillstehen würde. Es schlug sehr unregelmäßig, und ich lag wartend da und fragte mich, ob es
wohl wieder anfangen würde, richtig zu schlagen. Das war sehr
unheimlich. Dann, nach ein paar Jahren Analyse, verschwanden
die Unregelmäßigkeiten, und die Geschwindigkeit des Pulses
ließ um einiges nach. Mein Blutdruck war übrigens mal sehr
hoch und mal sehr niedrig. Als ich in die Primärtherapie kam,
war mein Puls um die 80–90. In den ersten drei Wochen ging
er auf 70 zurück, und fiel im weiteren Verlauf der Primärtherapie
noch weiter ab.

I: Was war der niedrigste Wert überhaupt?

P: Das niedrigste, was ich je gemessen habe, war 56.

I: Fand Ihr Arzt daran irgendetwas Bemerkenswertes?

P: Er findet es einfach großartig.

I: Was ist mit Ihrem Herzen?

P: Überhaupt keine Probleme; nie wieder außer diesem einen Mal.

I: Ich verstehe. Es war vielleicht nur ein Anfall in Folge von Angst.
Und Ihr Puls? Wie lange war er um die 90? Wieviele Jahre Ihres
Lebens, oder wissen Sie das nicht?

P: Ich würde sagen, daß er für etwa 10 Jahre selten unter 100 war,
und dann, in den letzten 5 oder 6 Jahren meiner Analyse, ging er
auf 80 zurück.

I: Nun, nachdem Sie all dies hinter sich gebracht haben, würden Sie
daran denken, in eine andere Therapie zu gehen?

P: Nein.

I: Was hat Ihnen an der Primärtherapie besonders geholfen?

P: Mit meinen eigenen Gefühlen in Berührung zu kommen, gegen
die ich mich so viele Jahre erfolgreich verschlossen hatte.

I: Passierte nicht auch einiges von dem, was hier mit Ihnen geschah,
in irgendeiner Ihrer therapeutischen Sitzungen?

P: Nein, niemals, niemals.

I: Es fällt schwer, das zu glauben. Ich meine, es könnte den
Eindruck erwecken, als hätten Sie eine Art –

P: Nun, wenn Sie das Weinen meinen, ja, schon, aber mein Weinen in der Analyse entsprang mehr einer allgemeinen Traurigkeit, es ging nicht an die Wurzeln.

I: Und Ihr Weinen hier?

P: Das führte direkt auf den Kern der ganzen Sache.

I: Würde es Ihnen was ausmachen, etwas über die ersten drei Wochen der Therapie und den Therapeuten zu sagen?

P: Nun, ich fand die ersten drei Wochen sehr anstrengend. Ich erwog in den ersten drei Wochen mehrmals, die Therapie abzubrechen.

I: Was hat Sie veranlaßt, doch zu bleiben?

P: Teils das Geld, teils meine guten Vorsätze, und dann wußte ich auch nicht, wohin ich sonst gehen sollte. Wenn ich es hier nicht geschafft hätte, welche andere Therapie hätte mir sonst helfen können? Und ich war intellektuell – und in irgendeiner Weise auch emotional – davon überzeugt, daß diese Therapie helfen würde.

I: Was haben sie an der Primärtherapie auszusetzen?

P: Nun, ich war unvorbereitet.

I: Haben Sie nie darüber nachgedacht?

P: Doch. Der Lärm hat mich gestört, ich konnte ihn manchmal kaum aushalten. Ich hatte das Gefühl, daß er mich von meiner eigenen Arbeit ablenkte. Schließlich bekam ich Ohrenschützer, so daß mich die anderen Leute nicht mehr störten.

I: Wie würden Sie die Therapie verbessern?

P: Ich weiß es nicht.

I: Sie sind wirklich eine große Hilfe! Wie hat sie Ihr Verhalten verändert, falls überhaupt?

P: Ich bin seit 18 oder 19 Jahren geschieden. Seit ich die Primärtherapie abgeschlossen habe, lebe ich mit einer Frau zusammen, wir planen im Herbst zu heiraten. Ich sehe sie fast jeden Tag, und ich glaube, vor der Therapie wäre das für mich nicht auszuhalten gewesen.

I: Was wäre nicht auszuhalten gewesen?

P: Jemanden Tag für Tag zu sehen.

I: Warum?

P: Das hieße für mich, ich sitze fest, ich bin – ich bin –

I: Gefangen?

P: Genau! Ehe ich in die Primärtherapie kam, nahm ich Schlaftabletten, Beruhigungstabletten und Mittel gegen Depressionen;

242

jetzt brauche ich von all dem nichts mehr. Seit meinem Beginn der Primärtherapie habe ich keine Kopfschmerzen mehr gehabt. Und ich hatte sie dauernd – das heißt jeden Tag.

I: Und Sie haben keine mehr?

P: Kein einziges Mal mehr.

I: Das ist natürlich großartig. Und Sie leben wirklich ohne alle Mittel?

P: Manchmal nehme ich Aspirin wegen der Schmerzen in meiner Schulter; die kommen vom Badminton spielen. Es ist so eine Art Arthritis. Dagegen hilft nicht einmal die Primärtherapie.

I: Nein.

P: Lassen Sie mich noch etwas Kurioses hinzufügen; ich nehme nicht an, daß es die Welt in ihren Grundfesten erschüttern wird, aber ein Ergebnis der Primärtherapie ist, daß ich besser Schach spielen kann.

I: Wirklich?

P: Der Grund ist, daß ich mich jetzt beim Schachspielen mehr auf das Spiel selbst konzentrieren kann und weniger damit beschäftigt bin, meine Gefühle abzureagieren und unbedingt jemanden schlagen zu wollen.

I: Haben Sie geraucht, ehe Sie in die Therapie kamen?

P: Nein, jedenfalls nicht unmittelbar davor, aber ich war ein starker Raucher.

I: Rauchen Sie jetzt überhaupt noch?

P: Nein.

I: Trinken Sie?

P: Nein, damit habe ich aufgehört, ehe ich in die Primärtherapie kam.

I: Wie lange vor der Primärtherapie haben Sie aufgehört zu rauchen und zu trinken?

P: Mit dem Trinken ungefähr zwei Jahre vorher; und dann hatte ich einen Rückfall und landete wieder im Krankenhaus – wieder als Alkoholiker.

I: Sie tranken den ganzen Tag, jeden Tag?

P: Ich trank gut eine Flasche Brandy am Tag.

I: Können Sie sich vorstellen, wenn Sie auf einer Party Cocktails oder Wein trinken, daß Sie dann möglicherweise wieder anfangen zu trinken?

P: Ich nehme es nicht an, aber ich würde ohnehin keinen Alkohol mehr trinken.

I: Warum nicht?

P: Ich habe kein Verlangen danach. Ich mag es nicht – Trinken und die Gefühlslagen, in die mich das Trinken bringt, haben sehr unangenehme Implikationen für mich – es ist für mich mit sehr unangenehmen Assoziationen verbunden; ich fühle mich einfach viel wohler, wenn ich weiß, wo ich bin und was los ist.

I: Wie steht es mit Drogen? Sie haben bereits erwähnt, daß sie keine harten Drogen nehmen. Nehmen Sie irgendwelche anderen Drogen, zum Beispiel Haschisch?

P: Nein, habe ich nie genommen.

I: Und offensichtlich essen Sie auch nicht übermäßig.

P: Nein.

I: Verspüren Sie irgendein Bedürfnis nach all den Dingen, von denen wir gesprochen haben?

P: Manchmal habe ich Lust auf Süßigkeiten. Manchmal hätte ich gern einen ganzen Kuchen oder eine große Portion Eis.

I: Wie steht es mit Rauchen? Haben Sie manchmal das Gefühl, eine Zigarette zu brauchen?

P: Nein, nie.

I: Hat sich in Ihrem Sexualleben etwas verändert, seit Sie in der Therapie waren?

P: Ja, es ist ziemlich aktiv, und naja, wesentlich öfters.

I: Hauptsächlich, weil Sie jemand haben, den Sie wirklich mögen?

P: Ja.

I: Ich wollte diese Frage nicht für Sie beantworten. Gab es davor irgendjemanden, mit dem Sie sexuell gut auskamen?

P: Nun, während ich trank, habe ich Jahre damit zugebracht, Mädchen in Bars aufzugabeln, und das war ein ziemlich unbefriedigendes Sexualleben.

I: Was können Sie bezüglich Ihrer inneren Spannung vor und nach der Therapie sagen – hat sich da einiges oder sehr vieles verändert?

P: Ja, daran hat sich einiges geändert – die Art der Spannung hat sich verändert. Früher entstand sie aus einem allgemeinen Unsicherheitsgefühl, aus Niedergeschlagenheit und Zweifeln an mir selbst und der Welt im allgemeinen. Auch jetzt habe ich noch Spannungszustände, aber sie entstehen im Zusammenhang mit meiner Arbeit, da bin ich gelegentlich durchaus besorgt. Doch das ist eine sehr berechtigte Sorge, schließlich hängt davon eine Menge ab. Ich werde nicht heiraten, wenn ich für meine Frau nicht sorgen kann. Ich habe inzwischen eine recht gute Vorstellung davon, was ich als Schriftsteller erreichen will, das ist nicht leicht; ich bin ein sehr scharfer Kritiker meiner eigenen Arbeiten. Und mit der eigenen Arbeit nicht zufrieden zu sein, ist sehr frustrierend.

I: So würden Sie meinen, daß Ihnen die Therapie gewissermaßen ermöglicht hat, Qualität besser zu verstehen, es jedoch schwerer gemacht hat, sie tatsächlich zu erreichen, oder hat sie . . .

P: Lassen Sie es mich anders ausdrücken – ich kann mir vorstellen, daß wir im Grunde dasselbe meinen. Ich schrieb früher Boulevard-Komödien, das fiel mir leicht, und ich war damit sehr erfolgreich. Komödien dieser Art zu schreiben, befriedigt mich nicht länger. Ich möchte gern etwas Ernsteres schreiben, und das ist weniger leicht.

I: Ich verstehe. Haben Sie immer noch Primals?

P: Ja.

I: Wie oft?

P: Ich weiß nicht recht, wie ich darauf antworten soll. Was ist ein Primal? Meine Vorstellung darüber war, als ich in die Therapie kam, sehr anders als sie es jetzt ist. Ich weine unbefangener, und ich weine sehr, sehr oft. – Ich würde sagen, durchschnittlich einmal am Tag. Ob ich noch Primal-Sitzungen mache als bewußte Anstrengung, etwas aus meiner Vergangenheit zu klären – nein.

I: Gibt es etwas, wovon Sie noch reden möchten? Was Sie mir zuletzt erzählt haben war eine Beschreibung ihres täglichen Lebens. Hat es sich in starkem Maße verändert?

P: Die Intensität meiner Spannungszustände – ich nehme an, daß es wichtig ist, dies zu sagen – hat beträchtlich abgenommen. Ich bin viel öfter fähig, ruhig zu bleiben, als ich es bisher war. Ehe ich in die Primärtherapie kam, mußte ich dauernd aus dem Hause gehen – einfach um hinauszugehen. Das ist heute nicht mehr notwendig – ich verlasse das Haus jetzt, wenn ich tatsächlich etwas zu tun habe. Ich bin mit einem häuslichen Leben zufriedener.

I: Sind Sie wirklich zufrieden damit?

P: Ich halte mich fern von Leuten, von denen ich früher ständig glaubte, sie seien für mein Leben unerläßlich und wichtig.

I: Gibt es noch irgendetwas, was Sie sagen wollen, ehe wir abschließen?

P: Nein, eigentlich nichts mehr.

I: Ich danke Ihnen sehr, daß Sie gekommen sind.

Interview 2

I: Wie lange waren Sie in der Therapie? Wie oft kamen Sie nach den ersten drei Wochen in die Gruppe?

P: Ich war 9 Monate fest in Primärtherapie, dann nahm ich nur noch ab und zu an Gruppen teil. Nach den ersten drei Wochen war ich mindestens einmal in der Woche bei einer Gruppensitzung, und gelegentlich hatte ich eine Einzelsitzung.

I: Sind Sie geheilt, teilweise geheilt, ist Ihnen geholfen, geht es Ihnen genauso wie vorher oder schlechter?

P: Vor der Primärtherapie hätte ich mich selbst als äußerst angespannte, nervöse, übermäßig gefühlsbetonte und frustrierte Frau beschrieben. Ich wußte nie, ob ich eine Sache richtig oder falsch beurteilte. Ich wußte nie richtig, was ich empfand. Alles, was meine älteste Tochter tat, regte mich maßlos auf, und ich habe sie manchmal sogar geschlagen. Ich mochte sie nicht, ich hatte sie nicht gewollt, und ich hatte keine Geduld mit ihr. Ich hatte Schuldgefühle, weil ich keines meiner Kinder so behandeln konnte, wie ich es für richtig hielt, und weil ich sie im Grunde nicht liebte, und das brachte mich auf den Gedanken, daß irgendetwas mit mir nicht stimmte. Ich hatte Angst, daß ich sie eines Tages umbringen könnte, nur um mir nicht bewußt machen zu müssen, was eigentlich mit mir selbst nicht stimmte. Ich war krank. Meine unzusammenhängenden Kindheitsgefühle waren immerzu kurz davor durchzubrechen, aber ich wußte weder, was ich fühlte, noch wollte ich es überhaupt wissen. Wann immer ich durcheinander war, mich verletzt oder verwirrt fühlte, versuchte ich meine Gefühle mit dem in Verbindung zu bringen, was am gleichen Tag passiert war, aber ich fand nie genau heraus, warum ich mich gerade so schlecht fühlte.

Von alldem bin ich geheilt. Ich bin jetzt ein ruhiger Mensch. Ich weiß, daß meine Empfindungen richtig sind. Wenn ich durcheinander bin, dann immer, weil mir in der Gegenwart etwas zustößt, was mich an frühere Zeiten erinnert – vor Jahren, als meine Eltern verletzend zu mir waren, und ich versuchte, den Schmerz von mir fernzuhalten. In solchen Augenblicken stelle ich heute die Verbindung her – ich empfinde den Schmerz und erinnere mich an das, was ihn ausgelöst hat, gerade so, als sei es in diesem Moment passiert. Ich bin nicht mehr im Zweifel über das, was ich fühle. Wenn der Zusammenhang einmal hergestellt ist, ist mein Unbehagen vorüber. Ich verliere meine Selbstkontrolle nicht mehr, weil es keine Selbstkontrolle mehr zu verlieren gibt – die nicht empfundene, unartikulierte Wut, die ich gegen meine Eltern hatte, war endlich direkt auf sie bezogen worden, und es besteht nun keine Notwendigkeit mehr, diese Gefühle gegen meine Kinder zu richten. Nach all den Jahren empfand ich das ganze Leid, das meine Eltern mir zugefügt haben, das Leid, das zu empfinden mir damals, als es passierte, so unerträglich war; das Leid, das sich immer nur dadurch bemerkbar machte, daß ich meinte, es stimme etwas nicht mit mir; das Leid, das mein Leben ruinierte, weil es nicht auf seinen Ursprung zurückgeführt war. Meine Eltern brachten mich dazu, verletzend zu sein, und weil ich so verzweifelt wollte, daß sie mich mochten und liebten, hatte ich mich damit zufrieden gegeben, so zu tun, als entspräche die Wirklichkeit meinem Wunsch. Es waren meine Eltern, die mich unglücklich gemacht haben und nicht meine Kinder. Ich wollte eine bessere Mutter und nicht ein besseres Kind.

Ursprünglich hatte ich mich nach einer Therapie erkundigt, weil ich das Gefühl hatte, daß mein Mann mich nicht liebte und kurz davor war, mich zu verlassen. Das war ein weiteres Beispiel für ein abgespaltenes Gefühl aus meiner Vergangenheit. Die Gefühlskomponente war da, aber ich habe dauernd die falschen Zusammenhänge hergestellt. Es war mein Vater, der mich nicht mochte und mich loswerden wollte. Als das Gefühl einmal mit ihm in Zusammenhang gebracht war, gab es keinen Zweifel mehr über dessen Richtigkeit. Das traf jedoch nicht mehr zu, als ich das Gefühl mit meinem Mann in Verbindung bringen wollte. Ich hatte es immer angezweifelt, weil ich spürte, daß es nicht stimmen konnte. Seit diesen Urerlebnissen habe ich nie mehr darüber nachgedacht, ob mein Mann mich liebt oder nicht. Mein Leben ist jetzt gleichmäßig, ohne Spannungen und Kämpfe. Vor den Urerlebnissen war mein Leben chaotisch und voll von vermeintlich unlösbaren Problemen.

I: In welcher Therapie waren Sie davor?

P: Ich war 2½ Jahre in einer gewöhnlichen Therapie bei einem

Daseinspsychologen. Es war eine absolute Vergeudung von Zeit und Geld. Damals dachte ich, es hätte mir geholfen; aber alles, was es bewirkte, war eine stärkere Kontrolle meiner Gefühle und meiner Anteilnahme in beunruhigenden Situationen. Nach der Primärtherapie verursachten mir meine Empfindungen kein Unwohlsein mehr – sie gehören zu meinem Ich. »Beunruhigende« Situationen sind mir heute willkommen, denn sie helfen mir mein Leben, meine Empfindungen zu klären.

I: Ist Ihnen in Bezug auf irgendwelche speziellen Leiden geholfen worden?

P: Besondere Leiden, die geheilt wurden, waren Spannungszustände, Hämorrhoiden, Akne, verkrampfte Muskulatur im unteren Bereich des Rückens als Folge der Spannung, chronische Ängstlichkeit, akute Angstattacken – Angst zu sterben oder »nicht brauchbar« zu sein –, eine Tendenz zum Hypochonder – meine Arztrechnungen sind jetzt wesentlich niedriger.

I: Würden Sie jemals in eine andere Therapie gehen?

P: Niemals, noch würde ich jemand anderem irgendeine andere Therapie empfehlen. Andere Therapien leisten Flickarbeit – sie stopfen Löcher, durch die die erfolglos verdrängten Gefühle hochkommen. Andere Therapien fördern Nachdenken und Ergründen als Abwehrmechanismus. Sinnvoll kann es erst werden, wenn die Empfindungen wahrgenommen werden. Man begibt sich in eine Therapie, um geheilt zu werden, und ich habe den Eindruck, daß dies nur die Primärtherapie zuwege bringt – nämlich eine Heilung der Gefühlsabspaltung.

I: Was hat Ihnen an der Primärtherapie besonders geholfen?

P: Meine Gefühle mit ihrem Ursprung in Verbindung bringen zu können – mit Ihrer Ursache, – das hat mir, glaube ich, besonders geholfen. Diese Augenblicke wiederzubeleben – das Gefühl zu haben, alles als Kind noch einmal zu erleben, das war die einzige Möglichkeit, diese Verbindung herzustellen. Ohne die Beharrlichkeit und Ermutigung durch den Therapeuten, immer wieder zu empfinden und Verbindungen herzustellen, wäre mir sicher nicht geholfen worden.

I: Was haben Sie an der Primärtherapie auszusetzen?

P: Die Einzelsitzungen während der ersten drei Wochen waren sehr schmerzhaft, letztlich jedoch auch erfreulich. Es war eine Erleichterung, endlich diese lang gesuchten, bis dahin verhinderten Verbindungen herzustellen – endlich den Ursprung meiner Gefühle zu kennen – die Ursache meines Leidens. Während dieser ersten 3 Wochen vollzogen sich die wichtigsten Veränderungen mit mir. Zum ersten Mal empfand ich, wie es ist, nicht angespannt zu sein. Mein Körper kam zu sich, als seien meine Körperfunktionen – Hunger, Verdauung, Stuhlgang, Urinieren – von einem Gefängniswärter befreit worden. Zum ersten Mal in meinem Leben fühlte ich mich hungrig – ich hatte Untergewicht. Meine Verstopfung hörte auf. Mein Körper fing an zu wachsen, und meine Hände und Füße waren nicht mehr andauernd kalt. Trotzdem waren die Empfindungen, die ich durchlebte, schrecklich schmerzhaft. Sehr oft wollte ich sie einfach nicht fühlen, aber es schien, als hätte ich keine Wahl. Manchmal erschien mir der Therapeut brutal und gefühllos, weil er mich nicht vor meinen Gefühlen schützte, sondern mich im Gegenteil ermutigte, sie zu empfinden. Er ermutigte mich, mich in das Gefühl hineinfallen zu lassen, und obgleich ich mich fürchtete und zweifelte, war ich im nachhinein erstaunt, daß das Gefühl mit einer schon längst vergessenen Erinnerung im Zusammenhang stand. Meine Therapie fand in den Anfangsjahren der Primärtherapie statt, und die Gruppenarbeit war damals sehr, sehr schlecht. Es war immer nur einer auf dem Boden, und die anderen, die darauf warteten auf den Boden zu kommen, verloren entweder die Chance, ihre Gefühle zu erleben oder erlebten sie nicht in ihrer vollsten Intensität. Ich bin froh, daß die Gruppen nicht mehr so sind. Es fällt mir keine andere Kritik ein, außer, daß es sehr teuer ist, allerdings nicht im Vergleich zu anderen Therapien.

I: Würden Sie es anderen empfehlen?

P: Ich würde die Primärtherapie auf jeden Fall empfehlen und habe es auch schon getan. Allerdings ist das etwas entmutigend, seit die Warteliste so lang geworden ist, daß Neuanmeldungen kaum noch angenommen werden können.

I: Wie hat sich Ihr Verhalten und Ihr Lebensstil verändert?

P: Abgesehen von dem Ärger und den Spannungszuständen, von denen ich bereits berichtet habe, hat sich mein Verhalten nicht sonderlich verändert. Die größte Veränderung infolge meiner Urerlebnisse bezieht sich darauf, wie ich mich innerlich fühle. Meine Urerlebnisse haben in mir eine wahre Revolution hervorgerufen, das Ergebnis ist nicht so leicht auszumachen. Die Gründe für alles, was ich tue, haben sich völlig geändert. Ich tat immer das, wovon ich dachte, ich müsse es tun – das, wovon

ich glaubte, es würde mich für andere liebenswert beziehungsweise nicht liebenswert machen. Jetzt tue ich das, wozu ich Lust
habe und lasse, was ich nicht tun möchte. Ich sage jetzt, was ich
fühle und nicht, was ich glaube sagen zu müssen. Mein Leben
war früher eine einzige Folge von chaotischen Situationen, Tief-
schlägen, Problemen, schmerzlichen Gefühlen, Ärger und tausenderlei Dingen, die ich nicht mochte. Jetzt gibt es nichts mehr
in meinem Leben, was ich als ausgesprochenes Problem bezeichnen würde. Kurz gesagt, ich brauche nicht mehr zu kämpfen. Ich
fühlte mich früher einfach miserabel, und das ist heute nicht mehr
der Fall. Ich habe jetzt wirklich Spaß an allem, was ich tue. Das
kannte ich vorher nicht. Ich bin nur noch selten verwirrt, verletzt
oder ärgerlich, und wenn es passiert, ist es immer der Anfang
eines Urerlebnisses. Ich habe immer noch Urerlebnisse und
werde sie möglicherweise noch lange Zeit haben, vielleicht für
den Rest meines Lebens. Manchmal habe ich für einige Wochen
mindestens einmal in der Woche ein Urerlebnis, und zu anderen
Zeiten lebe ich einen ganzen Monat ohne Urerlebnis. Es kommt
darauf an, ob es ein auslösendes Erlebnis gibt oder nicht.

I: Rauchen oder trinken Sie, nehmen Sie Drogen oder überessen Sie
sich manchmal?

P: Nein.

I: Wie steht es mit Ihrem Sexualleben?

P: Vor den Urerlebnissen hatte ich nicht immer einen Orgasmus,
und die Orgasmen, die ich hatte, hatten nichts gemeinsam mit
meinem jetzigen Erleben. Die Orgasmen vorher waren angespannt und verkrampft, aber ich habe sie als befriedigend
bezeichnet. Jetzt ist ein Orgasmus ein allumfassendes Erlebnis,
mein ganzer Körper fühlt ihn, nicht nur meine Scheide oder
meine Klitoris. Wenn ich mir mein Sexualleben vor den Urerlebnissen ansehe, so war es nicht sehr befriedigend. Mit meinem
Mann zu schlafen bedeutete, daß er mich wollte und daß ich
dadurch diesem Gefühl entging, nicht gewollt zu werden. Sex ist
jetzt reine Empfindung. Es ist nur Sex – nicht die symbolische
Versicherung, geliebt zu werden oder vor alten, nicht empfundenen, schmerzlichen Gefühlen sicher zu sein.

Ja, ich fühle mich manchmal angespannt. Ich stehe gerade vor
einem Urerlebnis manchmal unter Spannung. Ich fühle mich
auch angespannt, wenn ich etwas erledige, was ich nicht wirklich
tun möchte, wozu ich mich aber zwinge, einfach weil es getan

werden muß. Ich lebte in ständiger Spannung, als ich ein Jahr auf dem College war, weil ich mich dort wirklich nicht wohl fühlte. Ich hätte das Studium abgebrochen, wenn ich mein Examen nicht gebraucht hätte, um das tun zu können, von dem ich annahm, daß ich es später tun würde. Mir gefiel es einfach nicht, und ich war angespannt, weil ich es gegen meine Gefühle tat.

Als ich noch in einer gewöhnlichen Art der Behandlung war, schrieb ich einen Bericht über mein tägliches Leben. Ich wollte, ich könnte es mit meinem heutigen Leben vergleichen. Der Unterschied zwischen dem heutigen und dem früheren wäre einfach unglaubhaft.

Bibliographie

Allgemeine Bibliographie

H. K. Beecher, »Increased Stress and Effectiveness of Placebos and ›Active‹ Drugs«, *Science,* 132:91, 1960.

derselbe, »Measurement of Pain«, *Pharmacological Review,* 9:59, 1957.

derselbe, »Pain in Wounded Men in Battle«, *Bull.* U.S. Army Med. Dept., 5:445, 1946.

derselbe, »Powerfull Placebo«, *Journal of the American Medical Association,* 159:1602, 1955.

Ludovico Bergamini und Bergamasco, Bruno, *Cortical evoked Potentials in Man,* Springfield, Ill., Charles C. Thomas, 1967.

W. B. Cannon, *Bodily Changes in Pain, Hunger, Fear and Rage,* 2. Aufl., New York, Appleton, 1929.

Rollo Handy, *Methodology of the Behavioral Sciences,* Springfield, Ill., Charles C. Thomas, 1964.

C. Hanna, J. E. Mazuzan jr. und Abajian, J. jr., »An Evaluation of Dihydromorphinone in Treating Post-Operative Pain«, *Anaesth. Analg.,* 41, 1962, S. 745–760.

J. D. Hardy, H. G. Wolff und Goodell, H., *Pain Sensations and Reactions,* Baltimore, Williams and Wilkins, 1952.

A. L. Kolodny, »Importance of Mood Amelioration in Relief of Pain: A Controlled Comparative Study of Three Analgesic Agents«, *Psychosomatics,* 4, 1963, S. 230–233.

A. Lewis Kolodny und McLoughlin, Patrick T., *Comprehensive Approach to Therapy of Pain,* Springfield, Ill., Charles C. Thomas, 1966.

Albert Kuntz, *Visceral Innervation and Its Relation to Personality,* Springfield, Ill., Charles C. Thomas, 1970.

H. Lasagna, »The Clinical Mesurement of Pain«, Annals of the New York Academy of Science, 86:28, 1960.

Thomas P. Lowry, *Hyperventilation and Hysteria,* Springfield, Ill., Charles C. Thomas, 1967.

Leo Madow und Snow, Laurence H., *The Psychodynamic Implications of the Physiological Studies on Dreams,* Springfield, Ill., Charles C. Thomas, 1970.

J. R. Schramp und Schramp, H. M., »Variability of Pain Threshold in Man«, *Journal of Dental Research,* 25:101, 1946.

W. Lynn Smith und Philippus, Marion John, *Neuropsychologigal Testing in Organic Brain Dysfunction,* Springfield, Ill., Charles C. Thomas, 1969.

L. D. Vandam, »Clinical Pharmacology of the Narcotic Analgesics«, Clin. Pharmacol. Ther., 3, S. 827–838, 1962.

J. R. Wittenborn, *The Clinical Psychopharmacology of Anxiety,* Springfield, Ill., Charles C. Thomas, 1966.

Bibliographie zu Kapitel I

Chapman und Knowles, »Effect of Phenothiazines on Disordered Thought in Schizophrenics«, *Journal of Consultative Psychology,* 28:165, 1964.
Ernest Gellhorn, *Autonomic-Somatic Integrations,* Minneapolis, University of Minnesota Press, 1967.
derselbe, *Biological Foundations of Emotion,* Chicago, Scott, Foresman, Co., 1968.
Ernest R. Hilgard, *The Experience of Hypnosis,* New York, Harcourt, Brace and World, 1965.
E. Roy John, *Mechanisms of Memory,* New York, Academic Press, 1967.
Chester A. Lawson, *Brain Mechanism and Human Learning,* Boston, Houghton Mifflin, 1967.
Stanley Lesse, *An Evaluation of the Results of the Psychotherapies,* Springfield, Ill., Charles Thomas Co., 1968.
A. J. Mandell und Mandell, M. P., *Psychochemical Research in Man,* New York, Academic Press, 1969.
C. F. Reed, I. E. Alexander und Tomkins, Silvan, *Psychopathology,* Cambridge, Mass., Harvard University Press, 1963.
Theodore Soretsky, »Effects of Chlorpromazine on Primary Process Thought Manifestations«, *Journal of Abnormal and Social Psychology,* 71:247, Aug. 1966.
L. Widen, *Recent Advances in Clinical Neurophysiology,* New York, Elsevier Pub. Co., 1967.

Bibliographie zu Kapitel III

Mae M. Bookmiller und Bowen, George L., *Textbook of Obstetrics and Obstetric Nursing,* 4. Ausg., New York, W. B. Saunders, 1969.
Grantly Dick-Read, *Mutterwerden ohne Schmerz,* Hamburg, Hoffmann & Campe, 1971.
Kitzinger, *International Publication Service,* New York, 1964.
Ashley Montagu, *Life Before Birth,* New York. New American Library, 1964.
Irwin Shabon, *Awake and Aware: Participating in Childbirth Through Psychoprophylaxis,* New York, Delacorte, 1969.

P. L. Altmann und Dittmer, D. S. (Hrsg.), *Biological Data Book,* Washington, D. C.: Federation of American Societies for Experimental Biology, Nr. 6555, 1964.

Wayne Barker, *Brain Storms,* New York, Grove Press, 1969.

T. H. Benzinger, »Heat Regulation: Homeostasis of Central Temperature in Man«, *Physiologic Reviews,* 49:4, 1969, S. 671–687.

M. A. B. Brazier, *The Electrical Activity of the Nervous System,* New York, MacMillan, 1958.

C. C. Brown (Hrsg.), *Methods in Psychophysiology,* Baltimore, Williams and Wilkins Co., 1967.

D. E. Cameron, »Heat Production and Heat Control in the Schizophrenic Reaction«, *Archives of Neurology and Psychiatry,* 32, 1934, S. 704–711.

W. J. Crozier, »The Distribution of Temperature Characteristics for Biological Processes; Critical Increments for Heart Rates«, *The Journal of General Physiology,* 9, 1925/26, S. 531–545.

D. Engstrom, P. London und Hart, J. T., »Hypnotic Susceptibility Increased by EEG Alpha Training«, *Nature,* 227, 1970, S. 1261–62.

A. C. Guyton, *Textbook of Medical Physiology,* Philadelphia, W. B. Saunders Co., 1962.

H. S. Harned, R. T. Herrington und J. I. Ferreiro, »The Effects of Immersion and Temperature on Respiration in Newborn Lambs«, *Pediatrics,* 45:4, 1970, S. 598–605.

T. R. Harrison (Hrsg.), *Principles of Internal Medicine,* New York, McGraw-Hill Book Co., 1962.

J. T. Hart, »Autocontrol of EEG Alpha«, *Psychophysiology (Abstract),* 4, 1967, S. 506.

H. E. Himwich, *Brain Metabolism and Cerebral Disorders,* Baltimore, Williams and Wilkins Co., 1951, S. 146–168.

P. Huguenard, »Technique and Results of Artificial Hibernation: Its Place in Present Day Practice«, *Report to National Congress of French Anaesthetics,* 4. Oktober, 1952.

E. Jacobson, *Biology of Emotions,* Springfield, Ill., Charles C. Thomas, 1967.

H. Laborit, *Réaction Organique a l'agression et Choc,* Paris, Masson & Cie., 1952.

J. I. Lacey und Lacey, B. C., »Some Autonomic-Central Nervous System Interrelationships« (Quellenangabe unbekannt).

P. Galbraith London, L. Cooper und J. T. Hart, »EEG and Hypnotic Susceptibility«, *Journal Comp. & Phys. Psych.,* 72, 1970, S. 125–131.

P. London, J. T. Hart und Leibovitz, M., »EEG Alpha Rhythms and Hypnotic Susceptibility«, *Nature,* 219, 1968, S. 71–72.

P. London, M. Leibovitz, R. A. McDevitt und Hart, J. T., »The Psychophysiology of Hypnotic Susceptibility«, in *International Symposion on Psychophysiological Mechanisms of Hypnosis,* hrsg. von Leonard Chertok, New York, Springer, 1969.

R. L. Maulsby und Edelberg, R., »The Interrelationships Between the

Galvanic Skin Response, Basal Resistance, and Temperature«, *Journal Comp. & Phys. Psych.*, 53:5, 1960, S. 475–479.

J. H. McClure, »Newborn Temperatures: II. Temperature of Premature Infants«, *Obstetrics and Gynecology,* 9:6, 1957, S. 642–645.

J. H. McClure und Balagot, R. C., »Newborn Respiration«, *Obstetrics and Gynecology,* 17:2, 1961, S. 243–247.

J. H. McClure und Caton, W. L., »Newborn Temperatures: I. Temperature of Term Normal Infants«, *J. Pediat.* 47, 1955, S. 583–587.

R. F. Milnarich, *A Manual for EEG Technicians,* Boston, Little, Brown & Co., 1958.

T. C. Ruch und Fulton, J. F. (Hrsg.), *Medical Physiology and Biophysics,* Philadelphia, W. B. Saunders Co., 1960, S. 992–1004.

Sidney Siegel, *Nonparametric Statistics for the Behavioral Sciences,* New York, McGraw-Hill, 1956.

U.S. Dept. of Health, Education, and Welfare. *Biological Rhythms in Psychiatry and Medicine.* Public Health Service Publicaton Nr. 2088.

P. H. Venables und Martin I. (Hrsg.), *Manual of Psychophysiological Methods,* New York, John Wiley and Sons, 1967.

R. K. Wallace, »Physiological Effects of Transcendental Meditation«, *Science,* 167, 1970, S. 1751–1754.

W. G. Walter, *The Living Brain,* New York, W. W. Norton & Co., 1963.

Wolf, P. H., »Motor Development and Holotelencephaly«, (Quellenangabe unbekannt).

B. Wyke, *Principles of General Neurology,* Amsterdam, Elsevier Publishing Co. Lt., 1969, S. 503–505.

Namen- und Sachregister

Die Zusammenstellung dieses Registers erfolgte im wesentlichen unter dem Gesichtspunkt, die Grundbegriffe (in Kapitälchen), die der Autor verwendet – seien sie von ihm selber gebildet oder übernommen –, in ihren wichtigsten Verknüpfungen aufzuführen. Dies soll neben rascher Auffindbarkeit eine Art Zusammenfassung der wichtigsten Thesen des Autors ermöglichen. Damit erübrigt es sich, dem Text ein Glossar anzufügen.

Der Übersetzer

Abhängigkeit
    v. Therapeuten 192
    in d. Orgontherapie 190
Ablösungszyklus 94
Abwehr(-)
    u. Bewußtheit 92
    u. Gehirn 237
    kontinuum 158
    u. Muskelpanzer 174
    neurotische – u. SPANNUNG 102
    PROTOTYPISCHE – 115
    struktur, Bestandteile d. – 229
    u. Hirnströme 196
    tödliche Wirkung d. – 229
    tödliche Wirkung d. – 229
    i. Traum 92
»Achillesfersen-Theorie« 158
ACTH (s. a. Streß-Hormone) 30
Affekt 56
    negativer u. positiver – 45
Agieren (Aus-)
    irreales – 20
    körperliches – 82
    neurotisches – 184
    symbolisches – 20
Aktivierung(s-)
    limbische – 48

    v. Schmerzen 144
    system, retikuläres 35, 36
Aktivität
    emotionale – 60
    körperliche – 13
    nervale – b. Neurose 233
    nervöse – u. retikuläres System
       36
    neuronale – 56
    neurotische – 39
    pseudokatatone – 50
Albe-Fessard, K. 34
Alkohol(-)
    delir u. 90-Minuten-Zyklus 96
    entzug u. Wachträume 96
Allergie 125
    Praedisposition z. – 80
Alptraum
    b. Primärpatienten 103
    als Psychose 108
    u. SPANNUNG 92
    u. -(s)freisetzung 106
    u. URERLEBNIS 104
Amöbe 32, 84
Amphetamine 47
    u. Theta-Rhythmus
    i. EEG 53

Analgetica 58
 u. D-Zustand 97
Anfall(s-)
 leiden (s. Epilepsie)
 b. Tieren 49
Angina pectoris 97
Aphasie 71
Arnold, Magda 83
Artraud, Antonin
  Vorlesung a. d. Sorbonne über
  »Das Theater und die Pest«
  16–17
Arterhaltung 34
Assoziation(s-)
 felder 87
 freie – 83
Asthmaanfall 115
Athetose 169
Atmung 36
 vertiefte – i. d. Orgontherapie 182
Augenrollen
 i. d. Orgontherapie 183
Aura (s. a. Epilepsie) 62

Bahnung 56
Bailey, P. 168–171
Bedeutung 42
 u. Körperhaltung 177
 u. Schmerz 44
 verborgene – 69
BEDÜRFNIS(SE)
 -abspaltung 18
 u. dazugehöriger SCHMERZ 20
 Grund – 17
 motivierende – 29
 Symptome d. – 21
 unerfülltes – 18
 als totale Zustände d. biologischen
  Systems 21
 UR- 17, 18
  unbeachtete – 19
 Versagung v. – 18
 verschwindendes – 20
 u. Verstehen 21

Befriedigung 18
 ersatzhafte – 21
 reale – 21
Behandlung (s. Therapie)
Beschneidung 116
Bestrafung 18
Betäubungsmittel
 u. Sauerstoffnot d. Neugeborenen
  170
Bewußtsein
 als Abwehr 93
 gespaltenes – 43
 neurophysiologisch betrachtet 84
Beziehung
 therapeutische – 13
Bindung
 praenatale physiologische – zw.
  Mutter u. Kind 136–137
Biologische Rhythmen
 Kontrolle – durch d. Limbische
  System 38
Biologische Veränderungen
 durch d. Wiedererleben e. Primärszene 12, 13
  (s. a. Blutdruck, EEG, Herzschlagfrequenz, Puls u. Rektaltemperatur)
Blutdruck 35, 36
 erhöhter – 184
 vor u. nach d. Primärtherapie
  218–221
Brain, Russel 31

Casey, K. L. 45–46
Charakterpanzer 180
Chlorpromazin 50, 53
Conrad, Joseph 129
Corriere, Richard 216–230

D-Zustand(-)(synonym mit REM-
  Schlaf, paradoxem Schlaf u.
  Traum-Zustand) 237
 Dauer 95, 231
  b. Schizophrenie 102

u. URERLEBNIS 95, 231
u. Depression 103
u. Epilepsie 103
als Erregungs-Beruhigungs-Phase 102
u. Gehirn i. erhöhter Bereitschaft 95
b. Katzen 102
Darwin, Ch. 83
Daumenlutschen 20
Delirium tremens
u. 90-Minuten-Zyklus 96
Dement, N. 102
Depression
u. D-Zustand 103
Diphenylhydantoin 121, 142
Wirkungsmechanismus v. – 143
Directed Daydreaming 108
Disharmonie
b. Geburt 113
zusätzliche 114
DOR (Deadly Orgone) 182
Drogen(-)
abhängigkeit 15, 81, 97
paradoxe Reaktion auf – u. Schmerzunterdrückung 47, 97

EEG(-)
u. Abwehrstruktur 196
Alpha-Frequenz 232
u. Alpha- bzw. Theta-Training 227
Amplitude 100
u. Verdrängung 196
u. Bio-Feedback 227
Computerauswertung 194
u. Drogen wie LSD u. Chlorpromazin 50
Frequenz
u. Konditionierung 232
b. Kindern u. postprimären Patienten 235
»Primär-Frequenz« 232–233
Schlaf – 50, 100, 231

u. therapeutischer Fortschritt 101
Spektralanalyse 53
u. Streß 70
u. Stroboskop 232
Synchronisierung 53
Theta-Aktivität 50
u. Träume 52
vor u. nach d. Primärtherapie 216, 225–228
Einnässen 20
Einsicht
i. neurotisches Verhalten 49
u. URERLEBNIS 78
Elektroanalgesie 46
Elektrodenimplantation 48
Elektroschockbehandlung 67
Eliasson, M. 53
Emotion 34
u. Lebensenergie 182–183
lustvolle – u. unlustvolle – 34
Empfindung
v. Bedürfnissen 18
v. Gefühlen 18
Engramm (*s.* Erinnerungsspur)
Entbindung 159–168
Schmerzursachen b. d. – 119
Entlastungswege (*s. a.* REKANALISIERUNG) 21
neurotische – u. symbolische – 24
Entwicklung
als zyklischer Ablauf 94
Entzugserscheinungen
b. Drogenabhängigen 106
u. Rückschlagpotential (*s. a.* Rebound-Effekt) 98
Enzyminduktion 55
Epilepsie(-)
Anfälle als unterdrückte URERLEBNISSE 142
u. D-Zustand 103
u. GEBURTSPRIMAL 121
u. Geburtstrauma 128
u. Körpertemperatur 230

psychomotorische – 49
u. Psychose 62
Überlegungen z. – u. Fallge-
schichte *Simon* 142–159
Erbrechen
i. d. Orgontherapie 176
Erektion 56
Erinnerung(s-)
affektive Elemente d. – 63
als gebahnte Kreisbewegung 55
konsolidierung 67
kreis 64
»gefangener« – 85
spur 64
system 20
unbewußte – 59
UR – 34, 38, 54, 57, 64
Erlebnis(-) (*s.* URERLEBNIS, PRIMAL)
summierung 70
Erregungs- Beruhigungs-Zyklus
96
Essen
übermäßiges – 38, 39, 200, 211,
212
Ersticken 117
symbolisches – 118
Erwachen
u. REM-Periode 104
Evidenz
psychologische u. wissen-
schaftliche – 198–199
Evolution
d. Menschen 28
Exhibition 96
Expertenelite 175, 201

Faktorenanalyse
Q-Technik i. d. – 209
Fallbeispiele
Arthritis 205
Epilepsie 63
Simon 142–159
Geburtsverlauf 166
aus d. Gruppentherapie 77–78

Nabelschnurstrangulation u.
Psychose 44
aus d. Orgontherapie u. d. Pri-
märtherapie
Roger 179–189
Sally 189–192
Psychose 40
»Sex als schmutzige Sache« 39
Steißgeburt 43–44
Familie 29
Fassade (*s. a.* irreales Selbst) 18, 25
Feedback (s. Rückkoppelungsschlei-
fen)
Ferenczi, S. 164
Formatio reticularis (*s. a.* Aktivie-
rungssystem, retikuläres) 35, 36
»Weckfunktion« d. – 36
Freud, S. 136, 138, 165
Frigidität 190, 213
Frontalhirn 49, 68–72
Fruchtwasseraspiration
u. späteres Erbrechen 124
Furcht 73

Gantt, W. H. 33, 72
Gaunt, R. 30
Geburt(s-)
als emotionaler Lernprozeß 112
instinktgesteuerte – b. Tieren 160
kanal 161
kulturorientierte – b. Menschen
160
PRIMAL 42
Beispiele 116, 118, 121, 122
bis 123, 126, 127, 128, 128
bis 135, 138–141, 144–157
u. PROTOTYPISCHE

d. Hormonausschüttung 170
u. Streßreaktion 170
TRAUMA 43, 71, 111
Anteil d. – an chron. Spannung 124
u. Epilepsie 128

gegenwärtigeForschungsergebnisse über d. – 168–171

als letztes biologisch faßbares Substrat d. Psychischen 136

u. Psychose 126

vorgang 160–163

Geburtenkontrolle 216

Gedächtnis(-)

u. Drogen 67

Kurzzeit- u. Langzeit – 66–68

kreis (s. Rückkoppelungsschleifen) 91

Gefühl(e)(s-)

abkömmlinge 74

u. Bedürfnis 18

Diagramme z. Darstellung d. Blockierung u. REKANALISIERUNG d. – 85–89

»Dominanz d. Gefühle« 81

i. psychologischen Schemata 14

u. Empfindung 80

Erklärung u. – 71

frühere – 23

u. GENERALISIERUNG 24

u. Gesellschaft 84

Hemmung v. – u. Limbisches System 37

u. Lokalisierung i. Gehirn 26

u. Psychologie 14

unbewußte physiologische Reaktion auf – 33

unterdrückte – 17

Urfundus v. – 58

UR – 38, 45

Sammelbecken v. – 178

Unterdrückung v. – 23

Gehirn

i. Zustand d. Neurose 28

Gehörsempfindung 87

Gellhorn, E. 34, 49

Gemeinschaft

organisierte – 83

GENERALISIERUNG 11, 72–75

u. Bedeutung 42

d. Gefühls zu Symbolen 74

b. Neurose u. Psychose 40

Gerard, R. W. 54

Gesellschaft

autoritäre – 201

»Gespaltensein«

u. migräneartige Kopfschmerzen 158

Gleichgültigkeit 18

Gordon, J. 67, 137

Gordon, M. W. 56

Greenberg, N. N. 96

Grinker, Roy R. 206

Gross, N. 96

Großhirnrinde 35

u. Hypothalamus 37

Gyrus cinguli 60

Halluzination(en)

Blockierung v. – 94

elektrodenstimulierte – 62

u. epileptischer Anfall 62

Handlung

symbolische – 21, 74

Harnlassen

unwillkürliches – 125

Hartmann, Ernest 91, 103

Hautstimulation

b. Säugling 163

Heath, R. G. 48

Hebb, D. O. 55

Heilung(s-)

u. Besserung 204

u. Bindegewebswachstum 80

prozeß 75–79

Hemmung 19, 83

Herzinfarkt 27

Herzschlagfrequenz 13, 36

Hess, E. H. 32

Hilflosigkeit

u. GEBURTSPRIMAL 142

Himwich, H. W. 60

Hinman, E. H. 168–171

Hippocampus 36

u. Einlagern v. Erinnerungen 38
als Erinnerungsblockade 49–54,
  99
Funktionsstörungen d. – 37
Hemmungsfunktion d. – 52
Lage d. – 49
u. limbischer Schaltkreis 36
u. psychosomatische Störungen
  37
u. »Schmerzschleuse« 47
Hirn(-)
stamm 35
störungen
  organisch bedingte – 70, 71
stromrhythmus (s. EEG)
  »natürlicher« – 233
Homöostase 34
Homosexualität 65, 107, 115
nach Primärtherapie 213
Hypnose 79
u. SCHMERZ 30
Hypophyse 36
Hypothalamus
u. Durst 36
  endokrines System 36
  Großhirnrinde 37
  Hungerareal d. – 29
  Nahrungsaufnahme 36
  psychosomatische Störungen
    61
  Sattheit 36
  Sexualität 36
als Zentrum d. limbischen Aktivität 61
Hypothyreose (s. Schilddrüsenunterfunktion)

Ideenflucht
manische – 82
Impotenz 116
Interpretation
als Realitätsversion 21
Interview(s)
Fragebogen v. – 202

postprimärtherapeutische –
  239–251
psychologische 194

Jackson, Hughling 91
John, Roy 67
Johnson, D. 45
Jouvet, M. 102
Jung, C. G. 91

Kaada, B. R. 54
Kampf
als Begriff der d. PRIMÄRTHEORIE
  23
als Lebensbedingung 112
symbolischer – 23
Kaiserschnitt 164
Karle, E. 216–230
Katatonie
Pseudo – 50
Kelsky, N. N. 137
Kleinhirn
u. SCHMERZ 83
Konditionierung 200
auf EEG-Frequenzen 232
Konflikt 29–31
Kontraktion
b. SCHMERZ 84
Kontrollgruppe(n) 199, 200
aktive u. inaktive – 217–218
Kopfschmerzen
»drückende« – 122
Koranyi, N. 103
Kornetsky, C. 53
Körper(-)
haltung
  Bedeutung d. – als e. Art v.
    Erinnerung 177–178
  als Gegenstück d. nervalen
    Kreisprozesses 177
  als Teil d. gesamten Abwehr-
    systems 178
temperatur
  nach d. Primärtherapie 216,
    222–225

niedrigere – 14
»wahrheit« 80
Krech, D. 70
Kreisprozeß
primärer – u. Heilung 65
Krüger, Felix 81

Laborit, H. 229–230
Lähmung
zerebrale – 169
Laing, R. D. 138
Langzeituntersuchungen 200
Lebensverlängerung 15
Lehmann, N. 103
Lernstörungen
u. Hirnfunktion 44–45, 169
Leuchtkartenversuch 58
Limbisches System 37–38, 46
Ausfall d. – 50
u. Hemmung v. Gefühlen 37
u. Konflikt 29
Mandelkerne d. – 38, 54, 60
ontologische Funktion d. – 38
unter primärtheoretischem Ge-
sichtspunkt 37
u. Regulation d. Reizzufuhr 46
u. retikuläres Aktivierungssystem
60
u. Schmerzspeicherung 38
u. (-)unterdrückung 47
u. Steuerung v. biologischen
Rhythmen 38
Lobotomie 67, 69
Logik
gefühlsmäßige – 138
LSD(-) 43, 50, 85
Erfahrung u. Traum 107–108
u. Geburtstrauma 126
Trip 51

Magengeschwür 92
Mandelkern (*s.* Limbisches System)
Manipulation
körperliche – i. d. Primärtherapie
177

Markscheidenbildung 41
Maslow, A. 232
Massage 79, 83
Mcgaugh, J. L. 55
Medizin
u. Psychotherapie 173
Melzack, R. 45–46, 48, 82
Meyer-Wolfe, Gladys 187
Montagu, M. F. 186
Morillo, A. 60
Muskel(-)
panzer 173–174, 181
Lösung d. – 189
spannung
neurotisches Übermaß v. – 175
u. Bedeutung v. Schutz – 176
Myklebust, H. R. 45

Nabelschnur(-)
umschlingung 112
u.Strangulationsangst 185–186
vorfall 112
Nachuntersuchungen 202–237
Nachtwandeln
u. Ausagieren 104
Nahrungsaufnahme
zwanghafte – 39
Narkose
u. Geburt 120
Nasennebenhöhlen 23
Nathan, P. W. 66
Natriumamytal 79
Neugeborenes
emotionale Stabilität u. Sterberate 135
Neurobiotaxis 55
Neurose(-) 58, 179
Auslösung d. – 19
u. Abspaltung früher Schmerzen
49
u. Ausagieren d. Überlastung 31
Beginn d. – i. Mutterleib u. während d. Geburtsvorgangs 112,
135

Beseitigung d. – 25
als Ergebnis d. SPALTUNG 31
formen 57
als Funktionsstörung d. Gehirns
   28, 79
als genetisches Erbe 22, 32
Kinder- 19, 42
als konstante Streßverfassung 229
als Krankheit d. Gefühls 24
»mit schizophrenem Kern« 182
als neurophysiologische Tatsache
   216
als normale physiologische Reaktion auf SCHMERZ 84
u. PRIMÄRSZENE 84
u. Psychose 40
u. retikuläres System 36
u. SCHMERZ 98
als Schutz 22
   v. Psychose 108
spezifische Therapie d. – 28
Struktur d. – 35–40
als symbolische Darstellung
   v. URSCHMERZ 21
Übergang d. – i. d. Psychose 75
u. Umleitung d. Gefühle 31
u. ungelöste Vergangenheit 120
u. Unterdrücktsein 19
u. Verdrängung 32
verfestigte – 33
Nicholas, Platti 159–168
Nin, Anaïs 17
Noradrenalin 100

Objektivität 59, 194–195
u. Distanz 194
nach Primärtherapie 195
u. Subjektivität 195
Ohnmacht 30, 158
Operation
   Wiedererleben d. – 31
Organempfindlichkeit 170
Orgasmus 181
Orgon(-)

Akkumulator 181
energie 181
omie 182
therapie 173
   Abriß d. – 180–182
   u. Atmung 182
   u. frühe Erinnerungen 184

*Papez*scher Kreisprozeß 60, 61
Pasternak, Boris 27
Patient
   postprimärtherapeutischer –,
   Zusammenfassung 215
PBJ 124
Penfield, W. 54, 61–63, 82
Perversion
   sexuelle – 23, 96
Petrinovich, L. F. 55
Phantomglied 66
Phobie 72
Preston, J. B. 54
PRIMAL(-)(*s.* URERLEBNIS) 23
  Epoche 115
  »süchtig« 157
PRIMÄR(-)
  »Frequenz« (*s.* EEG) 232, 233,
   234
  GRUPPE
   Beispiel d. – 65, 191
  institut 12, 193
  »Maschine«
   für therapierefraktäre Fälle
   234, 236
  SZENE (GROSSE) 19, 44, 45, 116
   als Schlüsselszene 22
   Wiedererleben d. – u. biologi-
   sche Veränderungen 12
  THEORIE
   Grundriß d. – 16–26
   u. Neurophysiologie 11, 26
   u. PRIMÄRTHERAPIE 13
  THERAPIE
   u. Abwehr 76
   u. a. Behandlungsarten 13

Anwendung d. – 15, 205
u. Heilungsvorgang 75–79
als »Jungbrunnen« 14
Kritik an d. – 207–208
mißerfolge 13
u. Nachuntersuchung v. Patienten 11, 202–237
u. Orgontherapie 173–192
grundlegender Unterschied 188
u. PRIMÄRTHEORIE
u. SCHMERZTOLERANZ 43
Stärke u. Wirksamkeit d. – 13, 202–215
u. Verhaltensänderung 108 bis 211
u. wissenschaftliche Forschung 12
u. Zentrierung auf d. Bereich d. Erlebens 188
u. Zerstörung v. Abwehrtechniken 191
u. Zugang zu PROTOTYPISCHEN Gefühlen 117
»Problemkind« 127
Proteinsynthese
an d. Nervensynapse 56
PROTOTYPISCHE(s)
Abwehr 115
Angst 116
Reaktion
auf Streß 175
URTRAUMA 114
Psychisch(e)
Störungen
und D-Zustand 103
Psychoanalyse 71, 206
u. Validierung 198
Psychologie
u. Gefühle 14
als Geisteswissenschaft 14
wissenschaftliche u. vorhersagefähige – 27
Psychose 72–75

u. Geburtstrauma 126
u. Narkose 40
Psychosomatische Krankheiten 108
u. Hypothalamus 37
Psychotherapie 20
als Berufsstand 11
u. Medizin 113
Ziel d. – 79
Pulsfrequenz
vor u. nach d. PRIMÄRTHERAPIE 221
Pupillenreaktion 32

Rank, Otto 136, 165
Rationalisierung 77
Rauchen 82
vor u. nach der PRIMÄRTHERAPIE 211
Reaktion
neurotische – 120
PROTOTYPISCHE
auf Streß 175
psychedelische – 52
Rebound-Effekt 106
Reflex 33
Reich, W. 179, 180
Reife 198
Reinlichkeitserziehung 31
REKANALISIERUNG
b. Neurose u. Psychose 40
Rektaltemperatur (s. Körpertemperatur) 222–225
REM(-)
Bereich 237
Schlaf (s. D-Zustand) 95
u. URERLEBNIS 231
Revolution
fortschrittliche –
gegen die Neurose 25
Reyniers, J. A. 163
Rhythmus
zirkadianer – 114
Rigidität 210
Rolfe, Ida 176

Rolfing
 u. LSD-Erfahrung 176
Rückenmarkshinterhörner 46
Rückenschmerzen 174, 175
Rückkoppelungsschleifen 54–61
 als permanente Innervationen 91
 v. URERLEBNISSEN 173
Rückschlagspotential 97, 98

Sauerstoffnot
 u. Betäubungsmittel 170
 u. Hirnschädigung 168, 169
 b. Neugeborenen 168, 169
Säugling 163–165
Schilddrüsenunterfunktion 124
Schlaf(-)
 entzug 102
 erholsamer – 14
 forschung 237
 paradoxer (s. D-Zustand) 95
 zyklischer 95
Schläfenhirn 29, 49, 61–66
 als »interpretierender Kortex« 64
»Schleusen«-Theorie 45–49
Schlüsselszene (s. PRIMÄRSZENE)
SCHMERZ(-) 40–49
 abtötung 57
 u. Bedeutung 44
 beginn 30
 »Belastungswert« 38
 beseitigung 20
 u. D-Zustand 97
 einfluß auf Gefühle 26
 empfindung auf unbewußtem Niveau 32
 exzessiver – 18
 b. Geburtsvorgang 112
 »Gedächtnis« 33, 48
 u. Hypnose 30
 u. Kleinhirn 80
 lebenslanger- 20
 unterdrückung
  u. Limbisches System 47
  u. Muskelkontraktion 32

 u. neurotische Reaktion 41
 physiologischer Ablauf d. – 31
 u. Reflexhandlung 22
 reservoir 39
 speicher i. d.
 limbischen Hirnrinde 38
 steigerung 18
 toleranz 30
 überwältigender – 31
 übrigbleibender – 31
 unbewußter – 22
 u. ungestilltes Bedürfnis 29
 UR- 17, 18, 33, 34, 37, 54–61
  Entstehung v. – 23
  Wiedererleben v. – 23, 187
 vermeidung 32, 35
  u. Neurose 31
 vorbegrifflicher – 40
 wahrnehmung 47
Schreien 33, 77
Selbst(-)
 »eingemauertes« – 207
 empfindendes – 29, 31, 47
 erhaltung 34
 erleben 30
 irreales 19
 mordversuch 98
 reales – 18, 19
Selye, Hans 81
Serotonin 94, 98
Sexual(-)
 angst 190
 leben
  nach d. Primärtherapie 212
Sexualität 39
 zwanghafte – 20
Signifikanz 218
Smythies, T. 38, 72
Sozialwissenschaften 231
SPALTUNG 18, 29–30, 41, 42, 63, 72–75
 als aktiver Vorgang 31
 Aufhebung der – (s. VERKNÜPFUNG) 234

durch e. Geburtstrauma mit d.
   Beginn d. Lebens eintretend
   126
u. Hippocampus 50
u. hormonales Gleichgewicht 123
u. Limbisches System 49
v. d. Markreifung 42
während e. traumatisierenden
   Geburt 123
SPANNUNG(s-)
chronische – 20
   u. Geburtstrauma 121, 122
Entladung v. – 18
u. epileptisches Symptom 121
u. Gefühl 18
»gestaltlose« – 33, 123
hervorgerufen durch blockierten
   SCHMERZ 12
neurotische – 14
schichten 18
u. SCHMERZ 20
u. SPALTUNG 33
als umfassendes physiologisches
   Geschehen 228
ursprung 174
Sprachstörung 114
u. verfrühtes Sprechen 113
Statistik 197
Steiner, W. 60
Steiß(-)
geburt 43–44
lage 112
Stirnhirn 29
Stottern 39
Strangulationsangst 186
Streß(-)
experiment m. Ratten 30
hormone, ACTH 30
ohne begleitendes Bewußtsein
   30
primärer – 229
UR- 80
Stroboskop 232
Suggestion 13

Summierung 70
u. GROSSE PRIMÄRSZENE 84
SYMBOLISIERUNG 62, 106, 108
b. Neurose u. Psychose 40
u. Vergewaltigung 30
Symptom(-)
als Abflußkanal f. übermäßigen
   Schmerz 44
austausch i. d. Medizin 144
u. Heilung 194
schwere u. Stärke
   d. Geburtstraumas 122
   d. VERDRÄNGUNG 206
   u. SPANNUNG i. Körper 111

Tanztherapie 178
Tart, Ch. T. 103
TAT (Thematischer Apperzeptionstest) 193
Thalamus 35, 36
Theorie
ahistorisch psychologische – 80
holistische 27
mystifizierte 137
psychologische
   u. Gleichgültigkeit 14
zuverlässige 25
Therapie(-)
abbruch 13, 21
dauer 203–204
   b. Primärtherapie 206
   b. anderen Verfahren 206
fortschritt 53
formen
   Begegnungsgruppen 206
   Bioenergetische – 206
   Eheberatung 206
   eklektische – 206
   gestaltpsychologisch orien-
     tierte – 206
   Reichorientierte – 206
   Rolfing 206
   Synanon 206
   transaktionale Analyse 206

Tick 39
Todesdrohung, ursprüngliche 116
Torda, Clara 52, 98–100
Tranquillantien 30, 58, 75, 97
Transmittersubstanz 55
Traum(-)
  u. Dementia praecox 91
  inhalt, manifester 107
  u. kombinierte Wirkung v.
  Adrenalin u. Serotonin 100
  u. Kurzzeit- wie Langzeitge-
  dächtnis 99
  u. LSD 107–108
  als neurotisches (SPANNUNGS-)
  Ventil 232
  u. psychische Störung 91
  u. Rhythmik 93
  u. SCHMERZ bzw. SPANNUNG
  232
  symbolischer – als Index f. psychische Störungen 92
  als symbolisches Derivat d. primären Gedächtniskreises 91
  u. Theta-Wellen i. EEG 99
  u. Wahnsinn 91
  als Wahrnehmung bereits ge-
  gespeicherter Erinnerungen 99
  wiederkehrender – 58, 117, 118
  Zustand (*s.* D-Zustand) 95
Trauma 19
  (*s.* Geburtstrauma)
  u. Grundmuster späteren Verhaltens 111
  PROTOTYPISCHES – 112
  u. ÜBERLASTUNG 41
Trennung (*s.* SPALTUNG) 29–30
Triebmechanismen
  u. SCHMERZ 45
Trimethadion 142
Tuberkulose 187

ÜBERLASTUNG 30, 41–45
  künstliche – u. Verdrängung 47
  organische 41

  u. symbolische Träume 106
  u. Trauma 41
Überlebensreaktion 32, 35, 102
Unbewußte, das 82
Unlust 34
Untergangsgefühl 119
Ur(-)
  angst, PROTOTYPISCHE 120
  bedürfnis (*s.* Bedürfnis)
  erinnerung (*s.* Erinnerung)
  ERLEBNIS 13, 23, 42
    u. D-Zeit 231
    u. Einsicht 78
    i. epileptischen Anfällen
    unterdrücktes – 142
    der Geburt (*s.* GEBURTSPRIMAL)
    körperliches – 43
    nachgeahmtes – 230
  u. SPANNUNGSlösung 231
    als spezifisches
    Antidot gegen Anfälle 144
    u. Schlaf (*s.* REM-Schlaf) 52,
    231
    u. Transformation ins eigene
    Selbst 138
  gefühl (*s.* Gefühl)
  SCHMERZ (*s.* Schmerz)
  »SCHREI« (*Janov*) 11, 13, 15, 22,
  128, 144
  streß 80
  trauma (*s.* Trauma)
    PROTOTYPISCHES – 114
    als latente Kraft 119
Uterus(-) 160–161
  ischaemischer o. weißer – 162
  kontraktionen 161
  schmerzrezeptoren 161

Vaginismus 39
Validität 193
  Kreuz- 201
Vaterersatz 187
Verallgemeinern (*s.* GENERALISIE-
RUNG)

VERDRÄNGUNG 27, 48, 100
  u. GENERALISIERUNG 40
  Grad d. – 53
  als natürliches Beruhigungsmittel
  34
  pathologische – 34
  in physischer Sicht 26
  u. Rhythmik 93
  u. SPALTUNG 31
Vergewaltigung 38
  u. SYMBOLISIERUNG 38
Verhalten(s-)
  änderung
    mechanistische – 175

  generalisierung 24
  grundmuster 113
  u. individuelle Geschichte 21
  neurotisches – 24, 33, 56
    u. Unterdrückung v. Furcht 22
  symbolisches – 21, 24, 58
  therapie u. Validierung 199
VERKNÜPFUNG (als Gegenstück zur
  SPALTUNG) 77, 83, 247
Verletzung
  »begriffliche« u. seelische – 21,
  41

Voneida, T. J. 50
Vorstellung
  psychotische – 52

Wachzyklus 96
Wahnvorstellung 75
  u. Organschaden 52
Wall, P. D. 82
Webster, D. 50
Wehen(-)
  u. neurotische Mutter 30
  u. Schreien 167
  tätigkeit, gestörte 162
  traumatisierende –
  übermäßig lange – 112, 120
Wertsystem, moralisches 31
Wilcoxon-Test 218
Windle, W. F. 168–171
Wissenschaft, »Stoßtruppen« 232
Wolf, P. H. 230
Wolfe, Th. P. 187
  u. Trauminhalt 107

Zwischenhirn (s. a. Hypothalamus)
  29, 35
  u. Hirnrinde 32

Psychologie
Eine Auswahl

Alfred Adler
Kindererziehung
(Bd. 6311)

Charles Brenner
Grundzüge der
Psychoanalyse
(Bd. 6309)

Charlotte Bühler
Das Seelenleben des
Jugendlichen. Versuch
einer Analyse und
Theorie der psychischen
Pubertät (Bd. 6303)

Sigmund Freud
Der Mann Moses und die
monotheistische
Religion. Schriften über
die Religion (Bd. 6300)

Arthur Janov
Der Urschrei. Ein neuer
Weg der Psychotherapie
(Bd. 6286)

C. G. Jung
Über Grundlagen der
analytischen Psychologie
(Bd. 6302)

Josef Rattner
Wirklichkeit und Wahn
Das Wesen der
schizophrenen Reaktion
(Bd. 6312)

Wilhelm Reich
Der Einbruch der
sexuellen Zwangsmoral
(Bd. 6268)

Harry S. Sullivan
Das psychotherapeu-
tische Gespräch. Beitrag
zur modernen Psycho-
analyse und Psycho-
therapie (Bd. 6313)

Renate Witte-Ziegler
Ich und die anderen
Protokolle einer
gruppentherapeutischen
Behandlung (Bd. 6323)

FISCHER
TASCHENBÜCHER